上海市哲学社会科学规划课题

“海岸带综合管理法律制度研究（2015BFX006）”最终研究成果

海岸带综合管理法律制度研究

王小军　著

海洋出版社

2019年·北京

内 容 提 要

本书探讨海岸带综合管理基本原则、法律框架、政策工具等基本理论问题，分析中国海岸带管理法制的发展历程，梳理现行海岸带管理法律法规，在比较研究的基础上，从海岸带管理制度体系、管理体制以及公众参与机制等方面，分析实施海岸带综合管理的法律措施。

图书在版编目（CIP）数据

海岸带综合管理法律制度研究/王小军著. —北京：海洋出版社，2018.8
ISBN 978-7-5210-0179-2

Ⅰ.①海… Ⅱ.①王… Ⅲ.①海岸带-综合管理-法律-研究 Ⅳ.①D993.5

中国版本图书馆 CIP 数据核字（2018）第 187960 号

责任编辑：冷旭东 薛菲菲
责任印制：赵麟苏
海洋出版社 出版发行
http://www.oceanpress.com.cn
北京市海淀区大慧寺路 8 号 邮编：100081
北京朝阳印刷厂有限责任公司印刷
2019 年 1 月第 1 版 2019 年 1 月北京第 1 次印刷
开本：787mm×1092mm 1/16 印张：13.75
字数：292 千字 定价：68.00 元
发行部：010-62132549 邮购部：010-68038093
总编室：010-62114335 编辑室：010-62100038
海洋版图书印、装错误可随时退换

目　次

引 论

一、研究背景

海岸带（Coastal Zone，CZ）是海洋与陆地交汇的地带，约占全球陆地面积的 20%。海岸带区域自然环境优越，资源丰富，人口集中，经济相对发达。世界上逾 50%的人口集中于离海岸线 100 千米以内的区域，到 2020 年，这个比例可能上升到 75%。海岸带孕育着丰富多样的生物种群，对当代和未来社会的经济发展起着巨大而显著的支撑、推动作用。

海岸带水圈、大气圈、岩石圈和生物圈相互作用极为频繁活跃，生态敏感。随着经济发展，产业、人口向海岸带不断聚集，海岸带的开发利用强度日益增大，竞争性利用引发的矛盾与冲突日趋激烈，生态条件不容乐观。为了解决日益严重的生态环境问题，从 20 世纪 80 年代开始，许多沿海国家着手加强海岸带综合管理（Integrated Coast Zone Management，ICZM），并积极制定海岸带管理法律法规。我国拥有 1.8 万千米大陆海岸线。改革开放以来，沿海地区工业化发展迅猛，由此也带来了海岸线资源的无序开发、湿地破坏、生态退化、海洋污染以及海岸带规划和管理不善、法律法规滞后等一系列问题，严重阻碍了区域经济社会的可持续发展。《中国海洋 21 世纪议程》指出："沿海区、管辖海域的综合管理是保证经济和社会持续、快速、健康发展的重要途径。"通过法律手段对海岸带资源利用和生态保护活动进行控制、规范和监督，是依法治国理念下实现"综合管理"的必然选择。探索适合中国国情的海岸带综合管理法律制度，对于我国海岸带的可持续发展具有重要意义。

二、国内外的研究与实践

（一）国外的研究与实践

"综合管理"的概念是 20 世纪 30 年代由美国学者 J. M. 阿姆斯特朗和 P. C. 赖纳提出的。1965 年，美国旧金山湾自然保护与发展委员会的成立，标志着海岸带综合管理的起步。作为正式的管理活动，海岸带综合管理始于 1972 年的美国《海岸带管理法》，一些沿海发达国家随之相继开展了多种形式的海岸带综合管理，但这一时期的管理活动仍局限于解决单一的资源或环境问题，尚未涵盖海岸带全局。20 世纪 80 年代之后，随着经济发展和技术进步，社会管理日益复杂，采用分部门的单一方法应对纷杂繁复的海岸带问题愈来愈困难，人们逐渐认识到海岸带各子系统之间存在复杂的关联性，“综合管理”理念随之确立并为越来越多的国家采纳。1982 年通过的《联合国海洋法公约》强调要将海洋环境作为一个整体考虑，以生态系统方式进行管理。1987 年世界环境与发展委员会（WCED）在《我们共同的未来》报告中也提倡用生态系统方法对海岸带进行规划和管理。1992 年联合国环境与发展大会通过的《21 世纪议程》确立了海岸带综合管理思想，并要求沿海国对其管辖范围内的沿海区和海洋环境进行综合管理。1993 年的世界海岸带会议形成了《海岸带综合管理指南》《海岸带脆弱性分析研究》等多个重要文献，阐述了海岸带综合管理机制和相关政策，督促沿海各国加强海岸带综合管理能力建设，制定并实施海岸带综合管理战略规划。2004 年，美国海洋政策委员会向国会提交了《21 世纪海洋蓝图》，强调应加强海洋事务国家层面的有效协调与领导，制定海岸带生态系统健康的整体法律框架，提出应以生态系统为基础进行区域综合管理。在一些国际组织的积极支持和帮助下，很多发展中国家也开展了海岸带综合管理试点。海岸带综合管理在世界范围得到了广泛应用。

海岸带综合管理奉行“实践产生知识”的理念，与蓬勃发展的实践活动相比，理论提炼与研究相对比较滞后。约翰 R. 克拉克全面总结了 30 多个不同类型沿海国家海岸带管理的经验和教训，进行了初步的海岸带综合鉴定理论提炼，探讨了海岸带综合管理的原则、方针、步骤及多样化的管理体制。① Richard Kyle Paisley 等对加拿大、美国和墨西哥的海岸带综合管理法律实践进行了比较研究，从概念界定、法律文本等方面分析其异同，归纳各国实践可资借鉴之处。② 罗伯特·凯等分析了海岸带综合管理的理论和方法，介绍了规划和管理理论如何应用于实践，强调在规划过程和管理过程中应贯彻可持续发展理念。③ Joseph J. Kalo 等总结了美国《海岸带管理法》的发展历程，分析了联邦“一致性”原则在促进联邦机构合作和州制定海岸带综合管理规划方面的作用。④ Deboudt 分析了法国海岸带管理实践，将其划分为萌芽与孕育阶段、认可与实践阶段以及发展与完善阶段。Sanjiv de Silva 等从法律、管理体制和程序三个层面分析了斯里兰卡海岸带综合管理实践，指出部门分割的管理体制、海岸带范围的科学确定、公众参与意愿的激发等都是影响海岸带综

① ［美］约翰 R. 克拉克. 海岸带管理手册［M］. 吴克勤，杨德全，盖明举译. 北京：海洋出版社，2000.

② Richard Kyle Paisley，Maaria Curlier，Cuauhtemoc Leon，et al. Integrated Coastal Management（ICM）：A Brief Legal and Institutional Comparison Among Canada，the United States and Mexico［J］. Ocean and Coastal Law Journal，2003，9（2）.

③ ［美］罗伯特·凯，杰奎琳·奥德. 海岸带规划与管理［M］. 高健等译. 上海：上海财经大学出版社，2010.

④ Joseph J. Kalo，Richard G. Hildreth，Alison Rieser，et al. Coastal and Ocean Law：Cases and Materials［M］. 3rd ed. St. Paul：West Academic，2006.

合管理的关键因素。[①] Richard Burroughs 认为海岸带综合管理的驱动力来自于空间利用、废水排放、湿地保护、渔业管理等，综合管理意味着部门间、空间上和生态系统层面的高度一体化。[②] Richard O. Brooks 结合长岛海湾海岸带管理实践，从土地利用、湿地保护、渔业管理等方面分析了美国联邦和康涅狄格州海岸带管理法律法规，指出现有法律在资源利用和环境保护等方面存在的不足。[③]

国外相关研究重点关注以下几个方面的问题，包括公众在内的利益相关者的参与机制、综合管理体制、管理规划的制定与实施、公权介入与私权保护的冲突与协调、国家与地方在海岸带管理中的协商与合作制度框架等。国外相关研究视角多样，但单纯从法学角度开展的制度分析和理论探讨研究成果并不多。

（二）我国海岸带综合管理试点与理论研究

我国的海岸带综合管理实践始于 1994 年在厦门开展的海岸带综合管理试点。1997 年在广西防城港、广东阳江海陵湾和海南文昌市，新一轮海岸带综合管理试验启动，旨在探索海岸带综合管理能力建设模式。2000 年，我国又在渤海湾开展了基于生态系统的海洋环境管理，推广海岸带综合管理经验。2005 年，在联合国环境规划署的资助下，国家海洋局组织实施了“南部沿海生物多样性管理项目”，推进海岸带综合管理和生态保护，初步建立了我国南部沿海生物多样性管理模式。我国海岸带管理相关立法虽然起步较晚，但发展较快。1991 年 3 月，江苏省率先制定了《海岸带管理条例》。1995 年 5 月，山东省青岛市出台了《海岸带规划管理规定》。2013 年，海南省制定了《海岸带保护与开发管理规定》，2016 年出台了配套性的《海南经济特区海岸带保护与开发管理实施细则》。2017 年 9 月，福建省颁布了《海岸带保护与利用管理条例》。

截至目前，国家层面颁布的涉及海岸带管理的法律法规达 20 多部。但是我国现行相关法律法规大多属于行业和部门性质的行政法规和部门规章，因各部门职责不同，对海岸带管理的着眼点和目标存在差异，部门间缺乏充分沟通和合作，导致管理目标错位，管理规划部门性突出，难以实现“行政、空间、生态高度一体化”的综合管理。

我国学者从不同角度涉足海岸带综合管理研究，取得的主要学术成果如下。鹿守本等针对我国海岸带开发和管理中存在的问题进行了深入分析研究，根据我国实际情况，提出了优化海岸带综合管理体制和运行机制的建议及措施。[④] 王东宇从海岸带规划的制定入手，

---

① Sanjiv de Silva, Sonali Senaratna Sellamuttu, D. C. Kodituwakku, et al. Governance Performance in Integrated Coastal Management: Sri Lanka Country Report ［M］. Colombo: IUCN (International Union for Conservation of Nature) Sri Lanka Country Office, 2011.

② Richard Burroughs. Coastal Governance ［M］. Washington, DC: Island Press, 2011.

③ Richard O. Brooks. Making the Mediterranean of the Western Hemisphere a Sustainable Community: The Connecticut Coastal Management Act and the Long Island Sound ［J］. Vermont Journal of Environmental Law, 2012, 13.

④ 鹿守本，艾万铸．海岸带综合管理——体制和运行机制研究［M］．北京：海洋出版社，2001.

分析了海岸带的范围、综合管理的内涵、管理规划的范围与内容。① 洪华生等结合厦门海岸带综合管理试验工作，从管理体制、科学支撑体系和法律框架等层面探讨了海岸带综合管理模式的主要内容，归纳了厦门海岸带综合管理的经验，提出了以现有国家法律为基础、以地方政府规章为主体的海岸带综合管理法律框架。② 王翠探索了在海岸带综合管理中贯彻生态系统理念的理论和方法，构建了海岸带生态系统综合管理模式，并以胶州湾为例进行了案例研究。③ 管岑对国内外海岸带管理法进行了比较分析，从价值、立法本位、立法目的、管理机构建设、基本原则等方面阐述了海岸带管理法的内涵，并对海洋功能区划制度、自然保护区制度、标准制度等进行了深入研究。④ 张利权等结合上海崇明东滩生态系统管理实践，探讨了海岸带综合管理的发展与挑战，提出了生态化管理目标。⑤ 韩通平从法律体系、管理模式、管理体制、规划制度等角度分析了我国海岸带管理立法的缺陷，在总结西方发达国家海岸带综合管理立法经验的基础上，提出了完善我国相关立法的建议。⑥ 张娜从法律基本原则、管理体制、海岸带综合管理的主要法律制度等方面，提出了制定《山东省海岸带综合管理条例》的若干设想。⑦

总体而言，我国有关海岸带综合管理的研究力量比较薄弱，研究方向分散；现有研究主要从管理学、生态学等角度展开，法学界参与不足，尚未形成学术资源整合和学科交叉；大多数学者的研究视野局限于构建海岸带综合管理的理论框架，只有少数学者关注到了法制建设这一决定海岸带综合管理成败的关键环节。根据数据库检索结果，国家社会科学基金、国家自然基金均未支持过有关海岸带综合管理立法的研究项目。法学界关注不够、国家支持乏力的直接后果是学术资源投入不足，海岸带综合管理法学研究严重滞后，难以为国家相关立法行动提供充分的智力支持，导致全国人大在 20 世纪 80 年代启动的海岸带综合管理立法计划最终搁浅。

三、总体框架

本研究主要包括以下几个部分。

第一章为海岸带综合管理基本理论。探讨海岸带综合管理的发展历程、基本原则、综合管理的法律框架、政策工具以及实施综合管理的关键环节等基本理论问题。

第二章为我国海岸带管理法制。探讨我国海岸带管理法制发展历程，梳理现行海岸带

① 王东宇．国际海岸带规划管制研究与山东半岛的实践［J］．城市规划，2005（12）．
② 洪华生，薛雄志．厦门海岸带综合管理十年回眸［M］．厦门：厦门大学出版社，2006.
③ 王翠．基于生态系统的海岸带综合管理模式研究——以胶州湾为例［D］．青岛：中国海洋大学，2009.
④ 管岑．海岸带生态系统管理法律研究［D］．青岛：中国海洋大学，2011.
⑤ 张利权，袁琳．基于生态系统的海岸带管理——以上海崇明东滩为例［M］．北京：海洋出版社，2012.
⑥ 韩通平．我国海岸带管理立法研究［D］．青岛：中国海洋大学，2013.
⑦ 张娜．海岸带综合管理立法问题研究［D］．烟台：烟台大学，2013.

管理法律法规。从海岸带资源环境压力与日俱增、行业管理和部门交叉为特征的传统管理体制桎梏，到现行海岸带管理法律法规没有体现“陆海统筹”和“生态系统管理”理念等几方面分析现行海岸带管理法律法规的缺陷。

第三章为海岸带管理法律制度比较研究。探讨海岸带综合管理主要先行国家和国际组织包括美国、欧盟、日本等的立法实践，分析其海岸带管理法律制度主要内容和成功之处，从管理体制、利益冲突解决机制、部门协调机制等几个方面总结对我国制定《海岸带综合管理法》的启示意义。

第四章为海岸带管理法的基本原则。探讨对海岸带管理法律法规具有指导意义的基本准则，包括可持续发展原则、陆海统筹原则、生态系统管理原则和风险防范原则等。

第五章为海岸带管理制度体系。从污染防治和资源可持续利用两个方面，梳理海岸带管理法律制度。

第六章为海岸带综合管理体制。分析我国海岸带管理体制及其缺陷，在总结国外海岸带综合管理体制模式的基础上，结合我国海岸带管理体制改革进程，指出当前应重点解决的几个关键问题。

第七章为海岸带管理中的公众参与制度。从公众参与的概念和历史发展入手，探讨公众参与海岸带综合管理的必要性。以浙江舟山马鞍列岛海洋特别保护区管理中的公众参与实践为例，分析我国海岸带管理实践中公众参与的形式、特点，指出存在的问题并提出完善意见。

第八章为我国厦门海岸带综合管理。厦门是我国最早开展海岸带综合管理试点工作的沿海地区，至今已历经 20 多年。本章详细梳理了厦门历次海岸带综合管理试点的行动计划及其成效，分析其经验与教训。

第一章　海岸带管理基本理论

沿海区包括形形色色的生产性生境，它们对人类住区、发展和当地的生存都非常重要……目前针对海洋资源和沿海资源的管理所采取的方针并没有常常证明是能够实现可持续的发展，而世界许多地区的沿海资源和沿海环境在迅速地退化和受到侵蚀。

——《21 世纪议程》

第一节　海岸带

海岸带是海岸带管理法律制度研究的基石范畴。海岸带是人类活动最集中、经济最繁荣、资源竞争性利用程度最高的地区。经济全球化、城镇化浪潮以及发达的交通网络吸引了更多的人口、资本不断向海岸带区域集中，产业聚集、城镇发展、水产养殖、工业化、旅游开发等人类活动对海岸带生境带来了普遍破坏，这一带状区域面临着前所未有的威胁。

一、海岸线

地球表面 70.8%的面积为海洋所覆盖，人类栖息的陆地只占地球表面的 29.2%。海岸带是指陆地与海洋的交接地带，是海岸线向陆、海两侧扩展一定宽度的带状区域。一般包括受陆地影响的海洋和受海洋影响的陆地。也就是说，海岸带是以海岸线为中心分别向海洋、陆地两个方向扩展一定范围而形成的区域。

海洋和陆地是地球表面的两个基本单元。在地理学和测绘学意义上，海岸线，简称岸线，是海洋与陆地的分界线，一般指海水向陆到达的极限位置的连线，分为岛屿岸线和大陆岸线（见图 1.1）。受潮汐、泥沙以及风暴潮等因素的影响，海岸线具有不固定性。这条海洋与陆地的分界线时刻处于变化之中。实际的海岸线应该是高低潮间无数条海陆分界线的集合，它在空间上应该是一条带，而不是一条地理位置固定的线。海岸线变动的原因分为两种：一是自然的原因，即海洋自身海水、泥沙以及边界条件；另一个是人为原因，即人为的筑造堤坝、围滩和工程建设等，主要表现为岸滩的侵蚀和淤长。① 随着技术的进步，海岸线越来越多地留下了人类活动的烙印。

① 赵梦，岳奇，徐伟．论海岸线的资源属性和特点［J］．海洋开发与管理，2015（3）．

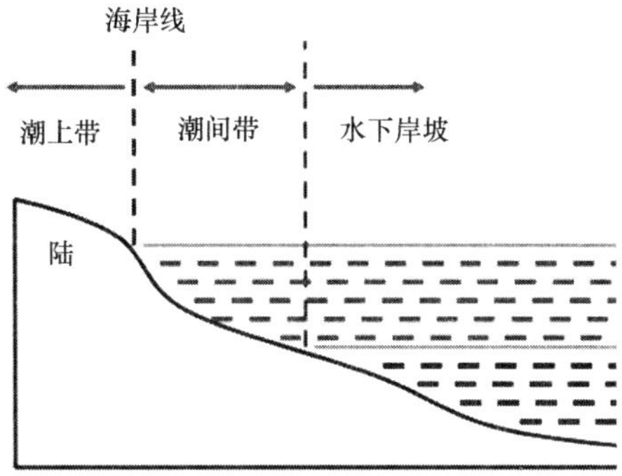

图 1.1　海岸线图示

地理学意义上的海岸线界定较为模糊，对于海岸带管理的参考价值有限。为了管理操作的方便，相关部门和专家学者将海岸线定义为平均大潮高潮时的海陆分界线的痕迹线，一般可根据当地的海蚀阶地、海滩堆积物或海滨植物确定。我国《海岸带调查技术规程》中即采用这种方法，将“海岸线”界定为“平均大潮高潮时水陆分界的痕迹线”。海岸线的向陆一侧是永久性陆地。

二、海岸带的界定

海岸带一般指“沿海岸线陆域及其临近水域”①，是海岸线向陆海两侧扩展一定宽度的带状区域，地理范围包括近海水域、潮间带和潮上带的沿岸陆地部分。② 在国际上，对于海岸带的具体范围，至今尚无统一的界定。联合国在 2001 年 6 月《千年生态系统评估项目》中将海岸带定义为“海洋与陆地的界面，向海洋延伸至大陆架的中间，在大陆方向包括所有受海洋因素影响的区域；具体边界为位于平均海深 50 米与潮流线以上 50 米之间的区域或者自海岸向大陆延伸 100 千米范围内的低地，包括珊瑚礁、高潮线与低潮线之间的区域、河口、滨海水产作业区以及水草群落”。世界银行指出，“海岸带是一个特殊区域，其边界通常由所需应对的特定问题来界定”。欧洲委员会认为“海岸带是一个宽度随环境特征和管理需求变化的海陆区域。它很少与现存行政界线或规划单元一致”。③ 中国的全国海岸带和海涂资源综合调查规定：海岸带的宽度为离岸线向陆侧延伸 10 千米，向海到 15 米水深线。

20 世纪 70 年代以后，一些沿海国相继开展海岸带综合管理工作，出台了相关的法律

① ［菲］蔡程瑛．海岸带综合管理的原动力——东亚海域海岸带持续发展的实践应用［M］．周秋麟等译，北京：海洋出版社，2010.

② 李百齐．海岸带管理研究［M］．北京：海洋出版社，2011.

③ 王东宇，马琦伟，崔宝义，等．海岸带规划［M］．北京：中国建筑工业出版社，2014.

法规，为这一术语在地理学概念的基础上又增添了经济和法律的含义。总的来说，目前各国对于海岸带范围的具体界限看法尚不太一致。不同国家和地区对海岸带概念的界定差异主要体现在海岸带边界向陆、向海距离的不同上（部分沿海国的海岸带划定见表 1.1）。例如，美国 1972 年颁布的《海岸带管理法》规定：海岸带向海洋（大湖地区水域）方向的外边界，在大湖地区为美国与加拿大的国际边界线；在其他地区即为美国领海的外界。海岸带向陆一侧的边界为“其利用可能对沿海水域产生直接、明显影响的土地”，即各沿岸州可以自己划定。[①] 而美国一些沿海州海岸带的划定情况见表 1.2。20 世纪 80 年代初，我国的《全国海岸带和海涂资源综合调查简明规程》规定：海岸带的内界一般在海岸线的陆侧 10 千米左右，外界在向海延伸至 10~15 米等深线附近；在河口地区，从陆地延伸到潮区界[②]，向海延至淡水舌[③]或浑水线。

表 1.1　部分沿海国的海岸带划定

国家	陆上界限	海上界限
巴西	平均高潮位以上 2 000 米	平均高潮位下 12 千米
哥斯达黎加	平均高潮位以上 200 米	平均低潮位
中国	平均高潮位以上 10 千米	15 米等深线
以色列	平均高潮位以上 1 000~2 000 米	平均低潮位以外 500 米
澳大利亚（仅南部）	平均高潮位上 100 米	海岸基线以外 3 海里
西班牙	最高潮位以上 500 米	12 海里领海范围
斯里兰卡	平均高潮位以上 300 米	平均低潮位以下 2 000 米

① 16 U.S.C. § 1453. 原文：The term “coastal zone” means the coastal waters (including the lands therein and thereunder) and the adjacent shorelands (including the waters therein and thereunder), strongly influenced by each other and in proximity to the shorelines of the several coastal states, and includes islands, transitional and intertidal areas, salt marshes, wetlands, and beaches. The zone extends, in Great Lakes waters, to the international boundary between the United States and Canada and, in other areas, seaward to the outer limit of State title and ownership under the Submerged Lands Act (43 U.S.C. 1301 et seq.), the Act of March 2, 1917, (48 U.S.C. 749), the Covenant to Establish a Commonwealth of the Northern Mariana Islands in Political Union with the United States of America, as approved by the Act of March 24, 1976 (48 U.S.C. 1801 et seq.), or section 1 of the Act of November 20, 1963 (48 U.S.C. 1705), as applicable. The zone extends inland from the shorelines only to the extent necessary to control shorelands, the uses of which have a direct and significant impact on the coastal waters, and to control those geographical areas which are likely to be affected by or vulnerable to sea level rise. Excluded from the coastal zone are lands the use of which is by law subject solely to the discretion of or which is held in trust by the Federal Government, its officers or agents.

② 涨潮波进入河口后，在传播过程中，因受河水顶托及河床阻力的影响，能量逐渐损耗，涨潮时流速愈来愈慢，潮差越来越小。在涨潮流消失的地方（即潮水停止倒灌处），称为潮流界。在潮流界以上，河水受潮水顶托，潮波仍可影响一定距离，在潮差为零的地方，称为潮区界。

③ 由于各种动力原因，如排流的惯性作用、沿岸流、季风形成的沿岸漂流等，使径流入海后向外或向某一侧扩散，因此河口外海区的等盐度线向该方向呈舌状伸出，即为淡水舌。如在渤海，黄河口冲淡水形成一条宽广而浅薄的淡水舌，其范围可抵海区中部。

表 1.2　美国一些沿海州海岸带的划定①

州	海岸带的地理范围
阿拉斯加	向海：离岸 4.8 千米的海域。向陆：有影响的开发项目所必要的范围，在某些情况下，可沿着溯河鱼类流系的方向向陆延伸 3.2 千米
北卡罗来纳	具有与大西洋、河口湾或受潮汐影响水域接界的陆地的县
新泽西	所有有潮水域、海湾、大洋水域以及平均高潮位线向内陆 30～152 米之间的高地窄带；在其他地方，自高地海岸边界向内陆伸展至少 1.6 千米，最多 32 千米
美属萨摩亚	全部岛屿以及沿岸水域（岛屿四周向海延伸 4.8 千米所有水下土地）
罗德岛	4.8 千米内的领海但不包括渔业，从沿海地形向岸边界和向内陆延伸 61 米的区域
佛罗里达	州的全部陆地面积，海界：向东延伸 5.56 千米，在墨西哥湾向西延伸 6.68 千米
夏威夷	州属水域和除州森林保护区以外的所有的陆地区域
南卡罗来纳	8 个沿海县，包括潮间带、海滨、原始海滨沙丘和沿岸水域

一般而言，海岸带范围为近海水域、潮间带和潮上带，其外界为海水波浪和潮流对海底有明显影响的区域，陆上边界为特大潮汛（含风暴潮）涉及的区域。不同的学科，对海岸带的范围界定也不相同。在管理学中，海岸带的范围完全取决于需要管理的内容、目标和与海岸线延伸相关的地理特征。在法律层面，同样也没有形成统一的、公认的海岸带范畴。综合一些主要沿海国和国家法律实践来看，国际上划定海岸带范围的标准主要有以下几种。

1. 自然地理标准

主要根据海岸区域陆上和海底地形、地貌等自然特征来划定。一般有明显的土地标志或其他地形标志。向陆一侧的自然标志有沿海的山脉、分水线等地形或植被有明显变化的部分，河口区为潮汐可达或盐分在一定浓度以上的区域。用这种标准确定海岸带范围是从自然科学的角度出发，具有易于描述和理解的优点。如《韩国公有水面及海岸管理法纲要》规定："海岸带指的是以海岸线为基准的海上一部分和背后陆地的一部分为对象而区划的区域。但是，对于河口部、三角洲、水产资源及生态系保护区等，可依据需要考虑地形条件和环境影响，将其范围按不同等级差别来规定。"从韩国对海岸带范围的规定看来，其更重视的是自然地理概念，突出了区别对待的特点。我国《海南经济特区海岸带保护与开发管理规定》第三条规定："本规定所称海岸带，是指海洋与陆地交汇地带，包括海岸线向陆地侧延伸的滨海陆地与向海洋侧延伸的近岸海域。海岸带的具体界线范围由省人民

① 张灵杰. 美国海岸带综合管理及其对我国的借鉴意义［J］. 世界地理研究，2001（6）.

政府依据海岸带保护治理与开发利用的实际，结合地形地貌具体划定，并向社会公布。”属于采用自然地理标准划定海岸带。

2. 经济地理标准

这种方法根据对陆、海区域经济活动影响最大的要素来划定海岸带的范围。这是从经济发展的角度出发，为了发展经济而做出的区域划分标准。如采用滨海公路为向陆一侧边界，以海水养殖的外界为向海一侧边界。如我国《青岛市海岸带规划管理规定》第二条规定：“本规定所称海岸带，是指胶州湾及青岛市其他近岸海域和毗连的相关陆域、岛屿。其控制范围自海岸线量起：海域至十海里等距线；陆域未建成区一般至一公里等距线，胶州湾西岸和北岸以环胶州湾公路为界（包括盐场）；陆域建成区一般以临海第一条城市主要道路为界，海泊河以北以铁路为界；特殊区域以青岛市人民政府批准的海岸带规划控制范围为准。”2014 年，海南省政府印发了《海南经济特区海岸带范围》和《海南经济特区海岸带土地利用总体规划（2013—2020 年）》，采用了经济地理标准划定海岸带的具体界线范围。“海岸带向陆地一侧界线，原则上以海岸线向陆地延伸 5 千米为界，综合考虑岸线自然保护区、生态敏感区、城镇建设区、港口工业区、旅游景区等规划区具体划定……”①

3. 行政区域边界标准

即利用国家现有的行政区划如省界、市界或县界来确定，主要用于向陆一侧。这种划分标准可以与行政区划相统一，具有易于分配管辖权、界限清楚、在法律上可行、不容易产生权力冲突的优点，如美国的北卡罗来纳、佛罗里达等州就采用这种方法。澳大利亚亦同。② 我国《江苏省海岸带管理条例》第二条规定：“本条例所称海岸带，是指本省海陆相互作用的过渡地带及沿海岛屿和辐射沙洲。”《福建省海岸带保护与利用管理条例》第二条第二款规定：“本条例所称海岸带，是指海洋与陆地交汇地带，包括海岸线向陆域侧延伸至临海乡镇、街道行政区划范围内的滨海陆地和向海域侧延伸至领海基线的近岸海域。海岸带具体界线范围由省人民政府批准并公布。”均采用行政区域边界来确定海岸带向陆一侧的范围。有些国家用领海之类的政治边界来确定海岸带的边界，如新加坡、澳大利亚、西班牙都规定以领海为海岸带管理的边界；斯里兰卡、荷兰、瑞典则以专属经济区作为边界。采用行政区域边界作为划定海岸带范围的标准，虽然容易理解、在法律上可行，但很少与生物、物理界限相一致。

4. 选取一定的环境单元

即根据资源组合区来划定海岸带的管理范围。这种划分方法有可靠的生态和科学依

---

① 罗霞，王玉洁．我省海岸带范围和利用规划公布［N］．海南日报，2015-02-13（A07）．见 http：//hnrb.hinews.cn/html/2015-02/13/content_ T_ 5.htm。

② Marcus Haward，Joanna Vince. Oceans Governance in the Twenty-first Century：Managing the Blue Planet［M］. Cheltenham：Edward Elgar Publishing Limited，2008.

据，可以考虑到海岸带生态系统的整体性，是符合科学规律的划分方法，但环境单元本身不易被了解，只能通过当地的泛勘察来制图。如美国得克萨斯州的海岸带范围包括“近岸海湾、小港湾和潮汐、三角洲、受河流影响的海湾——咸水湖、牡蛎区、草滩等”；文莱、印度尼西亚划定的海岸带陆界部分，包括了受潮汐影响的江河和其他地区；美国阿拉斯加州海岸带的范围，延伸到包括溯河鱼类向陆地的生长环境。这类划分标准具有良好的生态和科学基础，但需要专门的调查研究才可确定边界。

实际上，各国在相关法律法规或管理规划中确定海岸带范围时，鲜有采用单一划分标准的做法，基本上都综合采用了两种以上的划分标准。我国台湾地区在其“海岸法”中，将海岸带定义为：“本法所称海岸地区包括滨海陆地及近岸海域。滨海陆地为海洋直接或显著影响之地区，其以平均高潮线至最近之山棱线，或至地形、植被有显著变化之处，或至滨海主要公路、行政区界、沟渠、地籍产权界线明确之处为界。近岸海域以平均高潮线至 30 米等深线，或平均高潮线向海 5 千米处，取其距离较长者为界。”首先明确海岸带陆域的重要特征——为海洋直接或显著影响，然后从自然地理、行政区界、产权界限等方面对海岸带范围进行了界定，分别划分了向陆和向海的外部界限。还有一些国家为了管理方便，不考虑海岸带的自然因素和经济因素，采用海岸线至陆地和海上的任意水平距离来划定海岸带的范围，如表 1.1 中的巴西、斯里兰卡等国。

三、海岸带的特点

海岸带的向海一侧是海域与人类关系最为密切，对人类今天和未来的生存、发展有着非常重要意义的地带。海岸带处于海洋与陆地的交汇地带，区位优势明显，具有得天独厚的自然条件。

（1）生态交错带的一种。生态交错带是生态系统中处于两种或两种以上的物质体系、结构体系、能量体系与功能体系之间所形成的生态界面以及围绕该界面向外延伸的过渡带空间域。海岸带处于海陆交汇的地带，是一种十分典型的生态交错带。生态效应具有显著性，植被分布具有不连续性，景观结构具有异质性，生态环境脆弱。[①]

（2）资源丰富。海岸带处于海陆交互地带，它拥有丰富的自然资源，包括煤、石油、天然气、海水、渔业、森林、滩涂、盐沼、海洋生物、矿产资源、风能、潮汐能以及自然和人文景观等。在地球上海水约有 141 亿亿吨，盐的平均浓度为 35。世界 90%以上的渔业资源分布在距离海岸线 200 海里的范围之内，优良渔场所处的上升流也通常位于海岸带。[②]由于海岸带是人类活动最为频繁、人口最为集中的区域，它还拥有丰富的人文资源。因此

---

① 郭振仁．海岸带空间规划与综合管理——面向潜在问题的创新方法［M］．北京：科学出版社，2013.

② 戴天元，苏永全，阮五崎，等．台湾海峡及邻近海域渔业资源养护与管理［M］．厦门：厦门大学出版社，2011.

科学合理地开发海岸带资源，应以资源、环境及生态系统的可持续发展为目标和基准。

（3）经济辐射性。在经济与科技日益发展的今天，世界贸易往来越来越频繁。海岸带大多变成了对外开放的前沿区域，临海城市化进程及主导产业都得到了迅猛的发展，因经济、政治方面的因素，与内陆地区在资金、科技、信息及文化等方面的交流日趋频繁，推动并实现了人力、物力、财力等方面的优势互补，带动了内陆地区社会经济的快速发展。

（4）灾害多发性。海岸带是全球海洋、陆地、大气交互作用最强烈的地域之一。生态失衡及人类活动的加剧，致使海岸侵蚀、风暴潮、赤潮、台风、地震海啸、海平面升高、海水入侵沿海地下含水层等自然灾害不断增加。据 2012 年国家海洋局发布的"中国海洋灾害公报"统计资料显示，中国当年共发生海冰、风暴潮、海浪、赤潮和海啸等海洋灾害 138 次，造成直接经济损失 155.25 亿元，死亡（含失踪）68 人。2015 年各类海洋灾害造成直接经济损失 77.74 亿元，死亡（含失踪）30 人。最近 10 年我国海洋灾害造成的直接经济损失和死亡人数见表 1.3。[①] 近年来气候的异常、环境的污染对海岸带的负面影响越发剧烈，海岸带生境面临愈来愈大的压力。

表 1.3　近 10 年我国海洋灾害造成的直接经济损失和死亡人数

年份	2006	2007	2008	2009	2010	2011	2012	2013	2014	2015
死亡人数（人）	492	161	152	95	137	76	68	121	24	30
直接经济损失（亿元）	218.5	88.4	206.1	100.2	132.8	62.1	155.3	163.5	136.1	77.7

四、海岸带可持续发展面临的挑战

海岸带生态系统生物生产力高、物种数量多、生物多样性水平高。这一区域交通发达，海涂、盐业、矿砂、渔业、石油与天然气、旅游资源丰富，人类活动集中，滩涂利用、港口建设、海水养殖、沿海旅游等产业发达。这些经济活动在极大满足人类需要的同时，也对海岸带区域生态环境带来了严重影响，主要包括生境丧失、污染、过度捕捞、过度开发与工业化等（见表 1.4）。

① 数据源自国家海洋局发布的 2006—2015 年共 10 年的中国海洋灾害公报。

表 1.4　威胁海岸带生态系统的因素及其诱因①

威胁因素		诱因
居住地丧失与用途变化	沿岸开发：港口、城市化、旅游业和其他产业用地	人口增长、产业发展选址不当、工业和旅游业发展政策失误、环境恶化
	破坏性渔业作业方式：毒鱼、炸鱼、底拖网作业等	经济体制向市场经济过渡、对鱼类需求的增长、对渔业资源的过度捕捞
	沿岸森林过度采伐：红树林	管理政策失误、日益增长的竞争
	矿物开采：珊瑚、沙、矿石	替代物稀缺、需求旺盛
	民生工程	运输和能源需求、公共政策失误、对工程的评价能力低下
栖息地生态功能退化	富营养化：陆源农业废弃物、生活污水、养殖饵料等	过度城市化、污水处理设施不足、农业技术落后、湿地等天然净化机制丧失
	污染：陆源污染物	控制意识淡薄、过度使用杀虫剂与化肥、对产业管理不当
	污染：海洋倾废、填海与疏浚	土地成本上升、高估大自然的净化能力
	污染：航运	航运管理制度不符合环保标准、航运贸易快速发展
	入海径流量下降：河口盐度提高	水资源需求上升
	外来物种入侵	养殖品逃逸、政策缺失
过度开发利用	资源利用过度	技术进步、过度商业化、制度不健全或执行力低、过度补贴、对过度利用认识不足

（一）生境破坏

海岸带生态系统往往由于经济社会的发展而受到影响或破坏，导致海岸带生境和生物多样性水平下降，海岸带区域有 4 000~5 000 种植物处于濒危或受威胁状态。1994 年对东南亚珊瑚礁的评估发现，只有 3%礁区的活体珊瑚覆盖率达到 75%以上，珊瑚覆盖率低于 25%的礁区为 30%左右。珊瑚礁健康的总体状况令人忧心。在过去的 70 年里，东亚地区丧失了 70%的红树林，其中泰国丧失了 85%。② 据国家海洋局统计，1990—2008 年期间，由于围填海面积不断扩张，至 2009 年，我国约 65%的红树林已经消失，约 80%的珊瑚礁遭到破坏。③《2015 年中国海洋环境状况公报》显示，85.7%实施监测的近岸河口、海湾等典型海洋生态系统处于亚健康和不健康状态（见表 1.5），其中，杭州湾和锦州湾持续处于不健康状态。④

① ［美］罗伯特·凯，杰奎琳·奥德．海岸带规划与管理［M］．高健等译．上海：上海财经大学出版社，2010：47.

② ［菲］蔡程瑛．海岸带综合管理的原动力——东亚海域海岸带可持续发展的实践应用［M］．周秋麟等译．北京：海洋出版社，2010.

③ 骆永明．中国海岸带可持续发展中的生态环境问题与海岸科学发展［J］．中国科学院院刊，2016（10）.

④ 国家海洋局．2015 年中国海洋环境状况公报．见 http：//www.soa.gov.cn/zwgk/hygb/zghyhjzlgb/201604/t20160408_ 50809.html。

表 1.5　2015 年典型海洋生态系统基本情况

生态系统类型	生态监控区名称	所属经济发展规划区	生态监控区面积（平方千米）	健康状况
河口与海湾	双台子河口	辽宁沿海经济带	3 000	亚健康
	滦河口—北戴河	北戴河新区	900	亚健康
	黄河口	黄河三角洲高效生态经济区	2 600	亚健康
	长江口	长江三角洲经济区	13 663	亚健康
	珠江口	珠江三角洲经济区	3 980	亚健康
	锦州湾	辽宁沿海经济带	650	不健康
	渤海湾	天津滨海新区	3 000	亚健康
	莱州湾	黄河三角洲高效生态经济区	3 770	亚健康
	杭州湾	长江三角洲经济区 浙江海洋经济发展示范区	5 000	不健康
	乐清湾	浙江海洋经济发展示范区	464	亚健康
	闽东沿岸	海峡西岸经济区	5 063	亚健康
	大亚湾	珠江三角洲经济区	1 200	亚健康
滩涂湿地与珊瑚礁	苏北浅滩	江苏沿海经济区	15 400	亚健康
	雷州半岛西南沿岸	广东海洋经济综合试验区	1 150	亚健康
	广西北海	广西北部湾经济区	120	亚健康
	海南东海岸	海南国际旅游岛	3 750	亚健康
	西沙珊瑚礁	海南国际旅游岛	400	亚健康
红树林	广西北海	广西北部湾经济区	120	健康
	北仑河口	广西北部湾经济区	150	健康
海草床	广西北海	广西北部湾经济区	120	亚健康
	海南东海岸	海南国际旅游岛	3 750	健康

红树林是热带及亚热带最重要、最典型的生态系统之一，也是被破坏最严重的生态系统。我国历史上红树林的面积曾达到25 万公顷，至20 世纪50 年代减少到5 万公顷，现在仅存 1.5 万公顷。红树林被砍伐后，其重要的生态功能，包括保护岸线和农田、防风消浪、促淤保滩、净化海水和空气、减少近岸海域的含沙量的功能也随之消失。关岛大学的海洋生物学家罗伯特·里奇曼（Robert Richmond）曾指出，“珊瑚礁生态系统的生物多样性和生产力均很高，与热带雨林不相上下”。珊瑚礁为许多动植物提供了生活环境，具有重大的生态价值、经济价值和文化价值。目前，珊瑚礁面临的威胁主要来自开采石灰质礁体做建筑材料以及因海岸开发建设及港湾疏浚、开辟航道等造成的环境破坏。珊瑚礁的破坏导致栖息在珊瑚礁上的生物因生境破坏而减少栖息空间。此外，珊瑚礁旅游业的发展也加速了生境的恶化，岸线和潜水的旅游活动以及大量开采各种礁栖生物标本也造成对珊瑚

礁的危害。

此外，围海造地和港口建设也对海岸带造成了极大的破坏。围海造地使得大量滨海湿地减少，既破坏了海鸟和某些特殊物种的栖息地和繁殖场所，又大大降低了海洋的初级生产力。海岸带地区的围垦筑坝活动改变了一些海湾的生态功能，优美的自然景观不复存在，许多珍稀野生动植物濒临灭绝，海岸带调节气候、储水分洪、抵御风暴潮及护岸保田的生态功能也大大降低。在海岸带修筑堤坝、疏浚港湾和其他改变岸线结构的工程建设，都可能对沿岸潮间带和浅海生态系统构成巨大压力。首先，这些港口建设可能改变潮流的方向，使水流不畅、流速减缓、浮游物增加、透明度降低以及加速内湾淤积。① 其次，港口建设和其他海岸带工程建设可能造成生物生存环境的分割，造成种群遗传交流受阻等不良效应。最后，大量挖沙作为建筑材料，不仅破坏了底栖生物的生存环境，而且增加了海岸线侵蚀的强度。

在我国一些重要湾口和滩涂破坏严重，围海造地破坏了部分重要海域原有的自然属性；部分内湾渔场基本荒废，一些主要经济鱼虾类产卵场和育幼场遭到严重破坏；一些溯河性鱼虾资源遭到破坏，产量大幅度下降；莱州湾河口地区原盛产的银鱼和河蟹已基本绝迹，毛蚶资源已接近枯竭。②

（二）海洋污染严重

通过河流输送、大气沉降、养殖投放及废物排放等多途径，污染物质大量输入海洋，严重威胁海岸带的环境安全。2015 年，我国近岸局部海域海水环境污染依然严重，冬季、春季、夏季和秋季，劣于第四类海水水质标准的海域面积分别为 6.7 万、5.2 万、4.0 万和 6.3 万平方千米，分别占我国管辖海域面积的 2.2%、1.7%、1.3% 和 2.1%。污染海域主要分布在辽东湾、渤海湾、莱州湾、江苏沿岸、长江口、杭州湾、浙江沿岸、珠江口等近岸海域，主要污染要素为无机氮、活性磷酸盐和石油类。③ 2015 年，我国重金属排放入海总量为 2.1 万吨。除通常的重金属等污染物之外，近海水体、沉积物及海岸土壤环境出现了一些陆源新型污染物，如持久性有机污染物、抗生素、放射性核素、微塑料等，这些污染物部分或全部具有生物富集性、毒性和环境持久性，给整个海洋生态系统带来威胁。以典型的新兴污染物——全氟辛基烷酸为例，莱州湾海域水体中的浓度已高达 100 微克/升。④ 图 1.2 为 2013 年我国近岸海域水质状况图。⑤

---

① 沈国英，施并章. 海洋生态学 [M]. 第二版. 北京：科学出版社，2003.

② 秦灿. 山东省海洋环境保护对策研究 [D]. 济南：山东大学，2014.

③ 国家海洋局. 2015 年中国海洋环境状况公报. 见 http://www.soa.gov.cn/zwgk/hygb/zghyhjzlgb/201604/t20160408_50809.html。

④ 骆永明. 中国海岸带可持续发展中的生态环境问题与海岸科学发展 [J]. 中国科学院院刊，2016 (10).

⑤ 国家海洋局. 2013 年中国海洋环境状况公报. 见 http://www.soa.gov.cn/zwgk/hygb/zghyhjzlgb/201403/t20140324_31065.html。

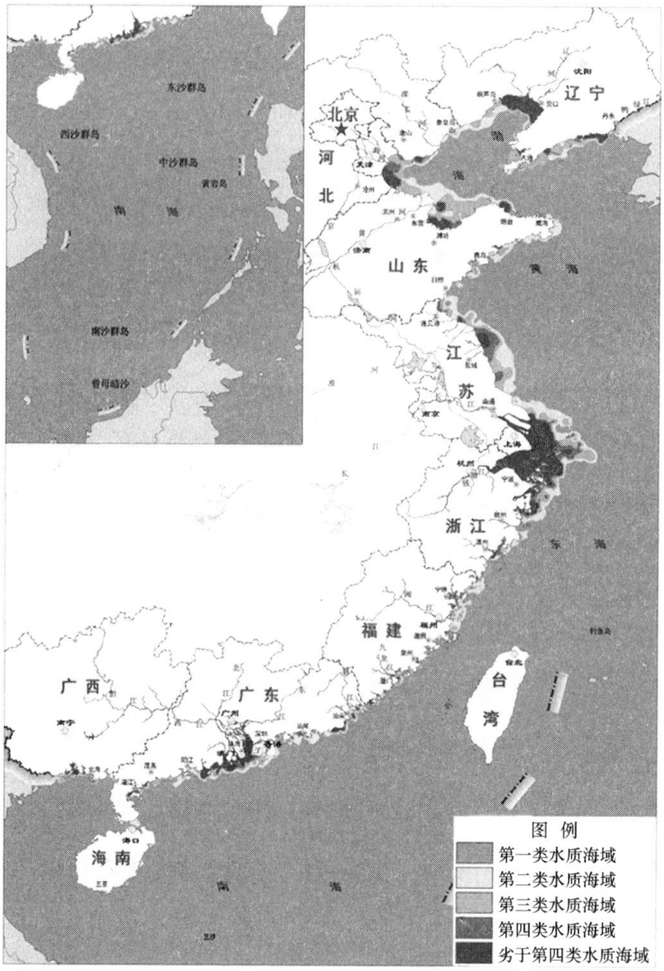

图 1.2　2013 年我国近岸海域水质状况

总体而言，我国海岸带区域低端型和资源与能源消耗型产业结构特点并未根本改变，海洋开发利用方式仍然粗放，资源开发利用质量、效率和效益较低的局面仍未扭转。沿海地区工业园建设多是“偏重型”“偏污型”企业，第三产业较少。高耗能、高污染项目必然加剧海岸带资源环境压力，导致大气、水体及土壤污染，对海岸带区域环境质量产生严重威胁。

由于近岸海域水质恶化，从 20 世纪 70 年代开始，我国黄海和东海赤潮的发生频率显著增加、范围扩大、持续时间延长，给渔业和旅游业造成巨大损失（见图 1.3、图 1.4）。1980 年以来，我国沿海共发生赤潮 300 多次，其中 1989 年发生的一次持续达 72 天的赤潮，造成经济损失达 4 亿元，仅河北黄骅一地 6 666.67 公顷对虾就减产上万吨。

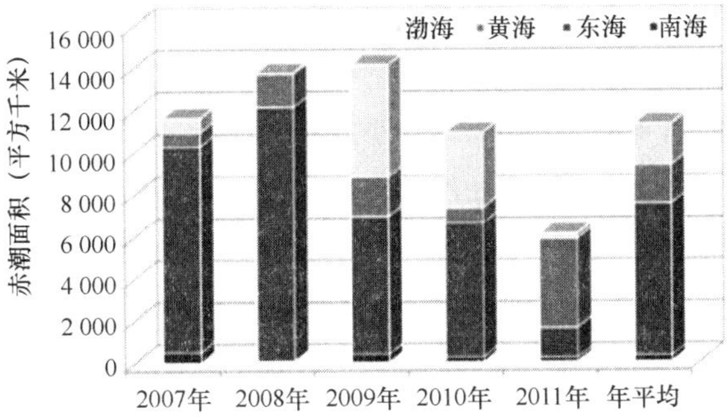

图 1.3　2007—2011 年我国海域赤潮累计面积

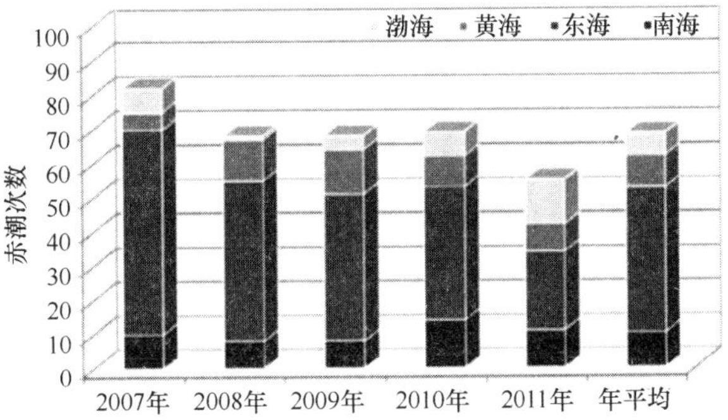

图 1.4　2007—2011 年我国海域赤潮发现次数

有害藻类水华

有害藻类水华是海水或半咸水中微型藻类增殖的俗称。有害藻类水华给渔业资源和人类健康造成威胁。形成有害藻类水华的藻类含有污染海产品和杀死鱼类的毒素。即使天然形成的藻类也同样会通过消耗海水中的溶解氧，导致鱼类和无脊椎动物的死亡。有害藻类水华普遍发生的主要原因是陆源污染物尤其是氮、磷含量高的农业及生活废水的过量排放。

有害藻类水华严重威胁公众健康，造成重大经济损失。菲律宾 1983 年以来报道的麻痹性贝类中毒事件超过 2 000 起，其中 115 名患者死亡。在香港，1998 年的一次藻华导致 80%的养殖鱼类死亡，总重量达到 3 500 吨，经济损失超过 4 000 万美元。

（三）过度捕捞

海洋水产品是海岸带居民最重要的蛋白质来源。过去 50 年，科技进步使渔具发生了巨大的变化。人造纤维网具广泛应用，渔船基本都安装了动力设施，配备有冷藏及冷冻设施的辅助性渔船大量出现，世界范围内的捕捞渔业产量稳步增长。20世纪60年代以后引进的高效作业技术（如围网、拖网作业）大大提高了作业强度，但也导致大部分海岸带渔业资源迅速衰竭。目前，地球上超过70%的具有重要商业价值的鱼类种群已经被完全利用、过度利用。

从20世纪80年代初到20世纪90年代末的近20年时间里，中国近海捕捞量持续大幅度增长。我国海洋渔业捕捞量增长情况见图1.5。1999年开始，中国实行海洋捕捞产量“零增长”“负增长”政策。十多年来，中国捕捞总产量在波动中略有下降，海洋捕捞产量从1999年的1 408万吨下降到2015年的1 314万吨。据估算，中国近海渔业资源每年可捕捞量大约为800万吨。从1994年近海捕捞量达到926万吨以来，过度捕捞已持续20多年。即使在目前的捕捞限制政策之下，中国近海渔场也依然处在超负荷状态之下。

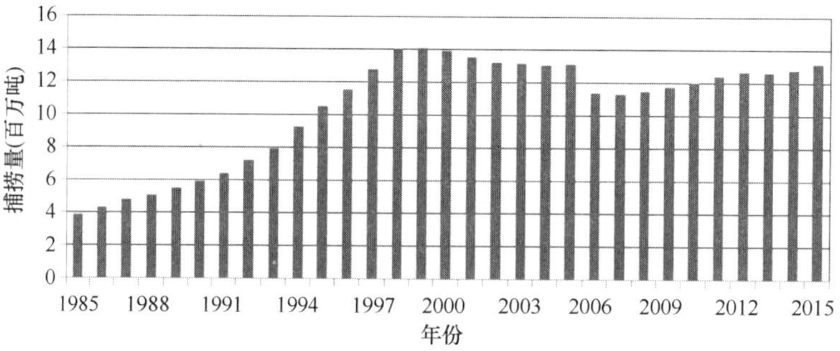

图1.5　我国海洋渔业捕捞量变化

传统上提高海洋渔业捕捞量的对策就是购置更大型的作业渔船和采用更先进的捕捞技术，这导致捕捞渔船的总吨位大幅度提高。1972—1992年，整个亚洲的海洋渔船总吨位增加了129%。[①] 我国的海洋捕捞渔船总数量2002年为22.2万艘，主机总功率134万千瓦。2003年以后由于不断加强“双控”[②] 管理，海洋捕捞渔船数量和主机功率均得到一定的控制，2012年渔船总数量下降到19.3万艘，主机总功率132万千瓦。由此可见，捕捞能力过剩导致可利用渔业资源的迅速衰竭和渔业收益的直线下降。

（四）气候变化和海平面上升

气候变化和海平面上升是海岸带面临的另一重大威胁。全球气温升高会促使大洋海水热膨胀、陆地冰川消融，从而导致全球海平面上升。根据我国50个验潮站的资料，我国海平面近几十年的上升速率平均为每年1.4~2.0毫米，上升趋势明显。世界各地验潮站资料显示，20世纪全球平均海平面上升0.15~0.18米，上升速率为每年1.0~2.0毫米。海平面上升严重影响海岸带生态系统和生物资源，尤其是对由小岛和珊瑚礁组成的小岛屿。

① ［菲］蔡程瑛．海岸带综合管理的原动力——东亚海域海岸带可持续发展的实践应用［M］．周秋麟等译．北京：海洋出版社，2010．

② “双控”，即船网工具指标管理，在全国范围内对海洋捕捞渔船的数量和功率实行总量控制。

就我国而言，如果海平面上升 0.5 米，在没有任何防潮设施情况下，我国东部沿海地区可能约有 4 万平方千米的低洼冲积平原被淹没，并对沿岸生态系统、生物资源、土地生产力和水资源系统产生严重影响。气候变化导致的海平面上升还会加速海岸侵蚀。① 气候变化和海平面上升对沿海生态系统的潜在影响见表 1.6。

表 1.6 气候变化和海平面上升对沿海生态系统的潜在影响②

生物物理影响	相关的经济社会影响
加速海岸带侵蚀	造成财产损失和沿海居住地面积减少
危及第一产业居民生活	增加洪水发生频率，危及人类生存
诱发沿岸洪水发生频率和增大洪水量	破坏沿岸带海洋保护工程与基础设施
促使河口与海湾海水倒灌入河与内陆地区	增大各类疾病的发生频率
改变地表水水质与地下水水质特点	导致对人类生存有重要功能的可再生资源生物量下降
影响病原微生物分布	降低天然文化资源存量与文化资源价值
提高海面温度	降低海岸带的旅游、休闲娱乐与运输功能
减少海水表面覆盖冰层的厚度	降低水质与土壤质量，危及农业和水产养殖业可持续发展

（五）外来生物入侵

据研究统计，入侵我国海岸带的物种有 196 种。其中人为引种的水生植物互花米草，已造成土著植物种群生长受限、生物多样性下降、生态系统服务功能削弱等后果。

此外，随着科技进步和社会发展，海岸带的利用方式日益多元化，竞争性开发引发的矛盾和冲突日益激烈，带来诸多问题和威胁。如陆上石油泄漏和海上溢油引起海岸及近岸海域石油污染，使海岸带生态环境与渔业资源遭受严重损害；海岸带地下水超采，海（咸）水入侵加速，导致沿海地区淡水资源缺乏和土壤次生盐渍化及湿地退化；海岸蚀退和河口淤积加剧，滨海土地资源和港口受损严重；人工海岸线无序增长，自然海岸线消失惊人；沿海地区风暴潮、洪涝和海冰等自然灾害频繁发生，海岸带陆海相互作用强烈，生态环境缺乏稳定性；海岸带外来种入侵，生物多样性变化，生态灾害频发，等等。我国海岸带的主要问题见图 1.6。

海岸带是人类赖以生存生息的最重要的居住地和经济资源开发利用强度最大的区域，竞争性利用矛盾尖锐，正如《中国海洋 21 世纪议程》指出的“由于海岸带和邻近海域开发利用程度越来越高，不同行业在分配使用岸线、滩涂和浅海方面的矛盾也越来越突出。许多沿海地区的陆地设施趋向临海，出现了军事设施、港口建设、市政建设争占岸线的矛盾。盐业、渔业、石油勘探开发、海港和航道建设，相互影响的问题也很突出”。因此，

① 骆永明. 中国海岸带可持续发展中的生态环境问题与海岸科学发展［J］. 中国科学院院刊，2016（10）.

② ［美］罗伯特·凯，杰奎琳·奥德. 海岸带规划与管理［M］. 高健等译. 上海：上海财经大学出版社，2010.

我们应充分关注沿海区域经济的合理发展，在开发利用资源时应合理规划和加强管理，促进各行业部门管理政策的协调与融合。

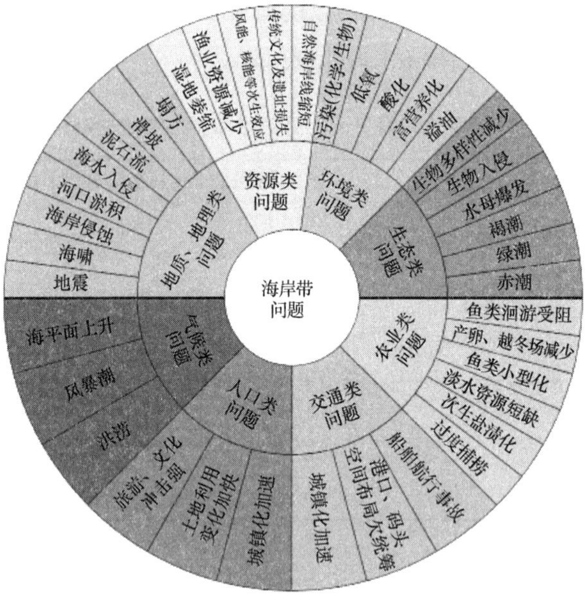

图 1.6　我国海岸带主要问题①

（六）公众缺乏生态系统知识

公众对海岸带生态系统的功能和重要性的认识，是实现海岸带可持续发展的重要驱动因子。公众认识到海岸带生态系统对社会、经济和生态的重要性有助于加强管理措施的有效性，有助于提高公众守法意识，为海岸带管理法律与政策的实施助力。

在很多情况下，政府的海岸带发展项目加重了自然生态系统的破坏。对海岸带地区建筑许可证的颁发控制不足，环境影响评价不当以及决策者对开发、建设项目对海岸带生态环境影响认识的不足，都加速了海岸带生态系统的破坏。自然系统是人类的共同遗产，必须使公众完全理解任何重大活动的影响。公众只有获得相关充分信息、了解海岸带生态系统的功能，才能产生参与海岸带管理活动的主动性。

第二节　海岸带综合管理

在 21 世纪，无论在发达国家还是发展中国家，人口从内陆地区迁移到海岸带的趋势将持续上升。人口、经济的趋海聚集必然加重海岸带及其资源的压力，使海洋资源过度利用、

① 骆永明．中国海岸带可持续发展中的生态环境问题与海岸科学发展［J］．中国科学院院刊，2016（10）．

生物生境丧失、水域污染等问题日益严峻。为了维护海岸带的环境，促进海岸带的可持续发展，必须推行和实施足以应对挑战的管理机制，使海岸带综合管理愈来愈受到重视。

一、海岸带综合管理的概念

人类改造海岸环境和开发利用海岸带的活动，古已有之。管理是指为实现某种目的而对人和事进行的决策、计划、组织、指导、实施、控制的过程。管理的本质是协调，即在整合各种资源的基础上实现我们既定的目标，管理的最终目的是最大程度的实现各种资源的价值。如果将海岸带管理理解为社会组织对个体海岸带资源开发利用行为的计划、协调和控制的话，那么，应该说在人类社会早期，海岸带管理就已经存在。众所周知，古代文明的标志之一就是建设码头、海堤、引河入海工程等设施，这些建筑物的建设，一般都以事先制定了非正式的资源利用规划为前提。① 工业革命以后，随着全球化的不断推进，以海运方式为主导的国际贸易日益发达，人类对海岸带资源的开发强度不断提高，竞争性利用引发的跨行业矛盾和冲突逐渐加剧。20 世纪 50 年代后环境经济学、环境科学以及生态学等学科茁壮成长，公众环境意识逐渐觉醒，引发了 20 世纪 60—70 年代席卷欧美的环境运动，人们已经认识到应当以可持续的方式利用稀缺的自然资源。上述多重力量最终促使许多国家开始采用“综合的方法对海岸带的资源、生态和环境实施管理，力求最大限度地获得综合利益”。②

海岸带综合管理是一个用综合观点、综合方法对海岸带的资源、生态、环境的开发和保护进行管理的过程。③ 管理的本质是协调，即在整合各种资源的基础上实现我们既定的目标，海岸带综合管理的最终目的是实现海岸带的可持续发展。综合，并不是单一方法的简单叠加，而是将各种不同方法进行合理布置，以求充分发挥各种方法的优点，避免其缺点。

目前，有关海岸带综合管理的含义，学界有多种不同的理解。1993 年世界海岸带大会将海岸带综合管理定义为：一种政府行为，协调各有关部门的海洋开发活动以确保制定目标、规划及实施过程尽可能广泛地吸收各利益集团参与，在不同的利益中寻求最佳方案，并在国家的海岸带总体利用方面实现一种平衡。④

美国海洋学家索伦森在其《海岸管理》一文中认为，海岸带综合管理是指“以基于动态海岸系统之间的自然的、社会的以及政治的相互联系的方式，对海洋资源和环境进行完全规划和管理，并用综合方法对严重影响海岸资源和环境数量和质量的利害关系集团进行横向（跨部门）和纵向（各级政府和非政府组织）协调”。美国海洋管理专家约翰 R.

① ［美］罗伯特·凯，杰奎琳·奥德．海岸带规划与管理［M］．高健等译．上海：上海财经大学出版社，2010.

② 李百齐．海岸带综合管理研究［M］．北京：海洋出版社，2011.

③ 鹿守本，艾万铸．海岸带综合管理——体制和运行机制研究［M］．北京：海洋出版社，2001.

④ 郭振仁．海岸带空间规划与综合管理——面向潜在问题的创新方法［M］．北京：科学出版社，2013.

克拉克认为："海岸带综合管理是通过规划和项目开发，面向未来的资源分析，应用可持续概念等检验每一发展阶段，试图避免对沿海区域资源的破坏。"① 我国著名海洋管理专家鹿守本先生在总结海岸带管理经验和吸收有关专家所给定义的基础上，对海岸带综合管理定义为：高层次的管理，通过战略、区划、规划、立法、执法和行政监督等政府职能行为，对海岸带的空间、资源、生态环境及其开发利用的协调和监督管理，以便达到海岸带资源的可持续利用。Robert Kay 等在《海岸带规划与管理》一书中认为，海岸带综合管理是"一种有别于简单海岸带管理活动的积极主动的方法，在某一统一系统中对海岸带一切人和事的管理活动……期望通过改善海岸带资源管理促进海岸带社会经济和环境条件"。②

以上对海岸带综合管理的定义虽然有所不同，但都包括以下几方面的要素。

（1）海岸带综合管理是政府实施的，是一种政府行为。海岸带综合管理是政府为了促进海岸带可持续发展，对海岸带范围内主体利用、开发和保护海岸带资源的行为进行的规范、控制和协调。海岸带综合管理的核心主体是政府有关职能部门，管理对象是自然人、法人和其他社会组织从事的海洋资源开发、利用与保护活动。一般而言，海岸带综合管理的主体是中央或地方政府确定的综合性行政管理部门，该部门统一制定管理规划，对海岸带经济、社会活动进行宏观调控。20 世纪 70 年代以来，世界海洋管理制度的一大发展趋势是，公众在海洋管理过程中享有的参与性权利越来越广泛。例如，西方一些国家在海洋空间规划组织阶段和规划阶段特别注重组织尽可能多的利益相关者参与其中③，这种"主体的多元化"，意味着非政府组织、公众也积极参与到海岸带管理过程之中。④ 通过社区公共会议、意见听取会议、咨询会等方式激发公众参与，可以提高公众环境意识、增强其自我约束能力，促进海岸带管理目标的实现。⑤

（2）海岸带综合管理的内容是对海岸带范围内的组织、个人等主体行为的控制、规范和影响。传统海岸带管理主要运用行政手段，即由海洋、土地、环境保护、矿业等涉海行政主管部门运用法律赋予的权力，通过履行自身职能实现对海岸带的管理。通常表现为"命令-控制"手段，由相关行政主管部门运用这些手段，按照一定的行政方式，通过特定的行政程序，制定各种政策、规划以及行政命令、指示、决议、决定等行政文件，规范和影响海岸带范围内法律主体的行为，实现管理目标。综合管理方式则强调利益相关者对于管理过程的参与，通过合作、协商等途径确立共同的管理目标，政府行政方式从直接行政转变到间接行政、从强制行政转变为指导性行政，从而实现对海岸带范围内组织、个人

① ［美］约翰 R. 克拉克. 海岸带管理手册［M］. 吴克勤，杨德全，盖明举译. 北京：海洋出版社，2000.

② Robert Kay, Jacqueline Alder. Coastal Planning and Management［M］. London: Taylor & Francis Group, 1999. 原文：a proactive approach that is distinct from simply managing activities at the coast, encompasses the management of everything and everyone on the coast within some form of a unified system or approach…expected that the improved management of coastal resources will improve the socio-economic and environmental conditions of the coastal communities.

③ 许莉. 国外海洋空间规划编制技术方法对海洋功能区划的启示［J］. 海洋开发与管理，2015（9）.

④ 李百齐. 海岸带管理研究［M］. 北京：海洋出版社，2011.

⑤ ［美］罗伯特·凯，杰奎琳·奥德. 海岸带规划与管理［M］. 高健等译. 上海：上海财经大学出版社，2010.

的开发、利用、保护海岸带资源行为的规范和引导。综合管理的最终落脚点，仍然是从事海洋活动的主体的法律行为。

（3）海岸带综合管理是多方参与的管理活动。传统海洋管理是一种分部门、分行业的管理，本来连为一体的海洋被分割为一个个彼此独立的部分，实施“分门别类”“条块分割”、涉海单位“各自为政”的管理，这种侧重个体、局部的管理活动必然影响到海洋整体的发展。许多海岸带管理的问题都是跨部门的。如果土地使用规划不当，海水养殖有可能会影响到航道和旅游业；如果滨海旅游业管理不当，就有可能影响到当地为游客服务的产业和部门。海岸带地区传统的或部门的管理办法只是孤立地去面对这些挑战，在面对需要解决的复杂问题时往往是不够的。海岸带综合管理是一种不同于传统分行业、分部门管理的新模式，它以国家海洋整体利益和海洋的可持续发展为目标，通过制定实施战略、政策、规划、区划、立法、执法、协调以及行政监督检查等行为，在现行统一管理与分级、分部门管理的体制下，通过长效的统筹协调机制，对海岸带的空间、资源、生态环境及其开发利用的协调和监督管理，从而实现海岸带的可持续利用。[①] 综合管理可以实现不同部门、不同空间和不同管理目标的综合，有效解决不同部门“条块”管理所产生的矛盾和冲突。

中央、地方各级政府机构，由于各自管辖区域范围存在资源禀赋差异、利益归属主体差异、公众需求差异等，他们之间处理问题的方式也有所不同。在海岸带综合管理中，中央、不同辖区地方政府的作用不同，各自的管理需求和目标存在差异。因此，“综合管理”也意味着不同层级政府之间通过充分的意见交换和协商，协调其在海岸带管理中的分歧，减少冲突。如美国《海岸带管理法》第 306 条要求制定海岸带管理规划的州，应建立“促进州际、州以及各级地方执法部门持续性协商与合作的有效机制，从而确保不同执法部门的充分参与”[②]。海岸带综合管理是一个“自下而上”“自上而下”相结合的管理过程。需要国家各有关部门的紧密配合和国家与地方有机结合才能有效开展。

此外，海岸带综合管理还需要多学科的参与。海岸带综合管理涉及海洋学、水文地貌学、地理学、地质学、经济学、管理学、社会学、法学等多学科。在管理上不仅包括海岸带科学研究，还要求提供海洋决策信息、改善管理手段、海岸带综合管理教育等，必须寻求更多、更有效的方法和手段使广大科学工作者能有效地参加各种决策活动。[③]

（4）以可持续发展为最终目标。可持续发展是海岸带综合管理的核心和灵魂。通过海岸带综合管理，可以建立更加科学合理的管理制度和管理体系，统筹协调海岸带开发过程中的资源、环境和生态问题，在合理开发海洋资源的同时切实保护海洋生态环境，促进海

---

① 王琪．中国海洋管理：运行与变革［M］．北京：海洋出版社，2014.

② CZMA §306（16 U. S. C. §1455d），The Secretary shall find that the（state）management program includes each of the following required program elements…B）established an effective mechanism for continuing consultation and coordination between the（state）management agency … and with local governments，interstate agencies，regional agencies and areawide agencies within the coastal zone to assure the full participation of those local governments and agencies in carrying out the purpose of this title.

③ 赵明利，伍业锋，施平．从“综合”角度看我国海岸带综合管理存在的问题［J］．海洋开发与管理，2005（4）.

岸带的可持续发展。

（ⅰ）海岸带可持续发展追求的不只是经济发展，同时还要强调发展科技以提高海岸带开发利用的效率，实现经济、资源、环境和社会的协调发展。

（ⅱ）资源的可持续利用。对海岸带的各种资源进行合理的利用和科学的管理，使人类的根本利益不受影响，对可再生资源的获取、开发和利用不应该超过同一时期内可能产生或再生的资源数量。

（ⅲ）追求生态效益。由于海岸带生态系统具有动态性和脆弱性的特点，在开发利用海岸带资源时，要遵循生态经济学的基本规律和原则，建立与海岸带自然生态系统相协调的开发利用系统，培植海岸带系统的抗干扰能力，确保海岸带生态经济系统的稳定性。

（ⅳ）海岸带的环境保护。海岸带是陆地和海洋相接的地带，既是陆地污染物的容纳场所，又是污染物向深海扩散的中转站。因此，在开发利用海岸带时，应合理地利用海岸带的环境容量和自净能力，保证海岸带地区的环境质量不受损害。

（ⅴ）合理的管理模式。健全、完善与海岸带可持续发展相关的法律法规和政策体系，建立合理的海岸带管理制度，寻求一种人口、资源、环境和经济相互协调的发展模式，保证海岸带资源的合理开发和持续利用。①

综上所述，海岸带综合管理可以定义为：为了实现海岸带可持续发展，政府通过制定法律、政策和管理措施，控制主体行为对海岸带生态环境影响的持续、动态的过程。海岸带综合管理是一种自然资源和环境管理的框架，它采用的是综合性和整体性的方法，是一个在解决海岸带地区复杂管理问题时，交互决策、规划和实施的过程，且这个过程遵循一定的循环周期。海岸带综合管理包含个体行为和体制规则两方面，它不仅仅需要个体（机构也参与它的反映和改革行动）的改变，建立和执行政策、协议、法律来规范对海岸带和环境利用、开发和保护行为，政府也应当以积极态度，推动实现海岸带可持续发展的方针、政策、法律、规划的制定和实施。海岸带综合管理是一种更具适应性的高层次海洋管理形式，超越了海岸带分行业、分部门管理的传统模式，体现了人类认知海洋思维方式的转变。②

二、海岸带综合管理的特点

（一）综合性

海岸带区域地理位置的特殊性决定了用单一的管理手段不可能解决海岸带开发利用中出现的种种难题。针对不同的问题可能需要特殊化的对待，除了传统行政管理的方法外，我们还需要借助经济手段，以便实现海岸带资源的合理配置；还需要宣传教育的方法，人

① 韩克．海岸带管理立法对策研究［D］．大连：大连海事大学，2006.

② 徐祥民．渤海管理法的体制问题研究——渤海管理立法研究［M］．北京：人民出版社，2011.

作为一种思想动物，观念的转变是解决海岸带问题的关键，只有人们从思想上意识到由于自己在开发利用海岸带过程中的错误方式导致的海岸带资源价值贬值进而对海岸带未来开发价值的影响，才能在行动上有所改变。

（二）动态性

海岸带综合管理的综合性决定了它不是单一要素的管理，而是需要考虑多方面的因素。海岸带综合管理需要考虑内外因素的结合，我们需要把海岸带开发利用过程中海岸带区域自身出现的问题与复杂多变的外部因素结合起来。在解决海岸带区域出现的问题时不能仅仅局限于问题本身，要考虑到随着外部因素的变化，原本的一些问题可能会出现一些转变。从横向上来讲，海岸带的综合管理涉及许多部门，例如渔业主管部门、交通主管部门、土地主管部门等，在海岸带的综合管理过程中，我们需要用动态的眼光来协调好它们之间的关系；从纵向上来看，海岸带综合管理涉及管理机构各个层次之间的关系，我们应该理顺海岸带综合管理过程中同一机构不同部门之间的关系，这就需要我们用动态的眼光来看待不同部门之间海岸带管理的内容。同时影响着海岸带综合管理的不同要素也在时刻发生变化，无论是海岸带的环境问题，还是社会经济条件等，都在随着时间等发生难以预测的变化。因此，在海岸带的综合管理过程中，我们不能局限于现有的管理模式和管理手段，应该随着外界影响海岸带环境因素的变化而改变我们对海岸带的管理手段和方法。

（三）协调性

目前，我国海岸带出现问题的重要原因是没有从全局出发考虑问题，只是单一的考虑其一方面的需要。例如，在海岸带的开发方面，某些行业仅仅考虑本行业对海岸带资源的需求，忽视其他行业发展的需要，导致海岸带开发利用出现矛盾与冲突，导致海岸带资源价值的贬值。在海岸带的管理上这种不协调体现的更明显，有关的海岸带管理部门都在积极地争夺海岸带的管理权，但是在海岸带出现问题需要明确责任部门时，各个部门却将自己的责任推得一干二净。在海岸带保护方面的不协调主要体现在陆地保护和海洋保护的分节进行，使得海岸带的部分区域保护出现空白。因此，我们在海岸带综合管理的过程中要多角度地考虑问题，协调好开发、利用与保护的关系。

三、海岸带综合管理的发展

20 世纪 30 年代，美国海洋管理专家阿姆斯特朗提出了综合管理理论，指出应当对大陆架外的海洋空间和海洋资源区域进行综合管理。此后，世界上的很多国家都逐步加强了对海岸带及周围活动的有序管理。到 20 世纪 50 年代，用立法的办法来控制与调节海岸带地区的活动受到沿海各国重视。英国的《海岸保护法》和日本的《海岸法》分别用于解决海岸的防护工程管理、建设问题和海岸防护问题。虽然各国制定、颁布的海岸带各项法规不同，但目的都是为了处理特定范围的专门问题。

海岸带综合管理实践起步于20世纪60年代，以美国旧金山湾自然保护与发展委员会（San Francisco Bay Conservation and Development Commission）的成立为标志。自20世纪50年代中期以来，旧金山湾出现的由填海、疏浚、近岸开发活动造成的污染及近岸湿地破坏等环境问题引起了公众的关注。为了应对这些问题，加利福尼亚州于1965年通过了McAteer-Petris法案，根据该法案成立了旧金山湾自然保护与发展委员会。但是，此时的委员会还只是临时性的。1969年该法案进行了修订，确立了旧金山湾自然保护与发展委员会作为专门性部门在保护旧金山湾环境方面的法律地位。此后，为了落实法案，旧金山湾养护与发展委员会制定了旧金山湾计划并通过了The Suisun Marsh Protection法案、加利福尼亚环境质量法案。根据这些法案和计划授权，旧金山湾自然保护与发展委员会具体管理旧金山湾的填海和疏浚、保护苏珊沼泽、管理沿岸100英尺（30.48米）内的土地的开发利用活动。[①] 1972年美国政府颁布了《海岸带管理法》（Coastal Zone Management Act），鼓励全美沿海各州制定和实施海岸带综合管理规划，“成为立法方面的一块里程碑”。[②] 利用联邦政府的财政支持，美国所有的沿海州都实施了海岸带资源管理项目规划。美国政府也因此积累了非常丰富的实践经验。1978年，美国第一届海岸带会议在旧金山举行，至今已经召开了14次以上的同类会议。1979年，法国政府制定了《关于海岸带保护和整治的方针》，指出要有秩序、有组织地实施海岸带城市规划，不准开垦荒地、填埋湿地，不允许在离海岸线2 000米以内的陆上新建过往道路。[③] 这些都是各国针对海岸带地区出现的开发利用程度高、生态环境遭到破坏、人口压力大等问题所采取的海岸带综合管理措施。这些法律、法规在一定程度上解决了海岸带所面临的开发与保护的难题。

从1983年开始，在美国国际开发署（United States Agency for International Development，USAID）的倡导和推动下，海岸带综合管理模式推广到拉丁美洲和东亚的许多发展中国家。经过50多年的发展，全球很多沿海国都纷纷大力推广海岸带综合管理。

在20世纪80年代中期以前，发展中国家几乎还没有海岸带综合管理的经验。1992年在里约热内卢召开的联合国环境与发展大会是一个重要转折点，大会通过的《21世纪议程》中第17章倡议所有的沿海国家制定和实施海岸带管理规划。

《21世纪议程》是联合国确定的统揽全局的行动计划。在1993年11月的世界海岸带大会上，最终形成《气候变化对海岸带综合管理的影响》《海岸带综合管理指南》《海岸带脆弱性分析的研究》等多个重要文献。[④] 此后，许多国际组织都积极支持和帮助发展中

① 毛仲荣．美国旧金山湾环境立法的执行体制对我国的启示［J］．经济师，2012（12）．

② ［菲］蔡程瑛．海岸带综合管理的原动力——东亚海域海岸带可持续发展的实践应用［M］．周秋麟等译．北京：海洋出版社，2010．

③ 张璋．20世纪80年代以来的全球行政改革：背景、理论、举措与经验［J］．新华文摘，2002（11）．

④ 刘中民，等．国际海洋政治专题研究［M］．青岛：中国海洋大学出版社，2007．

国家开展海岸带综合管理试点工作，越来越多的发展中国家参与海岸带综合管理活动。1993 年，登记在册的海岸带管理项目只有 217 个项目，2002 年，这一数字达到了 700 多个，9 年间增加了 3 倍多。在拉丁美洲，1992—2001 年国际赞助者投资于海岸带管理的金额达到 13 亿美元。1996—2004 年，世界银行用于海岸带综合管理活动的投资接近 50 亿美元。联合国各机构、全球环境机构和私人基金在 2000 财政年度就向海岸带管理活动提供了大约 3. 2 亿美元的资金。①

东亚海岸带综合管理

在 1972 年美国启动海岸带综合管理后不久，东南亚国家就接受了海岸带管理的概念。1985 年，美国国际开发署启动了对东盟海岸带管理区域项目的援助。该区域项目的制定和实施分别由文莱、印度尼西亚、马来西亚、菲律宾、泰国和新加坡 6 个国家的海岸带资源管理子项目组成，于 1992 年完成。

继东盟/美国国际开发署区域项目之后，在其他捐赠机构及亚洲开发银行、世界银行等多边银行机构的帮助下，东南亚国家又开展了一系列海岸带资源管理项目，其中最具有典型意义的是东盟和澳大利亚合作的海岸带生物资源项目（ASEAN/Australia Project on Living Coastal Resources）及东盟和加拿大海洋科学合作项目（ASEAN/Canada Cooperative Programme on Marine Sciences）。

1993—1999 年，东亚 11 个国家参加了由全球环境基金提供基金支持、由联合国开发计划署和国际海事组织执行的海洋污染防治和管理区域计划。该区域计划建立了两个示范区，一个是菲律宾八打雁海湾，另一个是中国厦门市。区域计划要求示范区为海岸带综合管理建设适用的工作模式，解决海陆交汇区的海洋污染问题。1999 年以后，上述 11 个国家进一步实施了后续计划——“建立东亚海域环境管理伙伴关系”（Building Partnership in Environmental Management for the Sea of East Asia，PEMSEA）。2 年后，日本参加了这一海域环境管理项目组织计划。9 个东亚国家的 11 个沿海省和自治区制订并实施了各种海岸带综合管理计划，如（印度尼西亚）巴厘岛、（菲律宾）八打雁省、（泰国）春武里府、（越南）岘港、（朝鲜）南浦、（马来西亚）巴生港、（韩国）始华湖、（柬埔寨）西哈努克港、（中国）厦门市。到 2006 年，东亚地区又有 18 个地区加入海域环境管理区域项目组织。

东亚海域环境管理区域项目组织计划的大部分活动实际上主要是为了实施《21 世纪议程》第 17 章的建议行动，这增强了以海岸带综合管理为有效管理工具、解决环境可持续发展管理问题的信心。

① 李百齐. 海岸带综合管理研究［M］. 北京：海洋出版社，2011.

总体而言，根据涉海各行政主管部门综合程度的不同，在管理学上可以将海岸带综合管理分为以下几个阶段（见图 1.7）。①

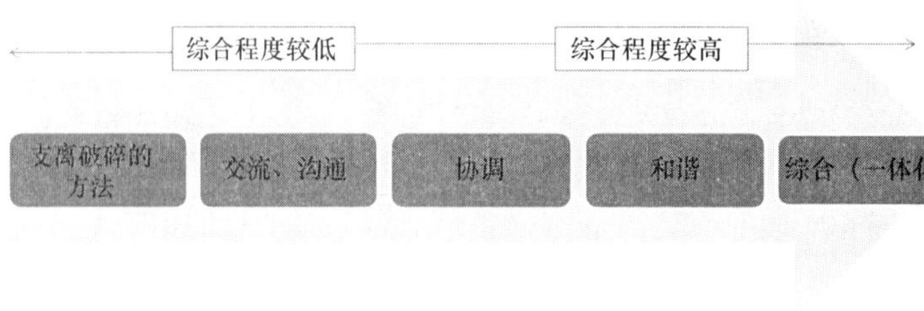

图 1.7　海岸带综合管理发展阶段

（1）支离破碎的方法阶段。独立存在的单元之间交流很少。海岸带是一个多功能、综合性的地理单元，具有资源丰富性和功能多样性。存在多元经济活动，包括渔业、水产养殖业、农业、林业、制造业、旅游业、盐业等。现代行政组织是一个纵横交错的体系，纵向分为许多层级，横向分为许多部门和子系统。传统的海岸带管理方式为分行业、分部门管理，各行业性主管部门分别隶属于国家和地方，它们根据各自的法律和规章以及本系统的行政性指令从事管理活动，彼此之间交流很少，各部门也很少考量本部门管理活动对其他部门的影响。

（2）交流、沟通阶段。独立单元之间有一定的交流。由于生态系统具有整体性，海岸带范围内生态因子之间彼此关联，任何一个行业性主管部门的管理活动必然会对其他部门管理目标的实现造成一定影响，导致现实中广泛存在利益冲突、权力交叉、管理重叠、政策法规交错等问题。因此，管理主体不能只关注一个活动或一部分系统，而不考虑其与其他活动或系统的关系。为了促进彼此管理目标的实现，行业性主管部门采用召开协调性会议②的方式加强沟通与交流，以达成共识、解决矛盾。

（3）协调阶段。表现为独立单元之间采取一些行动，以便使它们的工作同步。比较典型的例子是我国沿海一些省市针对特定海洋事务展开的海上联合（专项）执法行动。一般而言，此协调阶段的共同行动比较松散，往往根据上级命令或者同级之间的协调而组织，长效性的法律依据不足，主要是为了解决突发性、重点性、临时性的问题。③

① ［美］罗伯特·凯，杰奎琳·奥德．海岸带规划与管理［M］．高健等译．上海：上海财经大学出版社，2010.
② 协调会是专门为解决某一特定问题而召开的多方参加的非常规会议。
③ 吴鹏，范学臣．“联合执法”的问题及完善路径［J］．中国行政管理，2006（5）．

日照市开展春季海洋联合执法行动①

2014年3月18日，日照市海洋与渔业局牵头，并抽调海事、海警、海监部门3艘执法船艇，对日照市管辖海域内海上养殖、海上自然保护区等用海行为及非法采矿情况开展执法检查，标志着日照市2014年度春季海洋联合执法行动拉开帷幕。

据悉，本次行动为期一个月，分陆地组和海上组同时进行，将以在港池、锚地、航道从事非法养殖、捕捞活动，影响港口建设及生产的养殖捕捞设施作为整治重点，对非法占用海域的，责令限期拆除，拒不拆除的，将依法予以强制拆除。同时，严厉打击在保护区内未经批准审核进行的各类用海活动及破坏海洋生态环境的违法行为，形成部门联动、共同参与的管理格局。

（4）和谐阶段。独立单元之间采取一些行动，使它们的工作同步，但这些行动是由设定在更高层次上的、具有明确目标和方向的政策所指导的。在我国管理实践中，部门联动机制是此阶段管理的表现形式之一。党的十八届三中全会提出“建立陆海统筹的生态系统保护修复区域联动机制”，成立跨区域、跨部门的联席会议制度，加强跨部门工作会商、协调与合作。② 相对于前一“协调阶段”的部门合作而言，此阶段的部门合作一般以长效性制度为依据，各部门对海洋环境事务的协同管理往往在整合跨区域和跨部门的资源和信息的基础上超越了本部门的狭隘利益和行业藩篱，共同拟定管理方案，进行管理活动。

（5）综合（一体化）阶段。有更正式的机制确保各种不同单元的工作同步化。由于这些独立单元必须对有明确目标和方向的政策作出响应，它们至少丧失一部分独立性（协调办公室、更高层次常设性机构）。除此之外，我们还可以通过成立跨部门的领导小组、综合委员会等机构来协调相关部门的活动，使这些部门为实现既定的目标而协同努力，或者通过相关部门之间的意向书、备忘录等形式来肯定和加强彼此间的协作关系。③ 如1995年，为了加强海岸带综合管理，厦门市政府成立了海洋管理协调领导小组，由常务副市长任组长，分管交通、水产、科技、城建的四位副市长任副组长，成员包括了计划、经济、城建、科技、交通、财政、规划、环保、水产、旅游、法制、公安等部门的领导。1996年，厦门市在原有协调领导小组的基础上，成立了“海洋管理办公室”，以加强协调和综合管理能力。④ 1989年，美国的缅因州、新罕布什尔州和马萨诸塞州，与加拿大的新斯科舍省和新不伦瑞克省，共同成立了海洋环境缅因湾委员会，

① 见 http：//rizhao.iqilu. com/rzyaowen/2014/0320/1917270. shtml，2017年1月16日访问。

② 丁晖，曹铭昌，刘立，等．立足生态系统完整性，改革生态环境保护管理体制：十八届三中全会“建立陆海统筹的生态系统保护修复区域联动机制”精神解读［J］．生态与农村环境学报，2015（5）．

③ 穆军全，霍冲．行政组织内部协调机制构建的路径探析［J］．辽宁行政学院学报，2013（3）．

④ 洪华生、薛雄志．厦门海岸带综合管理十年回眸［M］．厦门：厦门大学出版社，2006．

其宗旨在于讨论共同关心的环境问题并采取行动，同时还包括缅因州生态系统生态平衡的保护和恢复、海上固体垃圾和药物废物的问题、土地利用和海洋环境之间的关系、缅因湾资源的可持续利用以及加强保护、保全缅因湾自然资源的合作计划。①

东亚海岸带综合管理项目发展历程

第一期：东亚海域污染防治和管理地区计划（1994—1999 年）

重点：预防东亚海域海洋污染

实施地点：福建省厦门市

项目设立了中国厦门市和菲律宾八打雁省两个海岸带综合管理示范区和一个马六甲海峡污染管理示范区。在项目的后期又在一些参与国设立了海岸带综合管理示范区。项目通过海岸带综合管理的方法，在促进参与国部分地区的海洋环境管理和污染预防工作中发挥了积极的作用，取得了较大的成果和较好的效果。

中国的厦门市通过东亚海项目进一步促进了海洋综合管理工作，其中包括厦门市的海洋地方立法（或条例），建立海洋工作管理和协调机制，编制海洋发展规划和海洋功能区划，进行海域使用的整治和海岸带整治，市内入海河道的整治工程和改善海水质量，同时建立了海洋工作的科技支撑体系、执法体系和公众参与制度等内容。作为 3 个示范点之一，厦门市成功探索出的“厦门模式”受到了国际组织的肯定，与英国泰晤士河、美国波士顿港一道被联合国等 9 个国际组织列为海洋综合管理成功模式并加以推广，在国际上产生了广泛的影响。

第二期：建立东亚海地区环境管理伙伴关系（2000—2006 年）

重点：建立东亚海环境管理伙伴关系

实施地点：辽宁省、河北省、山东省、天津市和厦门市

第二期除了在第一期项目中设立的海岸带综合管理示范区外，又在包括中国在内的一些成员国中设立了 18 个海岸带综合管理平行示范区，推广海岸带综合管理的理念与经验，进一步提高成员国的海洋工作管理水平。

从整个东亚区域来说，在东亚海项目第二期的实施过程中，建立了各国实施海岸带综合管理地方政府网络，为在成员国地方政府中推广海岸带综合管理的实践搭建了一个平台。除厦门市外，中国还有另外的 10 个地方政府也参加了这个网络。我国的环渤海三省一市也参与了东亚海项目的实施，签署了《渤海环境保护宣言》，制定了渤海环境管理战略、渤海环境监测计划、渤海溢油应急响应计划和工矿企业参与海洋环境保护的计划。第二期渤海管理项目的实施为一个跨行政管理边界的海域环境管理

① 周鲁闽．区域海洋管理框架模式研究［D］．厦门：厦门大学，2006.

找到了一个有效的途径。项目期间，国家海洋局组织环渤海各沿海省市共同实施了一系列计划，为有效减缓渤海海洋环境持续下降趋势、改进渤海这一跨边界海洋环境管理工作积累了经验，并形成了一套海洋综合管理的有效经验。

第三期：在中国实施《东亚海可持续发展战略》（2009—2011 年）

实施地点：辽宁省、河北省、山东省、天津市和厦门市以及我国的 10 个海岸带综合管理平行示范城市。

国家层面上成立"东亚海计划第三期项目国家工作委员会"（NPCC）、"东亚海计划第三期项目专家指导委员会"（ESC）。和"国家项目办公室"（PMO），并根据 3 个子备忘录分别成立实施东亚海可持续发展战略与海岸带综合管理推广计划工作组，在渤海实施以污染减排和投资项目为重点的河流流域与海岸带综合管理计划工作组和厦门海岸带综合管理与示范工作组。

本期项目的主要内容可概括为四个方面：一是制定和实施国家的海洋和海岸带综合管理政策和计划；二是环渤海三省一市制定和实施以河流流域生态系为基础的近海环境管理计划；三是在 10 个海岸带综合管理平行示范区推广海岸带综合管理的理念和实践；四是深化厦门市的海岸带综合管理工作和加强厦门市作为东亚海海岸带综合管理地方网络秘书处的工作。

我国目前的海岸带管理体制是以海监、环保、渔政、海事、边防和海关等部门为主的分散性行业管理体制。据统计，在海岸带地区范围内，我国涉海部门目前达 20 余个，除海洋行政管理部门对海岸带地区进行管理外，其他多个部门，如国土资源、交通、农业、环保、旅游等部门，也从本部门的利益出发，参与海岸带管理活动。要实施综合管理，必须通过长效法律制度推动行业性管理部门之间的充分协调和协作。

第二章　我国海岸带管理法制

由于海洋开发活动广泛、深入地发展，特别是沿海地区的经济腾飞，（我国）海岸带资源、环境的开发和保护面临一种新的、较为严峻的形势；资源开发利用不尽合理，综合效益不高；局部地区资源浪费严重，生态失衡，环境质量下降。究其原因，主要是由于管理部门分散、政出多门、利益纷争、力量不集中的结果。而沿海区、管辖海域的多种经营与综合开发，更大范围地对外开放，更高层次的开发利用，都迫切要求建立新的海洋综合管理体制和协商机制。

——《中国海洋21世纪议程》

20世纪80年代之前，我国几乎没有制定专门的涉海法规，仅有1958年颁布的《中华人民共和国关于领海的声明》涉及海岸带权益问题。地方层面的海岸带管理立法更是付之阙如。海岸带管理法制建设的真正起步，是在党的十一届三中全会以后。

第一节　我国海岸带管理法制的发展

对中国而言，海岸带管理是舶来品，海岸带管理乃至海洋法制发展的历史是从接受外来海洋法基本概念开始的。领海概念最初传入中国大约是在19世纪初。① 在清政府的积极支持下，《万国公法》翻译完成，中国逐渐接受海洋国际法。此后，在处理涉外事务时，清政府开始借助于《万国公法》中的国际海洋法理论，主张和维护自身的主权和利益。② 鸦片战争以后，中国海洋门户洞开，海洋权益丧失殆尽。民国政府照搬英、美等国的领海宽度和划界法。中华人民共和国成立后，国家重视海洋主权和海洋事业，海洋和海岸带管理法制建设进入了新的发展阶段。

一、中华人民共和国成立初期至1978年

我国海洋管理法律和政策的孕育和产生期开始于中华人民共和国成立后，这一时期国家总的立法目的是恢复和发展经济，保障和改善人民生活水平，因此，在法律法规中对环境和自然资源的开发利用作出了许多规定。囿于时代限制，我国没有对海岸带进行专门立

① 马英杰．中国海洋法制建设战略研究［M］．北京：海洋出版社，2014.

② 王维俭．普丹大沽口船舶事件和西方国际法传入中国［J］．学术研究，1985（5）.

法，海岸带管理的法律分散于领海、毗连区的海洋权利以及渔业管理、船舶航行管理等相关方面。

这一阶段的国内立法包括：1950 年政务院颁布了《进出口船舶、船员、旅客、行李检查暂行通则》，其目的是为了“维护国境治安，查禁走私，防止疫病传染”；1951 年颁布的《中央人民政府政务院关于全国盐务工作的决定》，明确了“提高税额”“税不重征”等政策；1954 年颁布了《中华人民共和国海港管理暂行条例》，明确了港务管理体制、港区的范围、港务局的职责；为了保护我国沿海水产资源，维持人民的长远利益，1955 年国务院颁布了《关于渤海、黄海及东海机轮拖网禁渔区的命令》；为了维护海洋权益，1958 年颁布了《中华人民共和国关于领海的声明》；其他法律法规包括 1961 年的《进出口船舶联合检查通则》、1964 年的《外国籍非军用船舶通过琼州海峡管理规则》和《国务院关于加强航道管理和养护工作的指示》、1974 年的《中华人民共和国防止沿海水域污染暂行规定》、1977 年的《中华人民共和国国境卫生检疫条例实施细则》等。[①]

这一阶段，我国海岸带管理立法数量有限，立法层次比较低，重点关注的是国家海洋权益的维护、航运管理和海洋生物资源的分配利用，对防止海洋污染和海洋环境破坏没有给予相应的重视，没有将海洋作为生态系统进行保护。这与当时的国情是相适应的——经济百废待兴，维护海洋权益的法律基础薄弱，法制建设整体比较滞后。这一时期重要的法律文件是 1958 年发布的《中华人民共和国政府关于领海的声明》，该法律文件确立了我国领海的范围和基础制度，在海洋权益维护方面发挥了重要作用。

此外，中华人民共和国成立初期，还开展了多重形式的海洋管理国际合作。1952 年，我国与波兰签订了合办中波轮船公司的协议。1955 年中日双方在北京签订了关于黄海、东海渔业的协定，有效期 1 年，之后顺延到 1957 年；1963 年，双方再次签订了关于黄海、东海的渔业协定。1972 年中日邦交正常化后，1975 年，双方签订了《中华人民共和国和日本国渔业协定》。这一时期，我国还签订了一些“通商通航条约”“海运协定”“海运互惠换文”“渔业协定”等文件。1971 年我国恢复在联合国的合法席位后，在这一时期签订了一些国际条约，如 1973 年的《国际海事组织公约》《国际船舶载重线公约》，1979 年的《国际海事卫星组织公约》等。

二、20 世纪 80 年代到 20 世纪 90 年代初

改革开放后，我国的法制建设重新步入正轨。这一阶段的海岸带立法情况有所改变，不仅海岸带管理法律法规的数量大大增加，而且立法层次有所提高。

在海岸带资源利用与管理方面，这一时期颁布的法律法规包括：1979 年的《渔政管

---

① 金永明．新中国在海洋法制与政策上的成就和贡献［J］．毛泽东邓小平理论研究，2009（12）．

理工作暂行条例》《关于对在我沿海进行石油勘探的外国籍工程船舶、船员及随船人员的管理办法》、1980 年的《国务院、中央军委批转国家水产总局关于划定南海区和福建省沿海机动渔船底拖网禁渔区线的意见》《渔港监督管理规则（试行）》、1981 年的《关于东、黄海区水产资源保护的几项暂行规定》，1982 年的《中华人民共和国对外合作开采海洋石油资源条例》、1984 年的《中华人民共和国森林法》、1985 年的《港口建设费征收办法》、1986 年的《中华人民共和国渔业法》《中华人民共和国土地管理法》《中华人民共和国矿产资源法》《中华人民共和国森林法实施细则》、1987 年的《石油及天然气勘查、开采登记管理暂行办法》《中华人民共和国渔业法实施细则》《森林采伐更新管理办法》、1988 年的《中华人民共和国野生动物保护法》《渔业资源增殖保护费征收使用办法》《国务院关于鼓励投资开发海南岛的规定》、1989 年的《城市规划法》《开采海洋石油资源缴纳矿区使用费的规定》《铺设海底电缆管道管理规定》、1990 年的《盐业管理条例》。

在航行安全管理方面，1979 年颁布了《中华人民共和国对外国籍船舶管理规则》，1983 年颁布了《中华人民共和国海上交通安全法》，1987 年颁布了《中华人民共和国航道管理条例》《中华人民共和国水路运输管理条例》，1989 年颁布了《中华人民共和国渔港水域交通安全管理条例 》，1990 年颁布了《中华人民共和国海上交通事故调查处理条例》。

在海洋污染防治和生态环境保护方面，这一时期制定了大量的法律法规，主要包括：1979 年的《中华人民共和国水产资源繁殖保护条例》、1982 年的《中华人民共和国海洋环境保护法》、1983 年的《中华人民共和国防止船舶污染海域管理条例》《中华人民共和国海洋石油勘探开发环境保护管理条例》、1984 年的《国务院关于加强乡镇、街道企业环境管理的规定》、1985 年的《中华人民共和国海洋倾废管理条例》《森林和野生动物类型自然保护区管理办法》、1986 年的《对外经济开放地区环境管理暂行规定》、1988 年的《中华人民共和国防止拆船污染环境管理条例》《污染源治理专项基金有偿使用暂行办法》、1990 年的《中华人民共和国防治陆源污染物污染损害海洋环境管理条例》《中华人民共和国防治海岸工程建设项目污染损害海洋环境管理条例》《中华人民共和国海洋倾废管理条例实施办法》《中华人民共和国海洋石油勘探开发环境保护管理条例实施办法》。这些法律法规基本形成了我国海洋环境保护的法律体系。

这一阶段我国积极参与国际海洋法制活动，签订的国际公约和双边协定的数量有所增加。如 1980 年加入《国际油污损害民事责任公约》（International Convention on Civil Liability for Oil Pollution Damage），1983 年的《1973 年国际防止船舶造成污染公约 1978 年议定书》（Protocol of 1973 to the International Convention for the Prevention of Pollution by Ships，1978），1985 年的《防止倾倒废物和其他物质污染海洋的公约》（Convention on the Prevention of Marine Pollution by Dumping of Wastes and Other Matter）、《修正 1969 年国际油污损害民事责任公约的议定书》（Protocol to the Convention on the International Civil Liability for Oil Pollution Damage，1969），1986 年的《1973 年国际防止船舶造成污染公约及其 1978

年议定书附则 I 修正案》，1990 年加入《1969 年国际干预公海油污事故公约》（International Convention Relating to Intervention on the High Seas in Cases of Oil Pollution Casualties）、《1973 年干预公海非油类物质污染议定书》（Protocol Relating to Intervention on the High Seas in Cases of Marine Pollution by Substances other than Oil 1973）、《控制危险废物越境转移及其处置的巴塞尔公约》（Basel Convention on the Control of Transboundary Movements of Hazardous Wastes and Their Disposal）等。

三、20 世纪 90 年代初至今

这一阶段是我国海岸带管理法制的成型和完善时期，与海洋保护和利用有关的法律与政策大量出现，日益强调制定海洋可持续发展战略。这一时期，我国的社会经济发生了巨大变化，经济体制从传统计划经济向社会主义市场经济急剧转型，海岸带管理的社会、经济背景发生了巨大变化。1992 年 6 月在巴西里约热内卢召开的联合国环境与发展大会通过了《21 世纪议程》，中国根据《21 世纪议程》制定了《中国 21 世纪人口、环境与发展白皮书》，即《中国 21 世纪议程》，并以此作为中国可持续发展总体战略、计划和对策方案。《21 世纪议程》倡议“在国家、次区域、区域和全球各级对海洋和沿海区域的管理和开发采取新的方针”，要求沿海国“对在其国家管辖内的沿海区和海洋环境进行综合管理和可持续发展”。1994 年《联合国海洋法公约》（United Nations Convention on the Law of the Sea）（以下简称《公约》）生效，我国于 1996 年完成了该公约的批准程序。为了适应国际、国内新形势，我国依循可持续发展理念，根据国际习惯、《公约》规范和其他海洋制度，制定、修改了大量的海岸带管理法律法规，建立了海洋和海岸带管理法律体系基本框架。

1996 年 5 月，我国发布了《关于中华人民共和国领海基线的声明》，公布了部分领海基点。1998 年全国人大通过了《中华人民共和国专属经济区与大陆架法》，之后分别于 1999 年和 2016 年修订了《中华人民共和国海洋环境保护法》，加强了海洋生态保护。2000 年和 2004 年对《中华人民共和国渔业法》进行了两次修订，确立了限额捕捞制度，加大了对近海捕捞业的控制力度，目前，《中华人民共和国渔业法》的第三次修订正在有序推进①。2001 年全国人大通过了《中华人民共和国海域使用管理法》，涵盖了海洋功能区划、海域使用权和海域有偿使用制度。2003 年发布了《中华人民共和国港口法》，填补了我国在港口管理方面的法律空白。2004 年和 2016 年对《中华人民共和国野生动物保护法》进行了两次修订。2009 年全国人大通过了《中华人民共和国海岛保护法》，加强了海岛管理，涉及资源、生态、权益、社会经济等各个方面。2014 年修订《中华人民共和国

① 2015 年 3 月 18 日，农业部渔业渔政管理局就《中华人民共和国渔业法（修订草案）》向各省、自治区、直辖市及计划单列市、新疆建设兵团渔业主管厅（局）征求意见。

环境保护法》，确立了“按日处罚制度”，加重了环境违法行为的法律责任。

除了国家立法机关制定的法律，这一时期国务院及有关部委、地方人大及常委会还制定了大量的行政法规、规则和地方立法，包括1993年的《中华人民共和国水生野生动物保护实施条例》，1994年的《中华人民共和国船舶登记条例》、1996年的《中华人民共和国涉外海洋科学研究管理规定》、2005年的《中华人民共和国海洋特别保护区管理办法》、2006年的《中华人民共和国防治海岸工程建设项目污染损害海洋环境管理条例》《中华人民共和国濒危野生动植物进出口管理条例》等。地方立法如《浙江省城乡规划条例》(2010)、《浙江省普陀山风景名胜区条例》(2008)、《浙江省防汛防台抗旱条例》(2007)、《浙江省渔业管理条例》(2005)、《海南经济特区海岸带保护与开发管理规定》(2013)、《青岛市海岸带规划管理规定》(1995)、《宁波市韭山列岛海洋生态自然保护区条例》(2006)、《宁波市无居民海岛管理条例》(2004)、《广西壮族自治区无居民海岛保护条例》(2016)、《广西壮族自治区海域使用管理条例》(2015)、《舟山市国家级海洋特别保护区管理条例》(2016)等。

第二节　我国海岸带管理法制的现状

从权限划分的角度看，我国现行立法体制是中央统一领导和一定程度分权的，多级并存、多类结合的立法权限划分体制。国家层面的立法包括全国人民代表大会和全国人民代表大会常务委员会立法[①]、国务院[②]及其部门立法[③]。省、自治区、直辖市、设区的市的人民代表大会及其常务委员会可以制定地方性法规。省、自治区、直辖市和设区的市、自治州的人民政府可以制定地方政府规章。

一、国家立法

我国有关海岸带管理立法始于20世纪80年代。1980年，我国启动了全国海岸带和海涂资源综合调查工作，7年后编制完成了《全国海岸带和海涂资源综合调查》，为海岸带相关立法奠定了基础。目前，我国有关海岸带管理的国家层面立法主要表现为单行性法律法规：《中华人民共和国领海及毗连区法》《中华人民共和国专属经济区和大陆架法》等法律主要涉及海岸带管辖区域的划分及利用。《中华人民共和国土地管理法》《中华人民共和国海域使用管理法》《中华人民共和国渔业法》《中华人民共和国海岛保护法》《中华

① 《中华人民共和国立法法》第7条第1款规定：全国人民代表大会和全国人民代表大会常务委员会行使国家立法权。

② 《中华人民共和国立法法》第65条第1款规定：国务院根据宪法和法律，制定行政法规。

③ 《中华人民共和国立法法》第80条第1款规定：国务院各部、委员会、中国人民银行、审计署和具有行政管理职能的直属机构，可以根据法律和国务院的行政法规、决定、命令，在本部门的权限范围内，制定规章。

人民共和国港口法》《中华人民共和国沿海特殊保护林带管理规定》等法律法规涉及海岸带自然资源的利用、开发和保护。《中华人民共和国海洋环境保护法》《中华人民共和国环境保护法》《中华人民共和国防止海岸工程建设项目污染损害海洋环境管理条例》等属于海洋污染防治的专门性法律。此外，我国还出台了《海洋21世纪议程》《全国海洋开发规划》《全国海洋功能区划（2011—2020年）》《全国海洋经济发展规划纲要》《中共中央国务院关于加快推进生态文明建设的意见》等有关海岸带发展的规划或其他指导性文件。[①] 1996年全国人大批准我国加入《公约》。我国海岸带管理法的立法工作起步较晚，但发展比较快。

总体而言，20世纪我国的海岸带管理相关立法，基本沿袭行业性管理思路，法律法规大多从涉海部门管理的角度进行延伸，对海岸带范围内各要素的整体性尚缺乏充分认识。进入21世纪，随着联合国《21世纪议程》的确立，海洋综合管理思想的影响不断扩大，我国新出台的法律法规如《中华人民共和国海域使用管理法》《中华人民共和国海岛保护法》等综合程度有所提高，但仍未打破传统海陆分割的体制桎梏，对海岸带管理各种社会关系难以实现综合和系统的调整作用。由全国人大及其常委会颁布的海岸带管理相关法律见表2.1。

表2.1　中国颁布实施的海岸带管理相关法律

标号	法规名称	颁布（最近一次修订）时间
1	中华人民共和国海岛保护法	2009年12月26日
2	中华人民共和国物权法	2007年3月16日
3	中华人民共和国海洋环境保护法	2017年5月17日
4	中华人民共和国专属经济区和大陆架法	1998年6月26日
5	中华人民共和国领海及毗连区法	1992年2月25日
6	中华人民共和国渔业法	2013年12月28日
7	中华人民共和国海上交通安全法	2016年11月7日
8	中华人民共和国海域使用管理法	2001年10月27日
9	中华人民共和国港口法	2003年6月28日
10	中华人民共和国土地管理法	2004年8月28日
11	中华人民共和国环境保护法	2014年4月24日
12	中华人民共和国森林法	1998年4月29日
13	中华人民共和国野生动物保护法	2016年7月2日
14	中华人民共和国矿产资源法	1996年8月29日
15	中华人民共和国旅游法	2013年4月25日
16	中华人民共和国可再生能源法	2009年11月26日

① 贺蓉．我国海岸带立法若干问题研究［D］．青岛：中国海洋大学，2009.

续表

标号	法规名称	颁布（最近一次修订）时间
17	中华人民共和国水法	2016 年 10 月 8 日
18	中华人民共和国环境影响评价法	2016 年 7 月 2 日
19	中华人民共和国水污染防治法	2008 年 2 月 28 日
20	中华人民共和国水土保持法	2010 年 12 月 25 日

就海岸带管理专门立法而言，早在 1983 年，我国就成立了有众多部委参与的“海岸带管理法起草小组”，由国家海洋局牵头着手起草《中华人民共和国海岸带管理法》。由于种种原因，法规名称在 1985 年更改为《海岸带管理条例》，虽几易其稿，这次立法行动最终还是因为种种原因而搁浅。20 世纪 90 年代，为解决滩涂资源的开发与利用矛盾，国家计委（现发改委）又启动了《海岸带滩涂资源管理条例》的起草工作，法规草案经过两次修改，但仍无疾而终。① 我国海岸带立法尝试失败的主要原因在于：许多涉海管理部门认为，现行数量众多的涉海法律已经包括了海岸带地区开发、利用和保护的相关内容，再制定实施专门的“海岸带管理法”，会与其他法律法规的调整领域产生交叉和重叠，在适用范围、管辖权等问题上会引发更多的冲突和争议。

蓝色海湾整治行动

2005—2015 年，我国 21 个被监控的典型海洋生态系统中，近 75%处于不健康或亚健康状态。2005 年以来，锦州湾和杭州湾一直处于不健康状态；西沙珊瑚礁生态系统、广西北海珊瑚礁和海草床生态系统、海南东海岸珊瑚礁生态系统健康状态近年来呈下降趋势，由健康变为亚健康。红树林面积急剧下降。海草床分布面积缩减严重，珊瑚礁出现明显退化现象。

为了有效扭转海洋生态环境恶化的趋势，我国组织开展“加强海洋生态文明建设专题研究”，积极推动海洋生态文明示范区建设，健全海洋保护区网络，建立海洋生态红线制度，对重要、敏感和脆弱区域实施严格保护。

2010 年以来，先后实施海域使用金生态修复项目 180 个，总投资近 40 亿元，有效修复恢复受损海域面积 1 000 余平方千米，占我国受损海洋生态区域面积的 2. 5%。但历史欠债多，海洋生态环境的现状急切需要加大修复力度，统筹修复项目。

国家海洋局成立中央海岛和海域保护资金蓝色海湾整治行动专项领导小组，负责组织、指导、协调和监督“蓝色行动”，编制总体规划、指导项目申报、组织项目评审、审批实施方案、监督检查项目实施等。

① 鹿守本. 海岸带管理模式研究［J］. 海洋开发与管理，2001（1）.

二、地方立法及政策

1. 地方立法

虽然国家层面的立法行动命运多舛，但自20世纪90年代初期以来，我国一些沿海省市依循“综合”管理理念、结合本地实际，开展了诸多海岸带综合管理的试点和立法尝试。江苏省人大常委会在1991年制定了《江苏省海岸带管理条例》（2010年9月废止），对于海岸带范围内的资源利用与保护进行统筹规划和综合调整。1994年青岛市编制了《胶州湾及邻近海岸带功能区划》，随后制定了《青岛市近岸海域环境保护规定》《青岛市海岸带规划管理规定》《青岛市海洋渔业管理条例》等地方性法律法规。1994—1998年，厦门市成功开展了海岸带综合管理试点工作，并颁布实施了《厦门市海域使用管理规定》《厦门市海域环境保护管理规定》《厦门市大屿岛白鹭自然保护区管理办法》《厦门市水路运输管理规定》等地方性法律法规，初步建立了区域海岸带综合管理法律框架体系。目前，厦门市海岸带综合管理实践仍在不断深入，试点范围大幅度拓展。2013年，海南制定了《海南经济特区海岸带保护与开发管理规定》，并于2015年7月出台了《海南省海岸带保护与开发专项检查方案》，对海岸带开发与保护状况进行专项检查。2016年8月，海南又颁布了《海南经济特区海岸带保护与开发管理实施细则》，以加强海岸带环境资源的保护，规范海岸带开发利用管理。目前，福建省、广东省海岸带管理专项地方立法也正在紧锣密鼓地推进之中。①

总体而言，大多数沿海省市尚未形成将海岸带作为独立单元进行管理的体制，但进行了大量的基础性工作和示范区建设，比如福建省厦门市（1994—1998年）、广东省阳江市、海南省文昌市、广西的防城港市（1997—1999年）以及我国南部沿海地区（2005—2009年）等地，相继开展了具有不同特点的海岸带综合管理示范区建设和能力建设，取得了各沿海地区可以借鉴和推广的经验。其中，厦门市的经验已经成为国际范例。厦门建立了海岸带综合管理体系，包括相关的法规和规章制度、海洋功能区划、紧急事故的应急计划、海洋环境监测监视和评价系统、培训和教育的机制、可持续的财政支持机制、综合信息系统等。厦门市的模式和经验已经为我国沿海地区政府所认可，一些地区已经开始采纳厦门市的经验，灵活地运用到当地的管理和经济社会的发展中。我国沿海省、市、自治区海岸带管理相关立法情况见表2.2。

---

① 宁德市海洋与渔业局．省法制办到我市开展《福建省海岸带开发与保护管理条例》立法调研．见 http：//www.fjof.gov.cn/xxgk/hydt/jcdt/201407/t20140710_56452.htm。广东省海岸带保护与利用管理办法（征求意见稿）．见 http：//www.fzb.gd.gov.cn/publicfiles/business/htmlfiles/gdsfzb/lfyjzj/201601/13224.html。

表 2.2　我国沿海省、市、自治区海岸带管理相关立法

省、市、自治区名称	相关规范性文件
辽宁省	《辽宁省海洋环境保护办法》《辽宁省海域使用管理办法》《辽宁省湿地保护条例》《辽宁省沿海经济带发展促进条例》《大连市海水浴场管理办法》《大连市海域使用管理条例》《大连市环境保护条例》
天津市	《天津市海洋功能区划》《天津市海洋环境保护条例》《天津市海域环境保护管理办法》《天津市湿地保护管理办法》《天津是海域使用管理条例》
河北省	《河北省海域使用管理条例》《河北省环境保护条例》《河北省海洋环境保护管理规定》《河北省土地管理条例》《河北省渔业条例》《河北省湿地保护条例》
山东省	《山东省海洋环境保护条例》《山东省海域使用管理条例》《青岛市海岸带规划管理规定》《青岛市海洋环境保护规定》《青岛市海洋渔业管理条例》《青岛市海域使用金征收管理暂行规定》《威海市人民政府关于加强海岸带管理与保护的意见》
江苏省	《江苏省海洋环境保护条例》《江苏省湿地保护条例》《江苏省水土保持条例》《江苏省长江水污染防治条例》《江苏省长江河道采砂管理实施办法》
浙江省	《浙江省海洋环境保护条例》《浙江省海域使用管理办法》《浙江省滩涂围垦管理条例》《浙江省海塘建设管理条例》《浙江省渔业管理条例》《浙江省湿地保护条例》《浙江省土地利用总体规划条例》《浙江省钱塘江管理条例》《宁波市环境污染防治规定》《宁波市无居民海岛管理条例》《宁波市韭山列岛海洋生态自然保护区条例》
上海市	《上海市海域使用管理办法》《上海市滩涂管理条例》《上海市环境保护条例》《上海市崇明东滩鸟类自然保护区管理办法》《上海港口岸线管理办法》《上海港船舶污染防治办法》《上海市临港地区管理办法》《上海市水产养殖保护规定》《上海市长兴岛开发建设管理办法》《上海市水域环境卫生管理规定》
福建省	《福建省海洋环境保护条例》《福建省沿海防护林条例》《福建省沿海滩涂围垦办法》《福州市湿地保护管理办法》《厦门市海洋环境保护若干规定》《厦门市海域使用管理规定》
广东省	《广东省海域使用管理条例》《广东省湿地保护条例》《广东省实施〈海洋环境保护法〉办法》《广东省浅海滩涂水产增养殖保护管理规定》《广东省海滨游泳场安全管理规定》《广东省水土保持条例》《广东省渔业管理条例》《广东省环境保护条例》《广东省惠东海龟国家级自然保护区管理办法》《广东省人工鱼礁管理规定》
广西壮族自治区	《广西壮族自治区海域使用管理条例》《广西壮族自治区无居民海岛保护条例》《广西壮族自治区湿地保护条例》《广西壮族自治区海洋环境保护条例》《广西壮族自治区北海银滩保护条例》《广西壮族自治区环境保护条例》《广西壮族自治区实施〈中华人民共和国渔业法〉办法》《广西壮族自治区水生野生动物保护管理规定》
海南省	《海南经济特区海岸带保护与开发管理规定》《海南省生态保护红线管理规定》《海南省海洋环境保护条例》《海南省自然保护区条例》《海南经济特区土地管理条例》《海南省珊瑚礁和砗磲保护规定》《海南国际旅游岛建设发展条例》《海南省实施〈中华人民共和国渔业法〉办法》

我国沿海各省、市、自治区、直辖市的有关海岸带管理法律法规仍比较零散，未将海岸带作为一种整体性的环境单元进行立法，无法统一法律法规对海岸带的空间、资源、生态环境及其开发利用的协调和监督管理。但随着有关海岸带管理学术研究的发展和国家海洋强国战略的实施，后期各地相关立法的综合程度显著提高。其中，《青岛市海岸带规划管理规定》《海南经济特区海岸带保护与开发管理规定》均属于海岸带综合管理的专门性法律法规。此外，一些地方出台的地方性法律法规明确将海岸带作为整体性环境单元，对该范围内资源利用和生态保护活动进行统一协调、规范和引导，"综合管理"理念得到了极大强化。如《海南经济特区海岸带保护与开发管理实施细则》不仅明确规定"海岸带保护与开发应当遵循陆海统筹、科学规划、保护优先"的原则，由省政府负责"海岸带保护与开发的统筹规划"，确立了生态红线制度，对海岸带生态环境损害责任实行终身追责，还提出各"市县政府应当整合各部门执法力量"加强综合管理。这些地方实践为制定国家层面的专门立法积累了宝贵经验。

2. 其他规范性文件

除了依据《中华人民共和国立法法》制定的地方性法规和地方政府规章，沿海地区省、市政府及其有关部门也发布了一些海岸带管理相关的其他规范性文件。青岛市 2014 年 5 月发布了《关于加强海岸带设施管理的通知》（青政办字〔2014〕42 号），将全市约 1 021 平方千米的近岸陆域和约 2 270 平方千米的近岸海域纳入海岸带设施管理范围，要求海岸带设施的建设和利用应以青岛市土地利用总体规划、海洋功能区划、海域和海岸带保护利用规划为依据，统筹兼顾经济效益、社会效益和环境效益，依法组织实施。海岸带设施管理实行统一协调与专业分工、部门负责相结合的管理体制，市规划部门负责全市海岸带设施的统一管理，区、市规划部门按照其职责权限负责辖区内海岸带设施的监督管理。海洋与渔业、发展改革、城乡建设、国土资源、水利、环保、旅游、交通、港航、公安、城管执法等部门，依照各自职责和政府授权，做好海岸带设施的管理与保护工作。

浙江省发改委会同海洋与渔业局于 2013 年 11 月发布了《浙江省海域海岛海岸带整治修复保护规划》（浙发改规划〔2013〕1126 号），该规划的目的是"保障海域海岛海岸带资源的可持续利用，维护海域海岛海岸带的生态环境健康，促进海洋经济和谐发展，在海洋开发的同时应开展海域海岛海岸带整治修复保护，解决开发带来的资源与生态环境问题"，规划将浙江海域划分为杭州湾海域、宁波—舟山近岸海域、岱山—嵊泗海域、象山港海域、三门湾海域、台州湾海域、乐清湾海域、瓯江口及洞头列岛海域、南麂列岛与北麂列岛海域 9 个海域，从海岛整治修复和海洋生态环境保护两个方面，制定了实施规划目的的具体措施。该规划强调由"海洋行政主管部门对海域海岛海岸带整治修复工作的统一领导和监督。建立和完善整治修复保护相关部门的协调机制，强化涉海部门间的协调配合，推进涉海部门间合作协调制度的建设，形成海洋管理的合力"，管理活动的综合程度显著提高。

2013 年，辽宁省政府出台了《辽宁海岸带保护和利用规划》，该规划将辽宁沿海经济带国土空间划分为重点保护功能区和重点建设功能区，以资源环境承载能力为基础，实施功能分类管制；确定不同板块和岸线的功能定位，规范开发秩序；要求合理控制园区规模，引导企业向园区集中布局，提高产业空间利用效率；合理控制新城、新区建设数量和规模，引导人口向城镇集聚，避免分散布局。该规划明确在生态功能与开发建设功能出现冲突时，优先保障绿色生态空间的需要；严格保护生态、农业渔业和旅游休闲功能板块；控制国土开发的规模和强度，确保海岸带资源可持续利用。

2010 年 10 月，山东威海市政府发布了《威海市人民政府关于加强海岸带管理与保护的意见》(威政发〔2010〕48 号)。在管理体制方面，该意见实行政府综合管理与职能部门行业管理条块结合的工作体制，政府统一领导，以属地管理为主，发展改革、城乡建设、规划、海洋与渔业、国土资源等部门依照各自职责和政府授权，实施海岸带管理与保护；建立了海岸带协调管理委员会和联席会议制度，海岸带协调管理委员会由市长任主任，分管副市长任副主任，各市、区政府和高区、经区管理委员会以及各责任部门、单位为成员单位；建立了海岸带联合执法制度，海岸带协调管理委员会办公室负责协调各有关部门、单位，定期组织海岸带联合执法，对发现的违法行为，由各执法部门根据职责分别立案、调查，依法处理。

在尚未进行海岸带管理专项地方立法的情况下，沿海一些地方通过制定海岸带管理相关规划或政府规范性文件，进行切合地方实际的海岸带综合管理活动。为了打破部门藩篱，一些地方还在现有管理体制之上建立了更高层次的协调机制，协调各涉海部门的管理工作。这些做法和实践已经具有了“综合管理”的本质特征，表明当前在国家层面缺乏海岸带综合管理专项法律法规的情况下，一些地方的海管理理念发生了微妙的变化，开始着眼于海岸带整体的系统功效，通过组织协调，综合平衡涉海部门的管理活动，以实现符合地方实际的管理目标。

第三节　我国海岸带管理相关法律法规的缺陷

海岸带综合管理是一项系统工程，管理者须在全局高度统一考虑海岸带资源的合理配置和利用，这需要理念先进、体系完整、内容科学的法律法规保驾护航。我国现有相关法律，显然难以满足海岸带这一特殊区域管理的要求。

一、法律体系不完整，内容不科学

从法律体系而言，我国的海岸带管理立法缺乏整体性，且大多数立法级别较低，没有综合性的海岸带管理法。现行立法实践基本属于行业性立法，呈现出条块分割的模式特点，对很多问题如海岸带的范围界定、综合性的管理体制、贯彻陆海统筹的法律制度等没有做出统一规定。这势必导致海岸带管理权属的模糊。从海岸带管理法律法规的具体内容来看，有些法律条文过于粗疏和零碎化，法律之间还出现了相互矛盾或模棱两可的规定。法律过于粗疏使其缺乏可行性，法律的零碎化难以解决海岸带管理中出现的综合性问题，而法律之间的矛盾或模糊的规定则带来了管理实践中的部门冲突。如有关滩涂、河口区的管理权限问题，一度引发海洋部门与其他管理部门间的争执。①

由于历史原因，我国海岸带管理法律不足，许多涉海领域沿用陆地生态系统的法律法规。目前，有关海洋资源保护的单行资源法律主要包括《中华人民共和国野生动物保护法》《中华人民共和国矿产资源法》《中华人民共和国森林法》，但这些法律都不是直接保护海洋资源的。如将《中华人民共和国自然保护区条例》适用于海洋自然保护区不能满足复杂的海洋生态环境保护管理的特殊需要；《中华人民共和国森林法》无法适用于红树林生态系统的保护；《中华人民共和国野生动物保护法》也难以适应海洋生物及其生态系统变化的需要等。海岸带生态系统不同于陆地生态系统，简单沿用陆地相关法规，难以保证有效解决海岸带生态系统法律保护不足的问题。

海岸带管理重视污染防治，忽略对生物资源的保护。现行的《中华人民共和国海洋环境保护法》是规范我国海洋环境保护工作的综合性法律，但该法的制定是为了应对因海洋污染而导致的严重海洋环境危机。与《中华人民共和国海洋环境保护法》相配套的条例也都侧重于防治海洋污染，对生物资源的保护没有给以足够重视。我国目前针对海洋污染的法律法规有《中华人民共和国防止船舶污染海域管理条例》《中华人民共和国海洋倾废管理条例》《中华人民共和国防止拆船污染环境管理条例》《中华人民共和国防治陆源污染物污染损害海洋环境管理条例》《中华人民共和国防治海岸工程建设项目污染损害海洋环境管理条例》《中华人民共和国防治海洋工程建设项目污染损害海洋环境管理体条例》。对海洋生物资源进行调整的法律法规主要有《中华人民共和国渔业法》《中华人民共和国野生动物保护法》《中华人民共和国水生野生动物保护实施条例》《中华人民共和国水生动植物自然保护区管理办法》等，但是还没有对海洋资源进行直接规范的法律。

现行海岸带管理法律自身存在不足。以《中华人民共和国海域使用管理法》为例，首先，制定该法的目的是“加强海域使用管理，维护国家海域所有权和海域使用权人的合法权益，促进海域的合理开发和可持续利用”。但该法偏重于经济发展，强调促进海域资源的开发利用，忽略了经济建设和环境保护之间的平衡，不利于海岸带的可持续发展。其次，一些规定过于原则化，难以应用。如该法第三十二条规定，填海形成的土地所有权属于国家，海域使用权人应当“向县级以上人民政府土地行政主管部门提出土地登记申请”。

① 刘乔发．我国海域使用权制度的不足及完善［J］．法治论丛，2005（7）．中国海洋可持续发展的生态环境问题与政策研究课题组．中国中国海洋可持续发展的生态环境问题与政策研究［M］．北京：中国环境出版社，2013.

然而在实践中，各沿海地方“海变地”政策不统一。最后，一些规定难以实践。该法第四十二条规定，“未经批准或者骗取批准……恢复海域原状……”，该条款设定的“恢复海域原状”法律责任在实践中难以落实。在其他海岸带管理法律法规中也不同程度地存在类似情况。

现有海岸带管理法律法规的滞后问题已经严重制约了我国海岸带综合管理水平的提高。

二、理念滞后

海岸带综合管理，是对海岸带区域资源、生态、环境要素的利用与保护等活动采用综合方法进行适应性（adaptive）管理的动态过程。我国现有的海岸带管理法律法规，行业色彩浓厚，没有将海洋生态系统各组成部分、各环境要素作为统一整体予以综合规范。长期以来，我国海岸带管理更多关注的是海洋资源的开发与保护。在立法方面，相关立法侧重于特定海洋资源的利用与保护，例如《中华人民共和国野生动物保护法》《中华人民共和国渔业法》《中华人民共和国矿产资源法》《中华人民共和国海岛保护法》《中华人民共和国林业法》等都是针对不同环境要素进行的立法规范。这割裂了各环境要素之间原本密不可分的统一关系，导致管理目标错位、部门性突出，难以实现跨行政界限的、“空间—生态—行业”高度一体化的综合管理，也难以实现保护海岸带生态系统生物和非生物的目的，造成各单项要素指标符合标准，但整个生态系统却依旧恶化的局面。

20 世纪 70 年代以来，“综合”管理理念逐步确立。1972 年美国颁布了《海岸带管理法》，对海岸带实行“综合开发、合理保护、最佳决策”① 的管理方针。法国在 1973 年发布了《法国海岸带整治展望》，明确海岸带地域空间包括陆域和水域，提议设立统一的海岸带保护机构，制订综合性利用计划。在联合国环境规划署主导下，地中海 17 国于 1975 年通过了“地中海行动计划”（Mediterranean Action Plan，MAP），标志着海岸带综合管理开始跨越国界，在国际层面得以实施。

1992 年，联合国环境与发展大会通过了《21 世纪议程》，倡导各国遵循新理念管理海洋事务，要求沿海国对其管辖范围内的沿海区域和海洋环境进行综合管理。提倡将“部门组成要素的管理作为全部功能要素的主要部件，清楚认识人类行为……让多个部门在最小的阻碍下取得进展”。② 中国虽然已经意识到综合管理的重要性，但现有法律体系并没有

① 原文：To encourage the preparation of special area management plans which provide for increased specificity in protecting significant natural resources，reasonable coastal-dependent economic growth，improved protection of life and property in hazardous areas…

② ［美］罗伯特·凯，杰奎琳·奥德．海岸带规划与管理［M］．高健等译．上海：上海财经大学出版社，2010.

体现这一理念，行业立法、部门管理仍然主导着国家、地方层面的立法进程。①

现代海岸带管理是采用综合方法对海岸带区域环境、资源保护与利用活动进行管理的过程，管理的本质是生态系统管理（Ecosystem Approach），即在整合各类资源与环境要素的基础上实现既定目标。生态系统管理强调人类的福祉与海岸带的健康密不可分，换言之，海洋和海岸带系统可以提供宝贵的自然服务或“生态系统服务”。为了维护人类的长远利益，我们需要以可持续的方式对海岸带功能及其生产力实施管理，对该范围内的人类活动进行规范、引导和控制。生态系统管理的独特之处在于其整体性、全局性的管理模式。它提倡将之前基于单个行业的管理如渔业、林业、环保、旅游等部门联合起来，全面考虑影响一个或多个生态系统的所有利用方式，这就需要建立和加强以往互相独立的不同行业的合作和协调。生态系统管理为海岸带的可持续发展提供了一种管理思路和运行框架，也对管理活动的法律依据、管理体制和科学性提出了新的、更高的要求。

三、海岸带的界定不科学

一般而言，海岸带范围为近海水域、潮间带和潮上带，其外界为海水波浪和潮流对海底有明显影响的区域，陆上边界为特大潮汛（含风暴潮）涉及的区域。不同的学科，对海岸带范围的界定也不相同。在自然学科中，海岸带的地理区域被定义为近海水域、潮间带和潮上带的沿岸陆地部分，海岸带范围的外界应为海水波浪和潮流对海底有明显影响的区域以及人类的生产活动最频繁的区域，其内界应包括特大潮汛（含风暴潮）涉及的区域，河口海岸则为海水入侵的上界。② 在管理学中，海岸带的范围完全取决于需要管理的内容、目标和与海岸线延伸相关的地理特征。在法律层面，则没有形成统一的、公认的海岸带范畴。从目前我国各地的实践看来，主要有三种倾向。第一种是采用地理学方法，以明显的土地标志或其他地形标准作为划分海岸带的依据，如《江苏省海岸带管理条例》第 2 条规定：“本条例所称海岸带，是指本省海陆相互作用的过渡地带及沿海岛屿和辐射沙洲。”第二种是综合采用地理标志和人为设定距离相结合的方法，山东省威海市规定的海岸带范围为“向海纵深自海岸线向海一侧我市所辖海域，向陆纵深以山脊线、滨海道路、河口、湿地和潟湖等为界划定，在无特殊地理特征或参照物的区域，原则上以不小于 2 公里的距离划定”。③ 第三种则更多考量海岸带划分对于社会、经济的影响。《海南经济特区海岸带保护与开发管理规定》第 3 条规定：“海岸带的具体界线范围由省人民政府依据海岸带保护

① 在笔者参与起草的我国首部国家级海洋特别保护区专项地方性法规——《舟山市国家级海洋特别保护区管理条例（草案）》的过程中，经历多次论证，其中有关综合管理体制的条款最终被删除。

② 孙鸿烈. 中国资源科学百科全书［M］. 北京：中国石油大学出版社，2000.

③ 参见《威海市人民政府关于加强海岸带管理与保护的意见》（威政发〔2010〕48 号）。

治理与开发利用的实际，结合地形地貌具体划定，并向社会公布。”2014 年，海南省政府印发了《海南经济特区海岸带范围》和《海南经济特区海岸带土地利用总体规划（2013—2020 年）》，明确划定海岸带具体界线范围：“海岸带向陆地一侧界线，原则上以海岸线向陆地延伸 5 公里为界，综合考虑岸线自然保护区、生态敏感区、城镇建设区、港口工业区、旅游景区等规划区具体划定……”，这种对海岸带范围的划定应该属于地理标志与人为设定距离相结合的方法。

2001 年 10 月 1 日国务院发布了《关于渤海碧海行动计划的批复》（国函〔2001〕124 号），《渤海碧海行动计划》（以下简称《计划》）正式实施。该行动计划的区域范围包括：

> “海域和陆域两部分，重点在沿海陆域和近岸海域区域……海域为从辽东半岛的大连、丹东两市海岸线交界处与山东半岛的烟台、威海两市海岸线交界处之间连线为界以西的海域（含整个渤海及大连市和烟台市毗邻的黄海海域，以下统称渤海），面积 9.5 万平方千米。
>
> ……
>
> 陆域包括辽宁、河北、山东、天津三省一市辖区内的 13 个沿海市，即辽宁省的大连市、营口市、盘锦市、锦州市、葫芦岛市；河北省的唐山市、秦皇岛市、沧州市；山东省的滨州市、东营市、潍坊市、烟台市（莱阳和海阳两县市除外）和天津市。13 个沿海市的辖区面积 13.4 万平方千米。”

《计划》由政府推动，“以现有的渤海碧海行动计划联席会议为基础，由国家环境保护总局牵头，会同国家海洋局等国务院有关部门以及三省一市政府共同组成跨区域跨部门的渤海碧海行动协调领导机构”；“实施污染物排放总量控制等”严格的环境管理制度，对《渤海碧海行动计划》低于范围内主体的行为进行控制、规范和引导。这一管理活动有多方参与，政府“为公众和民间团体提供参与和监督渤海环境保护的信息渠道与反馈机制”，组织了渤海碧海行动的志愿者行动，同时还在区域性海洋环境管理的法律与政策、污染防治的科学与技术、提高城市污水治理水平中的工艺与设备等领域与渤海周边国家、联合国环境规划署等国际组织建立了广泛的合作机制；有多层次目标，“以海岸带管理为中心，做好水陆交错带的污染源控制”为直接目的，以环渤海区域的可持续发展为最终目标。《计划》完全具备海岸带管理的各种特质，是一种国家层面、尝试性海岸带综合管理试点活动。这一试点的成效虽然不尽如人意，但对我们反思和正确认识海岸带管理范围界定的科学性具有重要的价值和意义。

目前，我国还没有国家层面的海岸带管理专项法律法规，也尚缺乏科学界定海岸带的指导性原则，这不利于国家海岸带综合管理的实施，也不利于沿海地方海岸带综合管理实践的拓展和丰富。

《渤海碧海行动计划》

渤海三面环陆，一面临海，素有“鱼仓”“盐仓”“油仓”之美誉。2007年，环渤海经济区所占海洋生产总值超过长江三角洲和珠江三角洲，位列全国之首，堪称我国北方的“金项链”。然而，经济发展的代价是，这一湾昔日碧波万顷、鸟飞鱼跃的碧海却在逐渐变成一座“污水池”。海洋环境专家警告：渤海可能变成“死海”。《计划》正是应着“拯救渤海”的呼声出台的。

《计划》是我国“十五”期间重点环保工作“33211”工程之一，总投资555亿元，实施427个项目，用于渤海及周边地区的污染治理、生态建设恢复、改变传统生产方式、环境管理监测及科研，实施区域包括津、冀、辽、鲁辖区内的13个沿海城市和渤海海域近23万平方千米。《计划》的目标是力争到2015年渤海海域环境质量明显好转，生态系统初步改善。《计划》从2001年至2015年，以五年为一期，共分三期；以控制陆源污染为重点，以恢复和改善环境为立足点，突出对海岸带的有效管理。《计划》是中国首次联合各省市、各部门就海洋编制的环保规划，也是中国首次将渤海作为国家环境保护重点。

2006年8月，由国务院召集的渤海环境保护工作会议坦承，渤海污染物入海总量居高不下，污染面积扩大，赤潮频繁出现，重大污染事故时有发生。

四、管理模式存在缺陷

从世界各国的海岸带管理实践来看，管理体制主要分为三种模式：一是集中管埋型模式；二是半集中管理型模式；三是松散管理型模式。集中管理型模式的普遍特点是：国家综合性的海岸带管理法规比较健全和完善，在立法中设立了统一的海岸带管理机构，形成了系统的海岸带管理体系，海洋（海岸带）执法队伍统一，海岸带管理规划比较出色，建立了一些别具特色的海岸带制度。半集中管理型模式的普遍特点是：海岸带管理分属于国家和地方各部门；极少数国家成立了全国统一的海岸带管理职能部门，但其管理力度比较弱，主要是由地方进行海岸带管理；大多数国家没有成立全国统一的海岸带管理职能部门，主要由协调机构进行海岸带管理。此外，引人注目的一点是，虽然半集中管理型国家海岸带管理机构比较多，权力相对分散，但是都建立了统一的海上执法队伍。松散管理型模式的特点是：国家层面尚未出台综合性的海岸带管理法；海岸带管理权分散在国家和地方有关管理部门或协调机构，导致政出多门；没有统一的执法队伍，导致执法不力；没有编制全国统一的海岸带规划；总体上看，海岸带综合管理力度小。

我国海岸带管理应属于松散管理型。海岸带管理法律法规具有专项性和行业性特点，涉及行业和部门众多，包括渔业、旅游业、矿业、海事以及环境保护等管理部门多达20余个。[①] 在这种分散的多部门管理模式下，不同层次、不同地区、不同部门的管理机构在海岸带管理中负有不同的职责，缺少强有力的综合管理机构进行协调，各部门分别按其社会分工从事单一目标的管理活动，部门间争权难以遏制，合作面临壁垒。这分散了有限的行政资源、降低了行政效率和管理效果，难以实现“综合”程度较高的科学管理。[②]

总的来说，目前我国的海岸带管理法律法规以部门管理的行业性法律为主；关于海岸带管理的法律规范散见于其他相关的法律法规中，碎片化特征明显，系统性、综合性不强；国家层面缺乏专门性法律，相关立法进程停滞不前；相关法律的理念距离综合管理尚存在一定差距；部门间缺乏长效协调机制，管理模式难以适应海岸带综合管理的需要。

① 韩通平．我国海岸带管理立法研究［D］．青岛：中国海洋大学，2013.

② 王琪．中国海洋管理：运行与变革［M］．北京：海洋出版社，2014.

第三章　海岸带管理法律制度比较研究

在海岸带管理过程中，立法应使管理安排尽可能灵活，达到尽可能高的成本-效率比……无论在什么情况下，主要机构和其他相关机构之间的关系都必须有法定明确规定，尤其是不同法规具有潜在的冲突或重叠的地方。相关机构之间解决冲突和协调过程也应有法规予以限定……主要机构拥有最终的管理权。①

——约翰 R. 克拉克著《海岸带管理手册》

海岸带管理及其立法问题一直以来为许多国家所重视，世界上不少国家都有专门的海岸带立法，可以为我国海岸带管理法的制定提供理论参考和借鉴。20 世纪 80 年代中后期，我国也曾试图制定“海岸带管理法”，尽管该法最终没有出台，但为海岸带立法工作提供了很多资料和基础。在我国地方层面，也存在契合地方实际，反映地方特色的海岸带立法，为我国海岸带管理法的出台积累了地方实践经验。

第一节　美国海岸带管理法律制度

美国是世界海洋强国，有着漫长的海岸线和丰富的海洋资源，也拥有世界上最大的海上专属经济区和广阔的大陆架。1972 年，美国国会颁布了《海岸带管理法》（Coastal Zone Management Act），标志着现代海岸带管理的一些理念和方法正式进入了国家实践，这也使得美国成为世界上首个制定海岸带管理专项法律的国家。

一、美国《海岸带管理法》的制定背景

美国东临大西洋，西濒太平洋，海岸线全长 22 680 千米。美国 50 个州之中，有 30 个临近海洋或五大湖②。75%的美国人口集中居住在离岸约 80 千米以内的区域，这里也是

① ［美］约翰 R. 克拉克．海岸带管理手册［M］．吴克勤，杨德全，盖明举译．北京：海洋出版社，2000.

② 五大湖，即北美洲的苏必利尔湖、密歇根湖、休伦湖、伊利湖和安大略湖等 5 个相连湖泊的总称，又称大湖，有北美大陆地中海之称。北美五大湖除密歇根湖属于美国外，其余 4 湖均跨美国和加拿大两国。五大湖总面积 24.52 万平方千米，其中美国占 72%，加拿大占 28%。根据美国《海岸带管理法》第 304 条的规定，五大湖的沿湖各州，也适用该法。原文：The term “coastal zone” means the coastal waters (including the lands therein and thereunder) and the adjacent shorelands (including the waters therein and thereunder), strongly influenced by each other and in proximity to the shorelines of the several coastal states, and includes islands, transitional and intertidal areas, salt marshes, wetlands, and beaches. The zone extends, in Great Lakes waters, to the international boundary between the United States and Canada and, in other areas, seaward to the outer limit of State title and ownership under the Submerged Lands Act (43 U. S. C. 1301 et seq.) …

经济最活跃的地区。在美国，约有2/3的海岸归私人所有，1/3的海岸归政府所有。①

早在20世纪初，美国就已经开始重视海岸带的立法工作，曾就废料、渔业、海运、石油污染、商船等颁布法规。1945年9月，美国总统杜鲁门发表了《美国关于大陆架的底土和海床的自然政策的第2667号总统公告》，宣告“处于公海下但比邻美国海岸的大陆架的底土和海床的自然资源属于美国，受美国的管辖与控制”。② 1966年在乔治浅滩渔场的地震实验引起了爆炸，引发人们呼吁在该海域禁止油气勘探开采活动。1969年1月，联合石油公司的1号平台在圣巴巴拉海峡喷油，泄露了大约300万加仑（约1 135.6万千吨）的石油，导致海洋生物的死亡，影响了150英里（约241.4千米）以上的岸线。油污的海滩、海鸟以及死鱼的照片引起了公众广泛的关注，促进联邦政府于1969年颁布实施了《国家环境政策法》，这对自然资源管理途径产生了深远影响。《国家环境政策法》包含了人类只是环境管理者的伦理观念，即将政府在采取行动之前必须研究、规划并给公众提供评论机会的伦理观念应用于海洋。这个原则成为美国日益普及的《海岸带管理法》的核心。③

1972年10月27日，美国国会颁布了《海岸带管理法》，旨在实施该法的过程中，逐步建立起一种国家沿岸资源综合管理体制，以求合理的开发利用，并在可能条件下恢复海岸带自然环境、增加海岸带自然资源。《海岸带管理法》把联邦激进主义者与州的权利结合在一起。按照完全自愿的原则，海岸带管理计划拨款给州，帮助他们按照本地区的利益同时又反映国家利益的原则，制订和实施海岸带管理计划。为了鼓励各州实施海岸带管理计划，联邦政府同意尊重州制订的计划，从而保证联邦政府影响海岸带的行动与州计划一致（即联邦一致条款）。

二、美国《海岸带管理法》的主要内容

《海岸带管理法》明确了联邦政府对海岸带管理实行国家领导，提供财政支持，并与州政府密切合作。各沿岸州设立地方政府管理机构，负责资源评价、区域划分、立法工作，因地制宜，制定适合本州的管理办法，采用不同手段实施管理。该法还确立了联邦补助金制度，联邦政府为地方政府制度和实施海岸带管理规划的费用提供补助金，并借此控制地方政府的管理活动。

（一）立法目的

美国《海岸带管理法》重点是环境保护，经过1975年、1976年、1978年、1980年、

① 刘晓燕．美教授谈美国海洋法律制度及管理［J］．海洋与海岸带开发，1990（4）．

② 夏立平，苏平．美国海洋管理制度研究——兼析奥巴马政府的海洋政策［J］．美国研究，2011（4）．

③ 贺蓉．我国海岸带立法若干问题研究［D］．青岛：中国海洋大学，2009．

1986年、1990年、1992年、1996年、1998年、2004年共计10次修改[①]，最终提出的国家海岸带管理政策和目的具有多元特点，包括：①保全、保护、开发美国海岸带资源，并在可能的情况下使之恢复与增值。[②] ②鼓励和帮助各州制定和实施符合规定的国家标准的海岸带管理计划（Coastal Zone Management Programs）和特殊区域管理规划（Special Area Management Plans），有效履行其海岸带职责，以便在充分考虑到海岸带生态、文化、历史、美学价值及经济发展需要的情况下，明智地利用海岸带的水陆资源。③鼓励公众、联邦政府、州和地方政府及地区机构共同参与制定海岸带管理规划。执行这类政策是鼓励各州同地区机构合作，其中包括达成洲际和区域性协议，制定合作程序，并在特别有关的环境问题上采取联合行动，并且为了鼓励各州制定海岸带管理规划，联邦政府将提供经济和政策支持。对于那些联邦政府批准的海岸带管理规划，联邦政府将通过补助金予以支持。④所有从事有关海岸带工作的联邦机构，要为实现《海岸带管理法》的宗旨而同州和地方政府及地区机构通力合作，并参与他们的工作。⑤鼓励各州综合考虑诸如海洋利用对海岸带潜在影响等问题，以应对对于海岸带环境和资源管理具有重大影响的各种条件的变化。[③]

（二）海岸带管理规划

美国是通过对较为系统的、全面的海岸带管理规划的制定和执行来实现对海岸带环境和资源的有效管理。美国海岸带管理规划的目的是保护海岸带资源，减少海岸带地区土地使用矛盾及使用者相互间的冲突。宗旨是通过预警系统，减少沿海风暴和海浸对海岸带地区的破坏，保护防线沙丘，管理影响水质的土地利用活动，保证依靠海岸带的产业对海岸带的优先使用，解决在海岸带土地使用决策中机构间的冲突。其采用的规划评价方法包括规划逻辑评价、服从评价、组织过程评价、目标的实现评价和广泛的影响评价等。

《海岸带管理法》要求各州政府与联邦和地方政府合作制定和实施针对各自海岸带的管理规划，还要求各州海岸带的管理规划中所包含的海岸带政策应是可实施的，并适用于

---

① P. L. 93-612, January 2, 1975, 88 Stat. 1974; P. L. 94-370, July 26, 1976, 90 Stat. 1013; P. L. 95-372, September 18, 1978, 92 Stat. 690; P. L. 96-464, October 17, 1980, 94 Stat. 2060; P. L. 99-272, April 7, 1986, 100 Stat. 124; P. L. 99-626, November 7, 1986, 100 Stat. 3504; P. L. 101-508, November 5, 1990, 104 Stat. 1388-301; P. L. 102-587, title II, 2205 (b)(2), November 4, 1992, 106 Stat. 5050; P. L. 104-150, June 3, 1996, 110 Stat. 1380; P. L. 105-383, Nov. 13, 1998, 112 Stat. 3447; P. L. 108-456, Dec. 10, 2004, 118 Stat. 3630. 参见：https://www.fws.gov/laws/lawsdigest/COASZON.HTML，2017年3月16日访问。

② 16 U.S.C. § 1452. 原文：to preserve, protect, develop, and where possible, to restore or enhance, the resources of the Nation's coastal zone for this and succeeding generations.

③ 原文：to respond to changing circumstances affecting the coastal environment and coastal resource management by encouraging States to consider such issues as ocean uses potentially affecting the coastal zone.

州和地方。[①] 需要说明的是，海岸带管理规划是自愿的，因此部分州的参加是由于联邦政府的鼓励措施——为制定和实施规划提供财政资助。[②] 为了保障各沿岸州所拟定的海岸带管理规划得以实现，管理规划本身还须对执行该管理规划的组织体制作出明确规定，其中包括说明地方机构、区域机构、州级机构在管理过程中的各自职责以及地区机构和州级机构的相互关系。[③]

然而，海岸带管理规划的制定、审批和监督执行，并非靠简单的行政管理，很大程度上依赖于科学。《海岸带管理法》第 314 条规定：授权并指示部长建立"海岸带管理顾问委员会"，以便就海岸带政策问题向部长提供咨询、与之磋商、提出建议。

（三）补助金制度

美国《海岸带管理法》创立了海岸带管理补助金制度，并规定了补助金发放和受领的条件、程序、数额比例、记录与审计等。[④] 联邦海岸带补助金主要用于制定和执行海岸带管理规划、沿海能源影响规划、洲际间海岸带管理合作项目以及河口、自然保护区、海滩通道与海岸管理的研究与技术援助等。从 1972 年到 2001 年，依据《海岸带管理法》第 305 条，联邦对各州制定海岸带管理规划的补助金总额为 0. 72 亿美元。其他种类的补助情况见表 3. 1。

---

① 16 U. S. C. § 1455. 原文：The State has developed and adopted a management program for its coastal zone in accordance with rules and regulations promulgated by the Secretary, after notice, and with the opportunity of full participation by relevant Federal agencies, State agencies, local governments, regional organizations, port authorities, and other interested parties and individuals, public and private, which is adequate to carry out the purposes of this chapter and is consistent with the policy declared in section 1452 of this title.

② 目前，美国除阿拉斯加州以外的所有沿海（大湖）州都制定了自己的海岸带管理规划。各州加入时间如下：Alabama (1979); American Samoa (1980); California (1978); Connecticut (1980); Delaware (1979); Florida (1981); Georgia (1998); Guam (1979); Hawaii (1978); Illinois (2012); Indiana (2002); Louisiana (1980); Maine (1978); Maryland (1978); Massachusetts (1979); Michigan (1978); Minnesota (1999); Mississippi (1980); New Hampshire (1982); New Jersey (1978); New York (1982); North Carolina (1978); Northern Mariana Islands (1980); Ohio (1997); Oregon (1977); Pennsylvania (1980); Puerto Rico (1978); Rhode Island (1978); South Carolina (1979); Texas (1996); Virgin Islands (1979); Virginia (1986); Washington (1976); Wisconsin (1978)。阿拉斯加州海岸带管理规划于 1979 年获联邦批准，2011 年 7 月 1 日该州撤回了海岸带管理规划。

③ 原文：… established an effective mechanism for continuing consultation and coordination between the management agency designated pursuant to paragraph (6) and with local governments, interstate agencies, regional agencies, and areawide agencies within the coastal zone to assure the full participation of those local governments and agencies in carrying out the purposes of this chapter…

④ Richard Kyle Paisley, Maaria Curlier, Cuauhtemoc Leon, et al. Integrated Coastal Management (ICM): A Brief Legal and Institutional Comparison Among Canada, the United States and Mexico [J]. Ocean and Coastal Law Journal, 2003, 9 (2).

表 3.1 美国联邦依据《海岸带管理法》对沿海（湖）州的补助情况（1972—2001 财政年度）

条目	补贴事项	金额（百万美元）
第 305 条	海岸带管理管理规划的制定	72.1
第 306 条	海岸带管理（Administration）	844.1
第 308 条	海岸带管理基金（Coastal Zone Management Fund）	10.9
第 309 条	海岸带修复改善补助（Coastal Zone Enhancement Grants）	79.1
第 310 条	科学研究与技术支持	4.9
第 315 条	国家河口研究保护区（National Estuarine Research Reserves）	130.1

实际上，《海岸带管理法》批准了一个以联邦与州政府之间为伙伴关系的国家海岸带管理项目。美国国家海洋与大气管理局（The National Oceanic and Atmospheric Administration，NOAA）代表联邦政府向各州提供联邦基金，将联邦海岸带管理项目下达给各州。在审批州海岸带管理规划时，联邦政府必须确认国家利益，并保证其充分体现在州海岸带管理规划的主要内容之中。为了确保州海岸带管理规划的实施，要遵循“一致性原则（consistency）”①，即联邦政府必须使自己的行为方式与州的海岸带管理规划保持一致。联邦每两年对各州海岸带管理规划的实施情况评估一次。综上所述，《海岸带管理法》不是“试图解决海岸带开发活动的所有矛盾，而是使其走向正规，避免或减少利用过程中的冲突，基本上使开发过程秩序化地开展，避免环境质量方面不必要的损失”。②

三、美国《海岸带管理法》的意义

美国《海岸带管理法》很简短且用词泛泛，在涉及为得到联邦政府的批准和资金补助州海岸带管理规划必须达到的标准时，法条的内容完全是聚焦“程序”的，并没有包括实质性的标准。有学者批评其“模棱两可”“相互矛盾”。③ 但不可否认的是，海岸带管理计划刺激了沿海州和地区的海岸带管理活动，阻止了不适当的海岸带开发活动，促进了公众对海岸带事务的参与，保护了诸如湿地这样的海岸带脆弱资源，保护公众免受海岸带自然灾害的伤害。

（1）确立了综合管理理念。海岸带综合管理的模式于 1993 年在荷兰召开的“世界海岸大会”上得到确立，大会中强调，海岸带综合管理是沿海国家实现可持续发展的一种重

① 一致性原则，指海岸带规划区域范围内或范围外的联邦政府行为，只要其可能对土地利用以及水或其他资源利用行为产生影响，均应以最大限度地与州海岸带管理规划相一致的方式实施。原文：Each Federal agency activity within or outside the coastal zone that affects any land or water use or natural resource of the coastal zone shall be carried out in a manner which is consistent to the maximum extent practicable with the enforceable policies of approved State management programs.

② 李百齐．海岸带管理研究［M］．北京：海洋出版社，2011.

③ ［美］Biliana Cicin-Sain，Robert W. Knecht. 美国海洋政策的未来——新世纪的选择［M］．张耀光等译．北京：海洋出版社，2010.

要手段，其旨在呼吁沿海各国完善本国海岸带管理法律，在本国领域内有效实施海岸带综合管理计划。美国施行的“联邦一致性”原则为海岸带综合管理奠定了基础，海岸带管理规划的制定有效保障了联邦和州在管理方针上的一致性。综合管理并非要求各州完全听命于联邦，联邦政府在管理中的角色是一个协调机构，其作用是帮助各州实现自主管理，防止各州出现分而治之的局面。国家海洋与大气管理局以及2010年成立的美国国家海洋委员会都扮演着综合性协调机构的角色。

（2）确立了海岸带管理中的公众参与制度。公众参与是环境法律规范中不可或缺的一个重要组成部分，公众参与的重要性得到了各国的一致认同。《海岸带管理法》第311条确立了“听证制度”①，要求提前30日公布听证日期，与听证相关的所有政府材料包括文件、研究报告以及数据等应向公众开放。公众参与有效保证了海岸带管理规划制定的正确性，保证了海岸带开发活动的可持续。在制定海洋空间规划的过程中，马萨诸塞州前后组织了18次听证会，广泛征求了各类利益相关者的意见看法（听证会基本上完全开放，所有有兴趣的人员均可参加）。公众参与海岸带管理是一个集思广益、凝聚智慧的过程，可以弥补传统海岸带管理工作中可能出现的目标偏差或因信息收集不充分而发生的疏忽或遗漏。

（3）《海岸带管理法》充分体现了管理过程中的因地制宜。海岸带的综合管理并不意味着要求各州管理策略、方式上的一致性。相反，《海岸带管理法》给予了各州充分的自主权。从决定是否加入联邦海岸带管理到本州海岸带管理规划的制定以及各州自由划定海岸带范围，都体现了各州享有充分的自主决定权。海岸带地区是一个复杂的地理环境，综合各州的地理情况、管理结构等，各州采取因地制宜的管理方式将会大大提升管理效率。

美国切萨皮克湾生态系统适应性管理

切萨皮克湾是美国沿海的重要河口区，从宾夕法尼亚州到弗吉尼亚州的河流干流绵延近320千米，海湾宽56千米，接纳15条河流的来水，海岸线长度超过12 000千米，流域面积超过165 700平方千米，涉及西弗吉尼亚、纽约、特拉华、马里兰、宾夕法尼亚等多个州和华盛顿特区。

1983年的一份研究报告表明，切萨皮克湾处于危机之中：条纹石鲫鱼和鲥鱼的产量直线下降，湾内海草及重要的野生生物群落已十分稀少；水体中的磷、氮、营养盐类超标；藻类急剧繁殖；海底沉积物毒素达到警示程度。1983年，美国环境保护署与弗吉尼亚、马里兰、宾夕法尼亚和哥伦比亚特区签署了《切萨皮克湾协议》，成立了切萨皮克湾执行理事会、执行委员会和环境保护署切萨皮克湾办公室。

① 16 U. S. C. § 1457. Public hearings (Section 311) . All public hearings required under this chapter must be announced at least thirty days prior to the hearing date. At the time of the announcement, all agency materials pertinent to the hearings, including documents, studies, and other data, must be made available to the public for review and study. As similar materials are subsequently developed, they shall be made available to the public as they become available to the agency.

> 整治目标：改善和保护切萨皮克湾河口系水质和生物资源，恢复并保持切萨皮克湾生态的完整性，资源的有益利用与保护公众健康。
>
> 具体目标：营养盐类、有毒物质控制、生物资源、管理机构……

四、经验与教训

自制定并实施《海岸带管理法》以来，美国在海岸带管理尤其是在环境保护和资源利用、生态恢复方面取得了显著的成效。在联邦财政支持有限的情况下，美国几乎所有的沿海（大湖）州都加入了全国海岸带管理计划，在土地利用法规、自然资源保护、公共通道、都市滨水区的开发以及港口管理方面都取得了重大成就，“设置了18个国家河口研究养护区，使26.2万公顷以上生物生产力较高的河口得到保护”①。

（一）成功经验

1. 综合性海岸带立法模式

美国制定了一部统一的海岸带基本法——《海岸带管理法》，这部法律是较为系统的综合性法律。该法内容全面，包括海岸带定义和范围，制定目的和意义，海岸带管理的政策、体制、规划，补助金制度和公众参与制度等方面内容，并确立了联邦、州和地方政府分享海岸带利益、分工管理海岸带事务的体制。

中国拥有1.8万千米大陆海岸线。《中国海洋21世纪议程》指出“沿海区、管辖海域的综合管理是保证经济和社会持续、快速、健康发展的重要途径”。② 通过法律手段对海岸带资源利用和生态保护活动进行控制、规范和监督，是依法治国理念下实现“综合管理”的必然选择。我国当前的海岸带管理法律法规大多由涉海行业管理部门规章或行政法规延伸而来，条块分割，缺乏整体性，国家层面基于“陆海统筹”的海岸带综合管理法律框架尚未建立，这导致我国海岸带管理效率低下，部门掣肘、资源利用无度等问题严重。制定“海岸带综合管理法”，通过对海岸带的空间、资源、生态环境及其开发利用的协调和监督管理，有利于缓解我国当前海岸带部门管理模式带来的行业利益冲突问题，实现海岸带资源的可持续利用。

2. 以保护海岸带环境与资源为目的

1972年的美国《海岸带管理法》作为世界上第一部综合性海岸带立法，其制定是由于日益恶劣的环境问题，因此对环境和资源的保护成为了这部法律的核心目的。我国同样

① ［美］约翰 R. 克拉克 . 海岸带管理手册［M］. 吴克勤，杨德全，盖明举译 . 北京：海洋出版社，2000.

② 参见《中国海洋21世纪议程》第七章。

面临海岸带环境遭到严重破坏的情况。改革开放以来，沿海地区工业化迅猛，由于管理和规划不善，法律法规滞后，岸线资源的无序开发、湿地破坏、生态退化、海洋污染等问题愈演愈烈，严重阻碍了区域经济社会的可持续发展。因此，必须应当重视对海岸带环境和资源的保护，在海岸带立法中同样要以保护海岸带环境与资源为目的。

3. 联邦与州的伙伴关系

如前文所述，《海岸带管理法》实际上批准了一个以联邦与州政府之间为伙伴关系的国家海岸带管理项目，美国各州海岸带综合管理概况见表 3.2。实施海岸带管理规划的各州自行设计本州的沿海管理规划，使之既满足州的特殊需要，又能与联邦行动保持一致。海岸带管理规划是海岸带管理的重要手段和措施，也是一种通过制定全面的、长远的规划实施海岸带管理的常用方法。伙伴关系的另一个优点是各州根据本州的具体实际需要，在联邦一致原则的指导下，制定有地方特色的海岸带管理规划。海岸带是一个复杂的地理区域，政策和规划的制定，不仅要根据地域的需要，还要随着时间变化，环境状况和社会需求不断修改和完善。

表 3.2　美国各州海岸带综合管理概况①

地区	地理范围	管理重点	管理结构
阿拉斯加州（2011 年之前）	向海：离岸 4.8 千米的海域； 向陆：有影响的开发项目所必要的范围，在某些情况下，可沿着潮河鱼类水系方向向陆延伸 3.2 千米	鱼类和野生生物	海岸政策委员会
北卡罗来纳州	具有与大西洋、河口湾或受潮汐影响水域接界的县	控制灾害高发区域的开发	海岸资源委员会
新泽西州	所有有潮水域、海湾、大洋水域以及平均高潮位线向内陆 30~152 米之间的高地窄带；在其他地方，自高地海岸边界向内陆伸展至少 1.6 千米，最多 32 千米	保护海岸和大洋水质	州环境保护局海岸资源处
罗德岛州	4.8 千米内的领海但不包括渔业，从沿海地形向岸边界和向内陆延伸 61 千米区域	整个生态系	海岸资源委员会
佛罗里达州	州的全部陆地区域；海界：向东延伸 5.56 千米，在墨西哥湾向西延伸 6.68 千米	基于动植物栖息地的国土利用	部门间管理委员会
夏威夷州	州属水域和除州森林保护区以外的所有陆地区域	提供和保护娱乐资源	规划与经济开发部
南卡罗来纳州	8 个沿海县，包括潮间带、海滨、原始海滨沙丘和沿岸水域	水质、湿地、海滨和沙丘保护海岸理事会	

① 李百齐．海岸带管理研究［M］．北京：海洋出版社，2011.

联邦与州伙伴关系的另一个重要部分是补助金制度。美国补助金制度的建立为海岸带综合管理提供了财政支持，便于调动联邦、州和地方政府管理海岸带的积极性，这一制度可以看做是各级政府进行海岸带管理规划和联邦一致的基础。海岸带管理的实施需要资金投入，我国在制定海岸带法律时，可以考虑以补助金制度推动我国海岸带管理的有效实施。

4. 综合管理方法与公众参与

美国《海岸带管理法》旨在建立一种国家海岸带资源综合管理体制，以求合理的开发利用并在可能条件下恢复海岸带自然环境、增加海岸带自然资源。海岸带综合管理多采用综合和协调方式，以减少分歧，协调部门间矛盾。综合管理方法作为海岸带管理的有效方法，已经成为一种趋势。海岸带作为一个自然概念，其自身的生态系统并不会因行政边界而分裂，因此，我国进行海岸带立法时应当考虑到海岸带生态系统的完整性与关联性，将海岸带管理作为一个整体性的环境单元，进行系统、全面的规划和管理。

美国《海岸带管理法》鼓励公众、联邦政府、州和地方政府及地区机构共同参与制定海岸带管理规划。具体实践方面，阿拉斯加确立了参与性海岸带管理模式，“为了确保当地管理规划得到居民的支持并符合当地所关心的利益，在规划的实施过程中，由于同海岸带资源与公众的利益关系休戚相关，因此必须由海岸带资源与地方团体、国内公司、私营企业以及其他公共利益团体进行协商。”海岸带是与当地大量居民生产、生活关系密切的地带，让公众积极参与海岸带管理规划的编制、修改过程，有利于海岸带管理规划的顺利实施。首先，公众参与规划的编制能够提高规划的科学性。长期生活在沿海地区的公众对当地情况比较了解，能为规划的制定提供有价值的信息，提高规划的科学性。其次，作为一种监督方式，公众参与机制可以有效避免政府决策的随意性。最后，公众参与海岸带管理，可以使海岸带管理规划反映大多数人的意志，可以更好地平衡各种利益关系，增加公众对规划的认同和信任，从而有利于海岸带管理的顺利实施。① 我国海岸带管理相关立法中也有公众参与的内容，如《海洋功能区划管理规定》中明确要求在区划的编制和修改过程中建立公众参与机制，还规定区划编制完成后应该及时公示，广泛征求公众的意见。②

（二）主要教训

美国《海岸带管理法》的颁布实施，虽然取得了比较大的成效，但在政府合作、管理体制等方面仍然存在很大问题。从美国《海岸带管理法》的实施中可以吸收的经验主要有以下内容。

（1）政府间合作的基础不够稳固。美国海岸带管理法能够持久并有效的首要原因是由

---

① 任一平，李升，等．我国海洋功能区划中的公众参与及其效果评价［J］．中国海洋大学学报（社会科学版），2009（1）．

② 《海洋功能区划管理规定》第6条规定：编制和修改海洋功能区划应当建立公众参与、科学决策的机制。

于政府间合作。这种合作源于联邦基金和使用监督、各州的自愿参与、联邦政府对保持与已批准的州规划一致性的承诺。联邦制是美国政治制度的重要特征，联邦政府与州政府的权力划分，由宪法明文规定，除非通过修宪，不能任意变更。双方在宪法规定的权限内独立行使权力，不受对方干预。1937 年以前，联邦和州政府对于海洋的管理权限有明确的划分。1937 年以后，联邦政府的态度发生了根本性转变，主张把保护联邦的最高利益，特别是国防以及保护州间贸易作为联邦对水下和其他海洋资源实施控制的理由，美国海洋管理的权力从州政府逐渐过渡到联邦政府。目前，美国联邦与州之间在海洋管理权力的博弈仍在继续。2004 年美国海洋政策委员会提交的《21 世纪海洋蓝图》指出，美国的海洋管理“始终由于联邦和州政府的利益冲突而呈现出混沌状态，由于眼前利益和长远利益的冲突而呈破碎状态……”，海岸带管理与海洋管理存在天然交叉，也难免存在这种情况。①

（2）分级、分散的管理体制使得海洋管理面临新挑战。美国各州在管理自然资源方面有很大的独立性权力。在东部大西洋沿岸的州、市政府也有很大的权力，并在传统上对土地利用决策拥有优先管辖权。联邦大规模、集中管理沿海区域开发活动的努力，首先在政治上将遭到强烈的反对和来自宪法联邦与州分权的限制。这也是美国采用了“联邦—州伙伴关系”的海岸带管理方法的主要原因，即有利于使国家、州和地方利益达到平衡。目前，在联邦一级，美国海洋管理包括海岸带管理的具体职能分散在多个行政部门中，包括国家海洋和大气管理局、运输部海岸警备队、内政部、能源部、国务院、国防部等。此外，国家科学基金、环境保护署的水质局、国家航空与航天局、卫视教育与福利部、能源研究与发展局也以不同方式参与海岸带管理工作。② 据统计，美国现政府中有 2/3 的部门的职责都涉及海洋管理。③ 美国在 23 个沿海岸州设立了隶属于州政府的海洋管理机构，机构负责人由州长任命。在 413 个沿海县也分别设有海洋管理机构。这种分级、分散的管理体制使美国海岸带综合管理面临很多问题。

五、其他相关法律

除了《海岸带管理法》以外，美国联邦层面还有大量海岸带管理相关法律，如 1982 年颁布的《滨岸沙洲资源法》(the Coastal Barrier Resources Act)，其立法目的是保护未开发的沙洲等地理单元，以减少生命和财产损失④；1972 年的《海洋保护，保存和河口法》(The Marine Protection，Reserve and Sanctuary Act)，该法第三章创立了国家海洋保护计划

① 夏立平，苏平．美国海洋管理制度研究——兼析奥巴马政府的海洋政策［J］．美国研究，2011（4）．

② 李百齐．海岸带管理研究［M］．北京：海洋出版社，2011．

③ 谭柏平．海洋资源保护法律制度研究［M］．北京：法律出版社，2008．

④ §3501 of the Coastal Barrier Resources Act. The Congress declares that it is the purpose of this chapter to minimize the loss of human life，wasteful expenditure of Federal revenues，and the damage to fish，wildlife，and other natural resources associated with the coastal barriers along the Atlantic and Gulf coasts and along the shore areas of the Great Lakes…

(National Marine Sanctuary Program)，要求针对具有生态、历史、研究、教育、美学等意义并富有独特性的滨海地带和海洋资源建立国家海洋保护区。

1972 年颁布并经多次修订的《清洁水法》(Clean Water Act) 第 320 条规定了“国家河口计划”(National Estuary Program, NEP)，要求设立海洋河口保护区 (Marine Estuary Reservation) 以加强对美国 28 个重要河口的保护[①]。《清洁水法》规定的排污许可程序、海洋排放标准是海岸带环境保护执法的重要依据，它还要求环境保护署、州和地方政府为有效执法提供财政支持。

1969 年颁布的《国家环境政策法》(National Environmental Policy Act, NEPA) 则要求联邦对其影响环境的行动需作出环境影响评价 (Environmental Impact Statement, EIS)。它确立了环境影响评价制度，建立了法律上的生态模式，加强了环境决策的公众参与，确立了综合政策制定程序。该法要求“充分了解生态系统以及自然资源对国家的重要性”。

《海洋资源和工程发展法》要求制定协调的、全面的国家海洋规划，以确保国家的安全，促进贸易和海运的发展，恢复海洋渔业，扩大海洋及其资源的开发利用。该法第 3 条规定设立国家海洋资源和工程委员会（也称斯特拉顿委员会)，负责通盘考虑全部重大海洋活动。

《渔业养护和管理法》是美国渔业资源保护的重要法律保障。该法经过多次修订，以适应不断变化的渔业资源状况。《渔业保护和管理法》对美国的渔业管理权限、其他国家在美国水域内的捕鱼活动、国家渔业管理计划等方面作了详细的规定。依据此法，美国建立了禁渔期、禁渔区，实行渔民登记、渔船登记、控制捕捞强度、限制渔具种类和规格、限制外国渔船在美国 200 海里范围内非法捕鱼等重要制度。[②]

《海洋保护、研究和自然保护区法》于 1972 年颁布，目的在于保护和恢复海洋水域、资源及其在生态、娱乐和美学方面的价值。该法要求联邦政府制定一项全面的长期规划，解决海洋污染、过度捕捞以及海洋生态系统的人为变化可能造成的长远影响。此外，《濒危物种法》等专项性环境污染防治和生态环境保护的法律也从不同角度对海岸带环境的治理和保护作出了规定。

美国总统还通过行政令的方式对海洋环境保护工作进行指导。2000 年 5 月，美国总统克林顿签署了第 13158 号行政命令 (Executive Order)，加强并扩大了美国的海洋保护区 (Marine Protected Areas)[③] 系统。2010 年 7 月 19 日，奥巴马总统签署行政令，宣布新的美

---

① § 320. The governor of any state may nominate to the administrator an estuary lying in whole or in part within the state as an estuary of national significance and request a management conference to develop a comprehensive management plan for the estuary.

② 鹿守奉，艾万铸．海岸带综合管理一体制和运行机制研究 [M]. 北京：海洋出版社，2001.

③ 海洋保护区是指为了持续性地保护自然或人文环境的部分或全部，而被联邦、州、自治领、印第安部落或地方法律法规保存 (reverse) 的任何海洋环境区域。

国海洋政策，同意加强对海洋、海岸带等区域的资源保护与利用的政策建议。[①]

第二节　欧盟海岸带管理法律制度

欧盟（全称欧洲联盟，European Union，EU）是由欧洲共同体发展而来，是一个集政治实体、经济实体为一身，在全球具有重要影响的区域一体化组织。欧盟的前身是1951年成立的欧洲煤钢共同体，由比利时、法国、联邦德国、意大利、卢森堡和荷兰组成。1957年《罗马条约》签署，欧洲共同体成立[②]。1992年2月7日，欧洲共同体12国外长和财政部长正式签订了《马斯特里赫特条约》，欧洲共同体一体化建设进入了一个新的阶段。1993年11月，《马斯特里赫特条约》正式生效，欧洲联盟宣告成立。2013年7月1日，克罗地亚加入，欧盟成员国总数达到28个。

一、欧盟海岸带综合管理的发展

1992年联合国环境与发展大会通过的《21世纪议程》提出了开展海洋综合管理的建议之后，欧盟委员会及其成员国积极响应。自20世纪90年代以来，欧盟及其成员国提出了采取一系列加强海洋工作的措施。欧盟有关海岸带综合管理的示范项目开始于1996年，该项目分为波罗的海、北海、西北欧地中海、大西洋、地中海与法意阿尔卑斯、中东地中海6个区域，基于35个地方和区域规划来展示海岸带综合管理的应用。

2000年《里斯本战略》[③]的出台，确立了综合制定海洋政策的可持续发展原则。2005年10月，欧盟委员会提出了新的海洋策略，以确保欧盟所有海域在2021年以前达到环境健康标准。新策略要求成员国与有关国家紧密合作，制订确保各自海洋环境状况良好的计划，其内容须包括详细的环境状况评估、各地海域要达到的良好环境状况的详细说明、明确的环境目标和详细的监测计划。新策略还要求成员国制定旨在使其海洋环境达到良好状况的、符合成本-效益原则的措施和计划。

2006年，欧盟发布了《欧洲未来海洋政策绿皮书（2006）》，并展开了为期1年的咨询和讨论。海洋空间规划被视为是管理日益增长的海洋经济冲突和保护生物多样性的关键

---

① 林新珍．美国海洋保护区法律制度探析［J］．海洋环境科学，2011，30（4）．

② 1957年3月25日，在欧洲煤钢共同体的基础上，法国、联邦德国、意大利、荷兰、比利时和卢森堡6国政府首脑和外长在罗马签署《欧洲经济共同体条约》和《欧洲原子能共同体条约》，后来人们称这两个条约为《罗马条约》。同年7月19日到12月4日，六国议会先后批准了，条约于1958年1月1日生效。1967年，欧洲煤钢共同体、欧洲经济共同体、欧洲原子能共同体的机构合并，统称欧共体。这是欧洲一体化的重要步骤。

③ 即Lisbon Agenda。为加快经济改革、促进就业，欧盟15国领导人2000年3月在葡萄牙首都里斯本举行特别首脑会议，达成并通过了一项关于欧盟十年经济发展的规划，即《里斯本战略》，希望通过鼓励创新、大力推动信息通信技术的应用与发展，探索面向知识经济的下一代创新，即创新2.0，其目标是使欧盟在2010年前成为“以知识为基础的、世界上最有竞争力的经济体”。

手段。2007 年 10 月，欧盟《海洋综合政策蓝皮书》正式出台。《海洋综合政策蓝皮书》指出，必须利用海洋空间规划手段，实现海洋的可持续发展[①]，分散决策与条块分割管理已经无法适应海洋事业发展的需要，必须采用综合的决策与管理方法[②]。欧盟海洋政策确定的指导海洋工作的原则主要包括：充分发挥各级政府的积极性；鼓励竞争；采用生态法开展综合管理；依靠科学技术；鼓励利益相关者参与管理与规划等。2008 年 6 月，欧盟出台了《欧盟海洋综合政策实施指南》，提出用战略方法制定国家海洋政策、建立国家公立机构决策管理框架、发挥沿海地区的其他局部地方决策者的作用、利益相关者参与海洋综合政策的决策以及提高区域合作效率。[③]

在上述海洋综合政策的指导下，2008 年，欧洲议会和欧洲理事会又制定了旨在海洋环境保护方面采取共同行动的框架指令[④]——《欧盟海洋战略框架指令》（下文简称《指令》），要求采用以生态系统方法管理人类对海洋环境的利用，对海洋资源和服务的使用必须首先确保能够保持或达到“良好环境状况”并适用风险预防的原则。《指令》致力于从地方层面到国际层面的海洋利用综合管理，强调了与其他保护海洋环境的欧盟政策进行横向协调，例如共同渔业政策、共同农业政策、水政策指令以及其他相关的国际协议，希望通过协调的、跨部门的方式对欧盟的涉海问题加以处理。《指令》被欧盟看作是支持欧洲海洋综合政策的“环境支柱”。

二、欧盟成员国海岸带管理法律制度

目前，欧盟有 28 个成员国[⑤]。2017 年 3 月 13 日，英国议会上议院投票通过“脱欧”法案，将正式开启脱欧进程。[⑥] 不久的未来，欧盟成员国将减少为 27 个。在欧盟上述政策和指令的推动下，多个成员国积极开展了海岸带管理立法工作。

---

① Communication from the Commission to the European Parliament, the Council, the European Economic and Social Committee and the Committee of the Regions. 原文：Stakeholders are in favour of an integrated approach to Maritime Policy in the European Union, because it integrates the needs and concerns of linked sectors that are currently dealt with in separate policy activities.

② 张义钧.《欧盟海洋战略框架指令》评析［J］. 海洋信息，2011（4）.

③ 吴清峰，唐朱昌. 基于生态系统方法的海洋综合管理研究——《欧盟海洋战略框架指令》分析［J］. 生态经济，2014（7）.

④ 欧盟指令是欧洲联盟的一种立法。和规章不同，指令只要求欧洲联盟成员国达成订明的目标，但并不限制成员国达成目标的方法。规章立法后则立即成为每个成员国的法律一部分，各国必需遵行。指令通常在规则以外留有酌情权，好让成员国有弹性地执行。指令按照情况，由各种欧盟的立法程序颁布。

⑤ 包括法国、德国、意大利、比利时、荷兰、卢森堡、英国、爱尔兰、丹麦、希腊、西班牙、葡萄牙、瑞典、芬兰、奥地利、塞浦路斯、捷克、爱沙尼亚、匈牙利、拉脱维亚、立陶宛、马耳他、波兰、斯洛伐克、斯洛文尼亚、罗马尼亚、保加利亚和克罗地亚。

⑥ 参见：http：//www.chinanews.com/gj/2017/03-14/8173127.shtml，2017 年 3 月 21 日访问。

（一）英国

英国是传统的海洋强国之一，其地理位置优越，拥有漫长的海岸线，蕴藏着极为丰富的油、气、渔业等资源。全国陆地面积 24.25 万平方千米，海岸线长 1.7 万多千米，专属经济区面积 681 万平方千米（含英国本土、英国海外领地和皇家属地的专属经济区）。英国总人口为 6 100 多万人，其中约 30%居住在距离海岸 10 千米的沿海地带。

英国属于普通法系国家，以判例法为主要形式。海岸带管理法律的主要渊源包括：涉及 200 海里专属经济区的海洋权益法规；国会颁布的涉及海岸带资源开发利用的有关法规，80~100 部；地方性立法，属于次级法规，相对于国会颁布的法规而言，它更倾向于地方权益的保护和当地社团的利益，更具有可操作性，但其精神必须同国会一级的同类法规相一致；还有政府各部委发布的法规章程。[①] 早在 20 世纪 70 年代，英国苏格兰发展局为开发北海石油和天然气资源而制定了海岸规划方针——《北海石油与天然气：海岸带规划指导方针》，确定了优先开发和重点保护的地带。2004 年，英国颁布《可再生能源区域法》，开始对大陆架上的风能进行开发，授权皇室地产管理，对风能开发具有积极的引导作用。2008 年，英国通过《风能主导法》，允许在更广阔的海域内开发海洋风能。

在管理方面，英国长期采用的是分散管理体制，负责制定和实施涉海政策与法规的部门甚多，管理效率不高，执法力量分散，海洋开发利用矛盾较为突出。[②] 皇家地产委员会（Crown Estate）是根据 1961 年《皇家地产法》成立的机构，性质为具有管理职能的公共机构；环境、食品和农村事务部主要负责自然环境、动植物多样性的维护，实现可持续发展与绿色经济，渔业水域的治理，污染的防治以及乡村事务等；基础设施规划委员会负责重大基础设施项目的建设许可；环境署在保护环境、维护生物多样性方面发挥重要作用；英国海事与海岸警卫队管理局（Maritime and Coastguard Agency）负责海域的部分执法与海上援助。上述机构构成处理中央海洋事务的组织体系。在地方上，环境、食品和农村事务部以及众多的半官方机构与地方政府之间相互监管制约，共同处理海洋事务。

2009 年英国颁布实施了《海洋与海岸带准入法》（Marine and Coastal Access Act 2009）（以下简称《英国海洋法》）。《英国海洋法》共分为 11 个部分，325 个条文，其基本内容包括：海洋管理组织、专属经济区、其他海洋区域与威尔士渔业区域、海洋规划、海洋许可证、海洋保护区、近海渔业及淡水渔业管理、海洋执法体制、海岸带准入以及 22 个附件及相关其他内容。[③]《英国海洋法》以战略性海洋规划为基础，以海洋综合管理理念为核心，强调海洋生态和环境保护，鼓励并保障公众参与。

根据《英国海洋法》，英国海洋管理组织于 2010 年 4 月 1 日成立，本部位于纽卡斯

---

① 高战朝．英国海洋综合能力建设状况［J］．海洋信息，2004（3）．

② 李景光，阎季惠．英国海洋事业的新篇章——谈 2009 年《英国海洋法》［J］．海洋开发与管理，2010（2）．

③ 邓文晓．《英国海洋法》研究［D］．重庆：西南政法大学，2015．

尔。海洋管理组织的性质被定义为非政府部委公共机构（Non Departmental Public Bodies，NDPBs）。所谓非政府部委公共机构，是指在政府中扮演一定的角色，但不是也不属于政府部委，在运作上有一定程度自治权的公共机构。海洋管理组织内设机构由办公厅、管理司、用户与伙伴关系司、业务与法规执行司、规划与调控司五个主要部门构成。由于英国海岸线较长，为充分发挥海洋管理组织职能，在全国共设 5 个分支机构，其中包含设立隶属于威尔士政府的威尔士海区分部，此外，还有北部海区分部、东部海区分部、东南海区分部、西南海区分部、威尔士海区分部。5 个分支机构之间布局合理，互相配合。除了成立了一个新的海洋管理机构，这项法律同时还明确了要建立保护海岸带及海域水质的新体系，其中主要包括四个方面的内容：一是将有关英国周边海域的利用纳入战略方针所允许的海洋计划体系，该体系将为科学管海、用海提供更具全局性的视野和更为战略性的方法；二是建立流程更简便、效率更高的海洋许可证核准体系；三是对近岸捕鱼及鱼类养殖业进行改革；四是对淡水渔业和洄游性鱼类进行更为科学的管理。① 作为世界上的海洋强国之一，英国有先进的立法经验。2009 年颁布的《英国海洋法》是统筹处理英国海洋事务的根本性大法，这部法律在组织机构的设立、海洋战略和政策的制定、海岸带的开发与保护、渔业的利用和准入以及立法技术方面为我们提供了一个良好的范本。

2010 年 3 月 15 日，英国发布了《海洋能源行动计划》，提出在政策、资金、技术等方面支持新兴的海洋能源发展，以帮助减少二氧化碳排放和应对气候变化。该计划的目的是帮助英国海洋能源产业设立到 2030 年的远景目标，推动潮汐能、波浪能等海洋能源发展，其具体举措包括设立一个全国性的战略协调小组，为海洋能源发展制定详细的路线图；引导私有资金进入海洋能源领域；推动海洋能源技术研发；建立海洋能源产业链。②

英国海洋管理部门较多，海上执法队伍比较分散，主要海上执法队伍包括：皇家海岸警卫队，属交通部下属机构，承担管辖海域的海难救助，保护各海区的浴场和游泳区的安全与秩序，救助海上失事飞机等；皇家海军在海上执法活动中作用也很重要，曾长期领导管理海岸警卫队；皇家救生船协会；其他负责海洋环境保护、海上交通安全的海上执法队伍。③

（二）荷兰

荷兰面积仅 4.7 万平方千米，濒临北海，人多地少，土地资源贫乏。围海造陆在荷兰具有悠久的历史。1932 年，该国完成了须德海大堤，并逐步完成了垦区开发。1956—1986 年进行了三角洲工程建设。④ 随着开发利用程度的不断提高，荷兰海岸带出现了一系列新问

① 张艳．英国首推海洋与海岸保护法加大海洋环境保护力度［N］．中国海洋报，2009-12-15（003）．

② 国彬．英国发布《海洋能源行动计划》［N］．中国海洋报，2010-03-19（004）．

③ 朱坚真，王锋．海岸带经济与管理［M］．北京：经济科学出版社，2013．

④ 肖可．深化海洋管理荷兰做法值得借鉴［N］．民营经济报，2008-04-10（004）．

题，使得人们对海岸带问题越来越关注，政府制定了一些针对性较强的具体法规。在海岸带开发利用管理方面，立法起到了重要的作用。

荷兰的围（拦）海工程，是以科学规划来协调涉海部门的利益，实现国家的战略目标，主要由水利、交通、建设、农业、环保等部门通力合作。1990 年，荷兰制定了《自然政策计划》，简称退耕还海，即将围海造田的土地恢复成原来的湿地。该计划的方针就是要保护受围（拦）海的影响而急剧减少的动植物，防止圩田被盐化和海岸被侵蚀，努力探索与水共存的新路。

为了保护海岸带环境，荷兰颁布了《海上污染法》，对海上疏浚物质倾倒作出了明确规定。此外，荷兰积极执行《1973 年国际防止船舶造成污染公约》，该公约已被融入荷兰相关法律法规。荷兰还批准了《奥斯陆巴黎公约》，该公约包括海洋和海岸活动的预防措施，例如环境影响评价制度。

为了实施海岸带综合管理，荷兰采用了一系列的行政和经济手段，如通过许可证制度、处罚条例及强制性法规来促进各种管理手段的一致性。在海岸带管理过程中，各相关机构和地方管理部门紧密合作，并通过州海岸议会来实现这种合作，各相关部门也作出了明确的分工。① 除了《海上污染法》外，荷兰还有许多旨在保护环境的法令和规定，如《核能法》《消除噪音法》《环境影响评估法》《水面污染法》《废物排除法》《化学废物排除法》等。由省、市政府当局监督各项法规的执行，并负责给需要排泄废物的单位签发许可证。国家设立管理机构（环保委），旨在协调部门间、地区间、部门与地区间所产生的矛盾与问题。②

2015 年，荷兰建立了目标为有效利用海洋资源的“北海 2015 海洋综合管理计划”（Integrated Management Plan for the North Sea 2015）。荷兰的海洋空间管理采用海域使用许可手段，并包括一系列的空间利用及潜在问题的监察措施，如：①利用区划图规定在现行法规下某类使用功能最适合开发的海域或可以在哪些海域进行，应用整体空间评价框架发布许可；②建立海域空间利用监测与许可跟踪系统提供最新的海域利用现状图和预期海域利用图；③开展针对特定功能的海域空间研究，调整功能管理框架。同年，荷兰基础设施与环境大臣范哈根向议会提交首份国家海洋战略，旨在进一步推动海洋产业的可持续发展。③

（三）德国

德国拥有 3 379 千米海岸线，大约 2 000 千米在波罗的海沿岸，其余的位于北海沿

① 管岑．海岸带生态系统管理法律研究［D］．青岛：中国海洋大学，2011．
② 史迺莲．考察挪威、荷兰海洋资源综合开发、利用、管理的综述与思考［J］．河北师范大学学报，1993（2）．
③ 海彤．荷兰政府发布首份国家海洋战略［N］．中国海洋报，2015-03-17（004）．

岸。[1] 波罗的海海上环境保护委员会是负责波罗的海地区海洋保护的区域性合作组织。北海的保护主要包括 1998 年 3 月生效的《东北大西洋海洋环境保护公约》。另外还有 1983 年制定的《波恩公约》，它涉及北海沿岸国家在防止石油和其他有害物质污染方面的合作。2003 年 6 月，波罗的海海上环境保护委员会和《东北大西洋海洋环境保护公约》相关机构首度合作，在德国不莱梅共同举办了有 21 个缔约国参加的部长级会议，就减少有害物排放、提高航运安全以及将海面划定为特别保护区等问题进行了讨论。

德国政府一贯重视对海洋环境的保护，加入了所有相关的海洋保护国际公约，尤其致力于在《东北大西洋海洋环境保护公约》框架内加强合作。德国政府的海洋环境保护策略遵循两个基本原则：一个是预防原则，即尽最大可能避免海洋环境遭到损害；另一个是发生原则，即必须在事故发生地消除和纠正损害。相关策略包括将海洋环境保护融入农业、渔业和船运业等其他领域，将危险物质对海洋的危害降到最低以及可持续地、环保地利用海洋并保护海洋物种和生存空间。[2]

2003 年 11 月，德国政府提出，在北海和波罗的海划定 10 个保护区。按照计划，在距离海岸 12~200 海里的专属经济区，按照欧盟有关的鸟类和海洋保护标准，设立 2 个鸟类保护区和 8 个海域保护区，保护珍稀候鸟、沙洲、海礁，为鱼类和海洋哺乳动物如鼠海豚、灰海豹和海狗等提供生存空间。2004 年 7 月，德国把联邦空间规划法案扩展到海洋专属经济区，在专属经济区建立海洋空间规划总体框架。2005 年联邦海事和水文局完成了北海和波罗的海的海洋空间规划草案及相关的环境报告。规划图标示了航运、石油开采、海底管线、海上风能、倾废、军事、渔业、自然保护等海域利用的现状，用海区、计划用海区、核准用海区及个别特殊利用的优先区和保留区等，将保护区范围延伸到远离海滨的水域。德国在保护海洋方面走在了欧洲其他国家的前列。

德国没有专门的海岸带管理法律与政策，但有 30 多个法律、规章与海岸带的开发和保护有关。如《联邦自然保护法》（1977）主要适用于自然环境的保护和自然景观的管理，目的是维持生态系统平衡和再生能力，促进自然环境与生物群的栖息地的长久健康发展；《水保持法》要求各州建立起水保护区，能量及其他物质排放进入水域之中，需要得到经相关的部门科学分析后做出许可或批准的决定；1990 年制定的重视环境预防与事前环境影响评价的《环境影响评价法》；明确各种环境治理、环境保护和环境赔偿的《环境责任法》[3]，等等。

德国有 5 个联邦州分享全国海岸带，通常由各州的区域规划机构负责管理。由于海岸带的管理职责被不同层次政府所分割，沿海各级管理机构在合作与交流方面存在欠缺。有关海岸带管理的决策也不是以合作的方式进行，仍遵循等级的管理制度。

---

① 李百齐．海岸带管理研究［M］．北京：海洋出版社，2011.

② 刘向．德国：海洋保护之路越走越宽［N］．中国海洋报，2004-07-02.

③ 王劲．德国环境法研究［D］．上海：华东师范大学，2016.

三、对我国的启示意义

作为由多个主体参与的行动框架或者战略，目标的设定和实现目标手段的选择至关重要。欧盟海岸带管理法律与实践，至少为我国的海洋管理提供了以下四个方面的借鉴经验。

第一，建立良好的海洋生态环境应是中国海洋管理的目标。我国的海域具有和欧盟相似的特点，又具有不完全一样的特性。我国海域在主权上的统一性与欧盟海域属于各成员国有所不同，但是在海域的开发和使用上却同欧盟类似，除特殊情况外，我国的海域按照不同的行政区划由沿海各省市管理。因此，我国的海洋管理突出表现为行政分割、政出多门的特点。由于对经济利益的追求，各省市采取“以邻为壑”措施，不同程度的存在“重开发，轻养护”的现象。中央政府在海洋管理中如果仍然采取以经济利益为导向的海洋管理政策，不仅可能导致各省市为争夺海洋资源产生纠纷，还会使海洋环境遭到毁灭性破坏。海洋生态环境保护作为一个长期的、旨在保证海洋可持续开发的手段，各省市能够比较容易达成共识，能减少省市之间的利益纷争。

第二，协调应该是我国海洋管理的主基调。在处理海洋问题时，我国所面临的环境要比欧盟复杂，不仅涉及省市之间的利益冲突，还涉及主权国家之间的利益冲突；不仅涉及经济利益的争端，还涉及海域主权的争议。由于经济发展水平、技术手段等的差异，不但省市之间在海洋环境保护意识方面差异较大，而且相关国家在海洋开发和利用方面也很难达成一致。

第三，合理设置或合并机构，实现海洋综合管理。良好的机构设置是实现海洋综合管理的制度保障。如前所述，我国海洋管理突出的特点是行政分割、多头管理、各自为政、政出多门，地方政府、海事局、海洋局、渔政局及各级环境管理部门出于各自的目的在其职责范围内行使对海洋的管理权，各种管理权相互交叉甚至重叠，再加上涉海部门的层级较低，这导致各部门“争利益、推责任”，在海洋管理中出现“都管都不管”的现象。因此，中央政府应当合并现有的涉海管理部门，形成一个国家层面的层级较高的垂直领导的海洋环境管理机构，实施海洋综合管理，扭转海洋管理中分散化管理的局面。

第四，建立非官方海洋环境保护组织，发挥公众在海洋生态环境保护中的作用。欧盟境内活跃着许多非政府组织的海洋保护组织，如 Sea At Risk、Oceana 等，这些海洋保护组织对海洋生态环境的保护起到了非常大的推动作用。目前，我国并没有具有一定影响的海洋保护组织，政府应当放宽民间海洋环境保护组织成立时在人员、资金、场地等方面的限制，发挥民间组织在海洋保护中的作用。

第三节 韩国海岸带管理法律制度

一、韩国《海岸带管理法》的制定背景

韩国根据《领海与毗连水域法》（1977年12月，第3037号法律）和《专属经济区法》（1996年8月，第5151号法律）宣布12海里领海（朝鲜海峡为3海里）和200海里专属经济区。在西部和南部有大陆架34.5万平方千米，被认为是矿产资源、石油和天然气资源的潜在富积地区。与陆地相比较而言，韩国的海岸线较长，达1.2万千米。管辖海域的面积约44.7万平方千米，达到陆地总国土面积的4.5倍。①

在过去三四十年间，随着人口及产业活动的增加，以增长与开发的经济政策为主导，海岸带成为抢占、开发的对象。由于人口增加、盲目开办工业园、围海造田、超过自然净化能力的开发、污染及富营养化造成赤潮频发、垃圾遍布、海岸带生态系统遭到破坏。沿海有全国44.8%（84个）的工业园、约占50%的发电厂（81个），加上为营造农田和建设临海城市大面积围海造地，生态系统被扰乱和破坏，水产资源枯竭。随着海岸带开发压力的增加，中央政府、社会团体、环境组织、项目开发者之间围绕海岸带利用与保护的争论日益加剧。依据行业性管理部门和50多部行业性法规的海岸带开发、管理仍处于无序状态。为了杜绝这种乱开发，求得可持续发展，以学术界为中心，坚持将海岸带分为不同于海洋和陆地的第二领域，实施海岸带综合管理。

二、韩国《海岸带管理法》及其他相关立法

为提高海岸带的环境质量，实现海岸带资源的合理分配，1992年韩国第三次国土综合开发计划提出了制定海岸带管理法的意向。1996年2月到1998年8月，韩国进行了两次基础调查，1997年9月到1998年8月成立了法律制定工作组，并制定了法律草案。1996年8月随着海洋水产部的成立，海岸带管理立法工作得到加速推进。1998年7月韩国出台了《海岸带管理法》，并根据该法于2000年2月公布了“国家海岸带综合管理计划”。为确保海岸带管理的效果，2001年1月出台了海岸带管理区域规划方针。

（一）《海岸带管理法》

《海岸带管理法》最初按不同用途分区，将韩国沿岸划分为限制开发区、港湾管理区、

① 李吉熏，林熏洙，阿东．韩国的海岸带综合管理［J］．海洋开发与管理，2002（1）．

调整开发区、暂不开发区等。但 1998 年经济部长会议时，环境部要求将沿海陆域公园等除外，建设交通部则要求将城市从该法中除外，并要求删除按用途分区的做法。另外，多数部门要求将沿岸范围最小化，但是因为海岸带是海与陆地相连而形成的特殊资源环境带，为了海岸带资源的保护，相互联系起来的管理是绝对必要的。因此决定海岸带海域范围为 12 海里，海岸带陆域范围为 500 米；对于港湾区域、渔港区域、工业园区域，决定沿岸陆域范围扩大到宽度 1 000 米。[①]

海岸带管理法中，对海岸带范围、海岸带调查、海岸带综合管理规划及海岸带管理区计划、海岸带整治等都作了规定。为了有效管理，规定每 5 年要进行一次海岸带基础调查。海岸带综合管理规划，规定了海岸带陆域范围、规划的对象、海岸带管理的基本政策、海岸带环境的保护、海岸带可持续开发等，根据其他法令海岸带管理行为的限制或支援等事项。

在综合管理范围内，制定海岸带管理地区规划。为了对海岸带进行有效整治，规定以 10 年为单位制订沿岸整治计划，该计划规定了发生灾害时保护海岸、整治被毁坏的海岸工程，即护岸、防侵蚀、防淹设施等。海岸保护工程保护或改善生态价值高地区的沿岸海域，如保全生态、海域生态恢复、营造海滨公园、码头公园、海岸步行道等休闲空间，营造亲水的海岸带环境。

(二) 其他相关法律

除了《海岸带管理法》，为保护沿岸地域的海洋生态并实施有效的管理，韩国还制定了《湿地保护法》《海洋污染防治法》《公有水面防治法》《公有水面倾废法》《公有水面管理法》《公有水面填埋法》《海洋开发基本法》《海底矿物资源开采法》《领海法》《防止外籍渔船侵犯韩国海域的若干措施》《海洋污染防止法》《专属经济区法》《水产法》《救难救护法》《水上旅游安全法》等。[②]

韩国对于渔业管理也制定了非常完善的法规制度。韩国的渔业管理制度分为规定制度与促进制度：规定制度主要分布在《渔业法》《渔业法施行令》《总渔获量规定》《渔业资源保护法》《渔业资源保护法施行令》等法律法规中；促进制度主要零星分散于《渔业法》《渔业养殖成法》《指定养殖水域的相关规定》《渔业动植物确认的相关规定》《特定保护水面及管理的相关规定》等法律文件中。

这些具体的法律法规明确了各个部门的不同分工，使得韩国政府中各海洋管理部门都有法可依，同时平衡了各涉海行业、部门及地区之间的利益和关系，为海洋经济持续发展提供了重要的法律基础。

---

① 刘洪滨．韩国海岸带综合管理概况［J］．太平洋学报，2006（9）．

② 魏志江，陈卓，叶浩豪．试论韩国海洋管理体制及其对中国的启示［J］．当代韩国，2013（4）．

（三）海岸带综合管理规划

以1996年到1998年进行的全国海岸带调查为基础，韩国于1999年2月制定了《海岸带综合管理规划草案》。为了提高海岸带管理的综合性，保证实效，2000年2月，韩国召开了沿岸市、郡、区的海岸带管理者及有关公务人员为对象的政策说明会。2000年6月，《海岸带综合管理规划草案》经中央海岸带管理审议会批准，同年8月出台。该综合管理规划主要内容包括以下几个方面。

（1）将江华岛南端滩涂等9个沿海区域指定为湿地保护区，限制建筑工程项目的设立。将59个有生态价值及自然景观秀丽的无人岛指定为特定岛屿预留区，禁止铺设道路、开垦、疏浚及围海造田。将22个沿岸主要候鸟栖息地指定为鸟类保护区。52个濒危野生动物栖息地、过境地或生物多样性丰富的沿海区域被划定为生态保护区，禁止开采土石、狩猎和采集野生动植物。

（2）清洁海域划定为环境保护海域，以保护沿海环境。污染严重海域规定为特别管理海域，限制设置产生污染物的设施。

（3）废除第一次公共水面填埋基本计划（1991—2001）中仁川市江华地区等由于开发推迟或对环境损害大而与海岸带综合管理规划方向不符的61个地区填埋计划；取消地方社会团体的群山海上城市计划等26个沿岸开发计划。

（4）利用滩涂、候鸟过境地营造生态公园、港湾亲水空间，在全国设立54个亲水区域，禁止损害海岸带景观或在公共水面内新建和改建妨碍海流、海砂流动的设施。[①]

三、海岸带管理体制

韩国的管理结构是以总统为中心的，总统由民选产生，总统提名总理、部长和其他行政官员。总统主持召开内阁会议，成员由总统、总理和其他部长级的行政官员组成。虽然许多机构对海岸有一定的行政管理权，但是海岸管理的主要职能和协调各部门关系的职能属于1996年建立的韩国海洋事务与渔业部。

海岸带管理体制仍然属于部门模式，每一部法律针对一个部门，这些部门或者是一个海岸资源部门，或者是一个海岸环境问题部门。从1950年开始，韩国已颁布了50多部与海岸带有关的法律。在1996年韩国海洋事务与渔业部成立以前，大约有7个部、2个国家管理局涉及海岸带开发活动和资源的管理：渔场和渔港归渔业局管理，商业港口归海事与港口管理局管理，工业港口归工业与贸易部管理，国家海洋公园归内政部管理。[②] 1996年韩国海洋水产部成立，负责对全国所有的海洋事务进行统一、综合管理，将原属于海运港

① 李百齐．海岸带管理研究［M］．北京：海洋出版社，2011.

② 李吉熏，林熏洙，阿东．韩国的海岸带综合管理［J］．海洋开发与管理，2002（1）.

湾厅、水产厅、科学技术处、农林水产部、环境部、建设交通部等部门分担的海洋管理职能综合在一起，把原来松散型的海洋管理模式转变为高度集中的管理模式。[①] 2008 年李明博任总统后，主张精简政府机构，迅速改革政府职能和公共部门，实行综合部委制，废止海洋水产部，把原建设交通部和海洋水产部的海运部门结合，成为韩国国土海洋部，同时把海洋水产部的其他职能移交给农林水产食品部，韩国的海岸带管理模式再次趋于分散化。

第四节　日本海岸带管理法律制度

日本是一个岛国，由 4 个大岛和众多小岛组成，海岸线长达 3.5 万千米，沿海有 5.1 万公顷的沙滩和沼泽、约 20 万公顷的海藻养殖场和大约 8.7 万公顷的珊瑚礁地带。[②]

一、海岸带管理法律与政策

日本是发达国家，也是一个法治国家，有关海岸带管理的法律众多，达百余项。[②]包括 1921 年《公有水面填埋法》、1970 年《水质污染防止法》和《海洋污染及海上灾害防止法》。在 20 世纪 70—90 年代，日本先后通过《海岸法》《领海法》《关于渔业水域的临时措施法》《专属经济区和大陆架法》《专属经济区渔业管辖权法》《养护及管理海洋生物资源法》《核废料污染法》《水产资源保护法》《防止海洋污染和损害法》《海岸带管理暂行规定》《无人海岛的利用与保护管理规定》等。2004 年以后日本加快了海洋立法，先后制定通过《大陆架界限基本方针》《维护东海海洋权益的紧急建议》《推进海底资源开发法》《海洋建筑物安全水域法案》《海洋基本法》《海洋构筑物安全水域设定法》《低潮线保全和基地设施整备法》《领海等区域内有关外国船舶航行法》《处罚与应对海盗行为法》《海岸漂浮物处理推进法》等。[③] 其中《海洋基本法》《海洋构筑物安全水域设定法》《海岸法》《低潮线保全和基地设施整备法》《濑户内海环境保护特别措施法》与海岸带管理关系较为密切。

1.《海洋基本法》

2007 年 4 月 20 日，日本国会审议通过了《海洋基本法》，该法于 2007 年 7 月 20 日正式实施。日本《海洋基本法》共四章，三十八条。

第一条至第十五条是第一章，为总则部分。《海洋基本法》鲜明地体现了日本海洋政策的基本理念，将保护海洋环境、确保海洋的利用和安全、可持续地开发利用海洋作为海

① 魏志江，陈卓，叶浩豪．试论韩国海洋管理体制及其对中国的启示［J］．当代韩国，2013（4）．

② 朱坚真，王锋．海岸带经济与管理［M］．北京：经济科学出版社，2013．

③ 戴为卿，王婧，肖纪连．日本海洋立法对我国海洋法制建设的启示［J］．法制与社会，2016（12）．

洋管理的目标，充实海洋科学知识，健全发展海洋产业。同时指出，应根据上述理念，使政府与民间形成一体，应对海洋问题，并将“综合管理海洋”“国际合作与协调”作为国策，以发挥日本在形成国际海洋秩序方面的先导作用。

第十六条是第二章，为海洋基本计划部分。《海洋基本法》在表明日本海洋政策的基本理念之外，还提出了深入贯彻该理念的措施，制订了国家的海洋基本计划，明确规定国家、地方公共团体、企业、国民的职责，调动全国海洋管理和利用的积极性，制定有关海洋综合管理的基本政策，并对推进海洋行政组织等方面的内容作出规定。

第十七条至第二十八条是第三章，为基本政策部分。基本内容主要包括：推动海洋资源的开发与利用；保护海洋环境；推动专属经济区的开发；确保海上运输；确保海洋安全；推进海洋调查；推进与海洋科学技术相关的研究开放活动；沿岸带的综合管理；确保及推进国际合作；增进国民对海洋相关问题的认识等。

第二十九条至第三十八条是第四章，为“综合海洋政策本部”部分。为了有效实施海洋综合管理，集中而全面地推进海洋政策，在内阁设立综合海洋政策本部。综合海洋政策本部主要职责为：调查和审议与计划、调整、预算基本海洋政策有关的必要资源的分配方针，评价重要研究开发活动及其政策等。任命海洋政策大臣，以有效地统管专业性和连续性强的海洋政策，展开综合管理活动，推进综合管理海洋的国策。在综合海洋政策本部，以内阁总理大臣为部长，海洋政策大臣为副部长，由内阁官房长官、内阁总理大臣指定的国务大臣及有识之士和其他成员组成。

日本《海洋基本法》具有海洋根本法的性质，是日本制定其他海洋法律的“母法”，其内容、构想与日本的国家发展战略息息相关，是日本制定其他相关海洋法律的依据，反映了一个时期内日本海洋法律政策的动向。

2.《海洋构筑物安全水域设定法》

《海洋构筑物安全水域设定法》由国土交通委员长提交国会审议并通过，2007 年 7 月 20 日起实施。其制定目的和依据为：为确保海洋构筑物安全及其周边海域船舶的航行安全，根据《联合国海洋法公约》（以下简称《公约》）的相关规定，对有关海洋构筑物安全水域的设定规定必要措施。

主要内容包括以下六个方面：国土交通大臣为确保海洋构筑物的安全及其周边海域船舶的航行安全，根据《公约》规定的制度，可以设定安全水域；安全水域的设定，应根据特定行政机关首长的要求而进行；国土交通大臣在设定安全水域或废止安全水域时，应公告安全水域的位置与范围；除非对船舶无法实施运作，任何人如未得到国土交通大臣的许可，均不得进入安全水域；在施行该法律时，不妨碍日本缔结的条约及诚实履行其他国际性规范的制度。①

① 金永明．日本最新海洋法制与政策概论［J］．东方法学，2009（6）．

3. 《海岸法》

《海岸法》强调了海岸保护的基本方针政策，包括“海岸保护基本方针”“海岸保护基本计划”“海岸保护区行为的限制”“海岸管理者”等内容，确定了海岸保护区的管理范围，包括海岸设施、渔港环境保护等，明确了海岸保护区的有关收费规定、对海岸保护区管理中的特殊情况处理、对公共海岸的管理及收费标准。

4. 《低潮线保全和基地设施整备法》

日本《低潮线保全和基地设施整备法》于 2010 年 2 月 9 日提交众议院审议，由日本内阁官房综合海洋政策本部事务局和国土交通省共同拟定，共六章。[①] 其中，《低潮线保全和基地设施整备法》第二章规定了基本计划的事项与程序、基本计划的推进与执行，属于“基本计划的事项”。主要包括：低潮线的保全以及据点设施的整备等相关的基本方针、有关低潮线的保全；相关行政机关所进行的低潮线及周边情况的调查、低潮线保全区域中海地挖掘等行为的规制以及其他措施的相关事项；以特定离岛为据点的排他性经济水域等的保全及利用的相关活动目标的相关事项；据点设施的整备等内容的相关事项；其他低潮线的保全及据点设施整备等的相关事项。第三章明确了低潮线保全区域，主要规定了日本的低潮线保全区域内海底挖掘等行为的规制和监督处罚。第四章规定特定日本的离岛港湾设施，主要包括特定离岛港湾设施的建设、港湾设施建设的水域占用许可等、监督处罚举措、报告收取和强制征收款项。第五章主要规定政府许可条件、审批过程和具体权限分配。第六章是罚则，主要规定了对于自然人违反该法可以采取罚金或者拘役的处罚方式，对于法人则采取罚金处罚。

5. 《濑户内海环境保护特别措施法》

针对沿海水域濑户内海污染严重这一情况，日本于 1973 年颁布实施了《濑户内海环境保护特别措施法》，重点规定了三项有针对性的有关濑户内海环境保护的特别措施，分别为特定设施设置的控制、防止营养富化引起危害的发生和自然海滨的保护。该法的主要内容包括：①特定设施设置的控制是从陆源方面控制和削减污染物的排放总量，例如，对特定设施设置的批准标准、有关特定设施的过渡措施、特定设施构造的变更、继承以及与《水质污染防治法》的使用关系等进行了规定，同时为了防止有关化学需氧量的水质污染，规定由内阁总理大臣制定有关削减以化学需氧量表示的污染负荷总量的基本方针；②防止富营养化引起危害的发生是要求削减磷以及其他指定物质，制定削减的总目标、年度计划、指导方针和对策；③自然海滨的保护针对的是濑户内海自然资源和旅游资源的保护，要求对海滨沙滩、岩礁、海水浴场、赶海区域等设置自然海滨保护区，并规定在自然保护区内新建建筑物、改变土地使用现状、采掘矿物、开采土石及其他活动要进行必要的

① 张骁天．日本低潮线和离岛保全的相关法律制度研究［J］．国际法研究，2015（4）．

申报。

这些特别措施不仅针对性极强，而且条文规定十分具体，可操作性很强。例如，为了防止富营养化引起危害的发生，该法不仅规定了削减向公共水域排放有关磷及其他指定物质，还对削减的总目标、年度目标以及其他物质削减的指导方针作了详细具体的规定，方便具体执行。同时，该法还有明确的责任规定予以保证实施，从而使得这些措施能够真正落到实处。

特别措施进一步体现了“因地制宜、有的放矢”的立法思想。濑户内海自然环境复杂，濑户内海有着与其他海域不同的自然属性，就濑户内海内部构造而言，是由若干的海湾、若干具有不同功能特点的海区所构成。这些海湾和海区不仅自然条件不同，其污染源也各不相同。《濑户内海环境保护特别措施法》因地制宜，针对不同的自然属性与污染状况采取具体的治理标准，实行不同的具体措施，真正实现了“有的放矢”。我国的渤海湾由于缺少专门的法律，对渤海湾与其他开放性的海域以及渤海湾内各海湾海区采用一般的原则、制度，这种千篇一律的套用方法根本无法实现“对症下药”。①

二、管理体制

2001 年以前，日本没有专门负责海洋事务管理的政府机构，其涉海工作主要分散在原运输省、建设省、通商产业省、农林水产省、文部科学省、国土厅、环境厅和科学技术厅等政府职能部门。2001 年 1 月，日本政府进行了大规模的行政机构缩编改革，与海洋有关的省厅经过重组合并后，海洋事务管理主要由内阁官房、国土交通省、文部科学省、农林水产省、经济产业省、环境省、外务省、防卫省 8 个行政部门承担。②

（1）内阁官房。内阁官房职能类似于我国的国务院，其下设有大陆架调查对策室，专门致力于加强日本的大陆架调查，对日本周边大陆架的地形、地质等情况进行全面勘测，扩大日本的大陆架范围，确保日本沿海海域存在的矿产资源和海底水产等海底资源能够得到充分利用，并向联合国提交日本所主张的大陆架海底调查的科学数据。

（2）国土交通省。该省由原来的国土厅、运输省、建设省及北海道开发厅合并而成，下设的主要海洋管理部门有国土规划局总务课海洋室、海事局造船课和舶用工业课、港湾局开发课和环境技术课以及河川局海岸室等。这些部门管辖着日本 70%的海岸线，业务范围包括海洋测量、气象观测、海事、海运、船舶、海上保安、港湾、海洋利用、防止海洋污染、海上交通安全、海岸管理、国土规划、城市规划等。

（3）文部科学省。下设科学技术学术政策局、研究振兴局、研究开发局 3 个直属局。

① 徐祥民．日本《濑户内海环境保护特别措施法》的成功经验——兼论对我国渤海治理的启示［J］．中国海洋法学评论，2017（1）．

② 姜雅．日本的海洋管理体制及其发展趋势［J］．国土资源情报，2010（2）．

其中，研究开发局下属的开发企划课负责规划和制定与海洋科学技术、地球科学技术、环境科学技术等有关的研究开发政策等；海洋地球课掌管海洋科学技术中心、国立极地研究所；研究振兴局下设的学术机构课掌管以东京大学海洋研究所为主的院校研究所；研究振兴基础课掌管防灾科学技术研究所。此外，该省还设有科学技术学术审议会，其中海洋开发分科会作为总理大臣的咨询机构发挥着实质作用。

（4）农林水产省。农林水产省水产厅设有增殖推进部渔场资源课、渔政部、港湾渔场整备部等 4 部 15 课，主要负责渔业和水产资源的管理与产业振兴。其下属的水产研究所（分为北海道区、东北区、中央区、濑户内海区、西海区、日本海区、远洋 7 个区域研究所）、养殖研究所及水产工学研究所于 2001 年 4 月 1 日合并为独立行政法人“水产综合研究中心”。

（5）经济产业省。该省所属的资源能源厅下设 3 个与海洋有关的部，即节能与新能源部、资源燃料部和电力煤气事业部。其中，资源燃料部政策课负责与《公约》《深海底矿业暂定措施法》等有关的法律法规业务；资源燃料部矿物资源课负责与海洋资源、海洋产业相关的业务。

（6）环境省。该省下设的地球环境局环保对策课审查室和计划室负责与《海洋污染法》相关的国际业务，环境管理局水环境部水环境管理课负责与《海域水质污染法》相关的业务，封闭性海域对策室负责研究封闭性海域环境污染相关的政策法规。

（7）外务省。该省下设的经济局有海洋室和渔业室，负责与海洋渔业相关的政府涉外业务；综合外交政策局国际社会合作部联合国行政课的专门机构行政室承担与国际海事机构相关的业务。

（8）防卫省。防卫省下设海上保安厅，拥有海上自卫队，主要进行海洋安全技术相关研究、海上防灾对策研究、海洋信息通讯技术开发以及海上安保活动。

第四章　海岸带管理法的基本原则

树立山水林田湖是一个生命共同体的理念，按照生态系统的整体性、系统性及其内在规律，统筹考虑自然生态各要素、山上山下、地上地下、陆地海洋以及流域上下游，进行整体保护、系统修复、综合治理，增强生态系统循环能力，维护生态平衡。

——《生态文明体制改革总体方案》

第一节　可持续发展原则

基本原则是指在整个法律体系或是在一个法律部门中具有指导意义的价值原则，在一部法律中处于核心地位，起着最根本的指导作用。海岸带管理，既要“管理开发，也要对自然资源加以保护”，还要控制沿海污染。[①] 促进海岸带的可持续发展，是世界各国海岸带管理项目和试点工作的主要目的。因此，可持续发展原则是海岸带管理法遵循的首要基本原则，对于我国海岸带管理立法及海岸带管理法律法规的实施、解释和监督均有重要意义。

可持续发展（Sustainable Development）概念在国际社会的提出，始于1987年由挪威首相布伦特兰夫人领导的世界环境与发展委员会（又称“布伦特兰委员会”）上发表的著名的题为《我们共同的未来》的研究报告。该报告于同年为第42届联合国大会所接受。报告中的可持续发展指的是“既满足当代人的需要，又不对后代人满足其需要的能力构成危害的发展”。[②] 很多环境条约明示或默示地承认可持续发展原则。1949年《国际捕鲸公约》明确规定其宗旨是“为未来世世代代子孙而保护鲸鱼类这一丰富自然资源”和“建立国际捕鲸管制制度，以确保鲸鱼族类的适当养护和发展”。1992年的《生物多样性公约》在序言中重申“各国有责任保护它自己的生物多样性并以可持久的方式使用它自己的生物资源”。1992年《联合国气候变化框架公约》规定“各缔约方有权并且应当促进可持续的发展”。

可持续发展原则还在一些重要的国际组织决议和宣言等文件中得到反映。1986年世界环境与发展委员会环境法专家组通过的《关于环境保护和持续发展法律原则》提出各国在利用生物资源和生态系统时，“应遵循最佳持续产量的原则”。1992年的《里约环境与发展宣言》（以下简称《里约宣言》）宣布的27项原则中有多项直接提到可持续发展。

① ［美］约翰 R. 克拉克．海岸带管理手册［M］．吴克勤，杨德全，盖明举译．北京：海洋出版社，2000.

② 王曦．论国际环境法的可持续发展原则［J］．法学评论，1998（3）.

2002年南非《约翰内斯堡可持续发展宣言》指出，“我们担负起一项共同的责任，即在地方、国家、区域和全球各级促进和加强经济发展、社会发展和环境保护这几个相互依存、相互增强的可持续发展支柱”，“我们将世界各国人民聚集起来和综合各种不同意见，在积极寻求一条共同道路方面取得了重大进展，这条共同道路就是创造一个尊重和推行可持续发展远景的世界”。

可持续发展原则是海岸带经济、社会和生态环境发展法律规制的一项基本原则，也是人类解决环境问题、建立“人-生态”和谐关系的唯一途径。可持续发展原则要求人类重视生态系统的内在价值，不再将自然纯粹作为满足人类物质需要的工具。在海岸带管理过程中，以“生态整体利益”为指导①，在决策上将海岸带保护的要求与区域经济、社会发展的目标相协调，内化于有关发展的决策程序和决策结果；在行为上，限制对海岸带资源环境的过度开发利用，将利用与保护统一起来②，最终实现海岸带环境、经济、社会的“协调发展”。

可持续发展世界首脑会议

可持续发展世界首脑会议（以下简称“首脑会议”）于2002年8月26日至9月4日在南非约翰内斯堡召开。191个国家的领导人或政府代表出席了会议，其中有104位国家元首或政府首脑，参加会议的国际组织和专门机构近百个。与会总人数超过2万人，其中政府和国际机构代表9 000余人。这是近年来联合国在发展领域举行的级别最高、规模最大的一次会议。会议回顾了1992年联合国环境与发展大会（以下简称“环发大会”）以来《里约宣言》和《21世纪议程》文件的执行情况和全球可持续发展的进展，通过了《约翰内斯堡可持续发展宣言》和《首脑会议实施计划》，再一次动员了国际社会对可持续发展的政治意愿，制订了具体的行动计划，对全球可持续发展产生深远的影响。

首脑会议是在环发大会10年来，《21世纪议程》未能有效实施，全球可持续发展面临更多挑战的情况下举行的。会间，先后举行了部长级会议、首脑级全会和圆桌会议以及关于“多边主义未来”的高级别研讨会等重要活动。各国部长们围绕淡水和卫生、能源、健康、农业、生物多样性和跨领域问题五个主题与国际和民间代表进行了深入对话，产生了一批“伙伴倡议”。首脑们参加了3天的一般性辩论，就当前可持续发展的重大问题阐述立场与主张。在南非推动下，会议还就“多边主义的未来”进行了高级别讨论，突出了多边主义对可持续发展的重要意义。会议经过艰苦谈判，产生了《约翰斯堡可持续发展宣言》和《首脑会议实施计划》两份成果文件。

① 康宏强．论环境法的生态可持续发展原则——对“协调发展”原则的反思与重构［J］．河海大学学报（哲学社会科学版），2004（1）．

② 吕忠梅．环境法［M］．北京：高等教育出版社，2009．

作为海岸带管理法律法规的基本原则，可持续发展原则并不是通过海岸带管理法律中的某一具体条文加以全面表述的，而是始终贯穿于海岸带管理法律体系的，具有高度抽象性、普遍适用性，是海岸带范围内法律主体的行为准则。海岸带经济集中、人口聚居、资源利用方式多样、利益相关者众多，相关法律法规贯彻可持续发展原则，首先要建立和发展综合决策机制。综合决策，就是在决策过程中，正确处理环境与发展的管理，将经济规律和生态规律结合起来，对海岸带经济、社会发展和生态环境保护统筹规划，合理安排，全面考虑，实现最佳的经济效益、社会效益和环境效益。

（1）综合决策的功能在于协调利益、平衡关系。综合决策的初衷是实现总体利益的协调和平衡。实践中，总体利益是一个抽象的概念，现实生活中的各种利益是由不同人群所享有的或者所代表的，不同的利益有不同的主体。因此，利益的主体结构决定了综合决策的需求。如何将各种不同主体的利益诉求综合平衡、统筹协调并将其纳入秩序的轨道，是海岸带综合管理的一大挑战。在海岸带管理实务中，海岸带保护与发展不仅存在冲突，而且这些冲突大多数情况下发生在不同的主体之间。经济发展优先还是保护环境优先、旅游业发展优先还是养殖业发展优先，对于不同的主体而言，选择是不同的。主体的多元化、主体利益诉求的多样化决定了海岸带综合管理必须建设综合决策机制。

（2）综合决策是一种缓解或消除海岸带资源竞争性利用冲突的有效方法。决策就是在社会行为领域中对各种行动方案进行选择。海岸带可持续发展综合决策，实质上是政府或海岸带综合管理部门运用公权力对海岸带区域资源利用、生态保护、经济发展所进行的选择。在决策过程中，经济、环境、社会子系统具有和谐的一面，也有冲突的一面，其中经济系统对环境与社会发展具有重大的作用，冲突主要来自于人类经济活动对环境和社会发展的不良影响。综合决策，有利于协调海岸带区域经济、环境、社会子系统不同的管理目标，缓解、消除潜在的冲突。

（3）实现海岸带管理综合决策，不仅需要人类改变决策理念，还需要改变决策方法。这就需要构建统一的决策制度、保障措施，建立长效的综合决策机制。这种机制旨在打破传统行业性管理壁垒，通过对各级政府和海岸带管理行业性主管部门的决策内容、程序、方式提出具有法律约束力的明确要求，实现海岸带综合管理中，人口、资源、环境与经济管理目标的统筹协调。[①]

第二节　陆海统筹原则

“陆海统筹”，也称海陆统筹，即在经济社会发展过程中，立足陆地、海洋资源环境特点，综合运用各种手段对海洋和陆地资源开发、产业布局、生态环境保护及综合管理等领

① 时炎．关于建立环境与发展综合决策制度的理论与实践思考［J］．环境导报，2000（1）．

域进行宏观调控，协调发挥陆地与海洋的经济功能、生态功能和社会功能并实现综合效益的最大化，以促进经济社会的可持续发展。

海岸带是海陆优势的集合体，区域地理位置特殊，受到陆地环境与海洋环境双重作用的影响，形成了地球表层独具特色的区域。陆上活动和海上活动，如水质、渔业生产等之间存在很强的联系，我们应对这一区域可持续发展的问题时应考虑两者的共性和异性，统筹兼顾。除此之外，由于海洋活动以海洋和陆地为依托，海岸带区域的陆地部分和海洋部分具有不同的所有权，相应的政府管理机构不同，导致相关的管理政策也存在差异，管理目标和政策之间的冲突在所难免。为了更好地解决海岸带区域出现的问题，应通过制定宏观战略、规划、政策、法律法规，统筹规范陆地和海洋开发活动，构建海陆一体的国土开发与管制框架体系。①

一、陆海统筹原则的产生与发展

1996 年，中国制定的《海洋 21 世纪议程》提出“要根据海陆一体化的战略，统筹沿海陆地区域和海洋区域的国土开发规划，坚持区域经济协调发展的方针，逐步形成不同类型的海岸带国土开发区”。此后，多位国内学者进一步从经济发展的角度对海陆一体化作出诠释并深入研究，其内涵和外延不断丰富和发展。海陆一体化成为陆海统筹概念的雏形。

2004 年，中国海洋经济学家张海峰提出将“海陆统筹”作为第六个统筹，与“五个统筹”一道作为践行科学发展观、实施全面协调可持续发展的根本方法，与此同时，他指出，中国和平崛起的强国战略必须包含“海陆统筹、兴海强国”战略。② 随后，“陆海统筹”或“海陆统筹”概念的使用和研究频度越来越高。

2010 年 10 月，《中华人民共和国国民经济和社会发展第十二个五年规划纲要》指出，“坚持陆海统筹，制定和实施海洋发展战略……”。由此，“陆海统筹”这一海洋发展战略的新理念首次被列入国家级发展规划。“陆海统筹”体现了陆海协调均衡可持续发展的战略思维，彰显了中国特色海洋强国建设的新型发展道路和发展模式。2011 年 3 月，温家宝在《政府工作报告》中提出，“坚持陆海统筹，推进海洋经济发展”。2013 年 7 月 30 日，习近平在主持以建设海洋强国研究为主题的集体学习时明确阐释了中国建设海洋强国的道路和模式。他指出，“要着眼于中国特色社会主义事业发展全局，统筹国内国际两个大局，坚持陆海统筹……扎实推进海洋强国建设”。由此，陆海统筹上升至国家重大战略层面，同时明确了海陆统筹的战略定位。2014 年 3 月，李克强总理在《政府工作报告》中强调，“海洋是我们宝贵的蓝色国土。要坚持陆海统筹，全面实施海洋战略，发展海洋经济，保

① 曹忠祥．对我国海陆统筹发展的战略思考［J］．宏观经济管理，2014（12）．
② 张海峰．海陆统筹 兴海强国——实施海陆统筹战略，树立科学的能源观［J］．太平洋学报，2005（3）．

护海洋环境……”。

“陆海统筹”是指导沿海地区经济社会发展、提高海洋和海岸综合管理能力的重要战略，也是加强海岸带管理、制定海岸带综合管理法律法规应遵循的基本原则。在国外，有学者认为“陆海统筹”是海岸带综合管理政策中最重要的组成部分。在2002年5月欧盟发布的《与海岸带综合管理相关的欧洲议会和欧洲理事会建议》第八项战略措施也蕴含着“陆海统筹”的思想。①

二、陆海统筹的内涵

“统筹”又可分为“统”与“筹”。“统”是主体对所管辖范围内的各类信息进行全面收集、系统分析与择取选用；“筹”是指主事者为实现期望目标，依据主客观条件制定决策与组织实施思维活动。即是说，统筹是围绕理想目标对所完成的具体任务进行的整体筹划。即统筹的原始含义是指为实现期望目标，对构成事物统一体的主体、客体和环境所进行的总体筹划。目前，各方面对陆海统筹的内涵尚未形成较为一致的结论。归纳起来，主要有三方面观点。

一是认为陆海统筹是一种全新的发展理念和战略思维。陆海统筹就是从全国角度对陆地和海洋国土的统一筹划②，根据海、陆两个地理单元的内在联系，运用系统论和协同论的思想，通过统一规划、联动开发、产业链的组接和综合管理，把本来相对孤立的海陆系统，整合为一个新的统一整体，实现海陆资源的更有效配置③。高之国认为，陆海统筹是一个全新的发展理念，实行陆海统筹，就是要破除长久以来重陆轻海传统观念的束缚，综合协调和正确处理陆地和海洋开发的关系，确立海陆一体、海陆联动发展的战略思路。④王芳认为，陆海统筹是一种思想和原则，就是要树立正确的海陆整体发展的战略思维，正确处理海洋开发与陆地开发的关系，加强海陆之间的联系和相互支援。⑤王倩等认为，从广义上讲，陆海统筹追求的是海陆之间的战略平衡和国家整体发展。⑥

二是认为陆海统筹是处理区域和产业发展的一个基本原则。有学者认为，陆海统筹是一个区域发展的指导思想，强调将陆域和海洋这两个相对独立的区域联系起来。⑦有学者将中国沿海地区看成“新东部”，提出要按照海陆区划统筹的构想来统筹推进。叶向东提

---

① 董跃，姜茂增．国外海岸带综合管理经验对我国实施“陆海统筹”战略的启示［J］．中国海洋大学学报（社会科学版），2012（4）．

② 卢宁，韩立民．海陆一体化的基本内涵及其实践意义［J］．太平洋学报．2008（3）．

③ 吕晓君，杜蕴慧，宋鹭，等．基于“陆海统筹”理念的海岸带环境管理思考［J］．环境保护，2015（22）．

④ 高之国．在新起点上推动海洋事业跨越发展［N］．经济日报，2011-06-14（12）．

⑤ 王芳．对海陆统筹发展的认识和思考［J］．国土资源，2009（3）．

⑥ 王倩，李彬．关于“海陆统筹”的理论初探［J］．中国渔业经济，2011（3）．

⑦ 韩增林，狄乾斌，周乐萍．陆海统筹的内涵与目标解析［J］．海洋经济，2012（1）．

出推进产业结构优化升级，要坚持陆海统筹的原则和策略。① 韩立民等认为，陆海统筹是以海陆两方面协调为基础进行区域发展规划、计划的编制及执行工作，以便充分发挥海陆互动作用，从而促进区域社会经济和谐、健康、快速发展。②

三是认为陆海统筹是海陆发展空间与资源环境的整合。鲍捷等学者从空间范围和目标范畴上界定了陆海统筹的内涵，认为从地理学视角看，陆海统筹其实就是对陆地和海洋的统一谋划。③ 李义虎从地缘政治角度，认为中国兼具陆地大国和濒海大国双重身份，在发展空间战略选择上需要陆海统筹，消除海陆两分。王芳认为，陆海统筹是指根据海陆两个地理单元的内在联系，统筹谋划海洋与沿海陆域两大系统的资源利用、经济发展、环境保护、生态安全和区域政策，把海陆地理、社会、经济、文化、生态系统整合为一个统一整体。④

笔者认为，陆海统筹是在海岸带区域社会发展的过程中，将海陆作为两个独立的系统来分析，综合考虑二者的经济、生态和社会功能，以协调可持续的科学发展观为指导，对区域的发展进行规划，并制定相关的政策指引，以实现资源的顺畅流动，形成资源的互补优势，强化陆域与海域的互动性，从而促进区域又好又快的发展。陆海统筹对于海岸带管理具有指导性意义。要实现陆海统筹，最主要的是处理好海陆两个系统之间的关联性，疏通二者之间的资源交换通道，为实现二者之间的优势资源互补创造条件，以此为出发点对二者进行统一的规划与设计，从而实现海岸带区域海域与陆域经济的协调发展。

（1）陆海统筹，强调在海岸带管理过程中将海洋经济与陆域经济统一起来看，发现二者的关联性与互补性，将陆域与海洋的发展统筹考虑与安排。由于历史发展与历史条件的影响，人们的陆地意识比较强，陆域经济的发展成为人们关注的热点，而对海洋经济的发展重视不足，甚至人们只是将海洋作为陆域经济发展的附属来看待。海岸带地区作为融合海陆两类经济模式、生产力内外双向发展的区域，是社会经济地域中的“黄金地带”。同时，海岸带区域也具有强烈的环境敏感性和生态脆弱性，如果在开发过程中缺乏合理有效地指导和规划，不注意生态的保护和资源的有序利用，势必会对沿海地区社会经济发展造成负面影响。陆海统筹思想的提出，要求人们打破原有的思想意识，充分认识到海岸带区域陆域与海洋之间的联系，将两个相对独立的系统联系起来，统筹解决这一区域面临的可持续发展问题。

（2）陆海统筹，要求以海岸带陆域与海域之间的联系为出发点，根据陆、海两个地理单元的内在特性与联系，运用系统论和协同论的思想，统一规划与设计，使两个独立系统

① 叶向东．海陆统筹发展战略研究［J］．海洋开发与管理，2008（8）．

② 韩立民，卢宁．关于海陆一体化的理论思考［J］．太平洋学报，2007（8）．

③ 鲍捷，吴殿廷，蔡安宁，等．基于地理学视角的“十二五”期间我国海陆统筹方略［J］．中国软科学，2011（5）．

④ 王芳．对海陆统筹发展的认识和思考［J］．国土资源，2009（3）．

之间能够进行顺畅的资源交换与流通，同时通过对整个区域资源的统一评价与规划，对区域内资源进行有效配置，使陆域资源与海域资源进行对接，从而加强陆域与海域之间的关联性，形成一个大的海陆复合系统，把海陆地理、社会、经济、文化、生态系统整合为一个统一整体。

（3）陆海统筹离不开可持续发展观的指导。由于陆海两类经济体在自然禀赋、发展历史、经济基础等方面的差异，存在着生产要素在二者之间互相流动的能量梯度。同时，陆域经济与海域经济在其进一步发展方面也存在局限性，在对陆海两个单元进行规划的同时，必须意识到两个系统的承载能力，尤其是海岸带地带作为陆海系统进行联系的空间载体具有极为敏感的生态系统。因此，要以协调可持续的发展观为指导，综合考虑各系统的承载能力以及整体的资源条件，在整个区域内进行资源配置，以免对某一区域形成高负荷压力，而另一区域的资源不能顺畅的流通与利用。尤其是作为两个系统对接的空间地带，要充分考虑这一地带的承受能力，及时对这一空间地带的各种超负荷力进行分散，从而实现陆域与海域互为条件和优势互补的复合体系，获得系统效应。[①]

深圳市立足陆海统筹发展海洋经济

2011年7月，国务院批复的《广东海洋经济综合试验区发展规划》明确要求，深圳市要“充分发挥经济特区和综合配套改革试验区的改革开放先行作用，积极创建全国海洋经济科学发展示范市”。围绕这一目标，深圳市在陆海规划统筹、产业统筹和管理统筹方面进行了积极尝试。

一是坚持陆海统筹的发展理念。深圳市提出，城市发展要妥善处理好海洋与陆地的关系，逐步树立“以海定陆”的发展理念，强调陆域的发展应以海洋资源承载力为前提，陆域的产业定位应以海洋环境保护为基础。同时，强调把海洋与陆域作为一个综合体，对空间、资源、环境、发展等进行统筹协调、整体管理，尤其在污染防治和环境保护上，要对污染物的排放进行总量控制。

二是积极推进陆海统筹规划。深圳市在制定经济社会发展总体规划和专项规划时，强调要根据海域特征和海洋承载能力，对滨海城市功能区和产业经济进行合理布局，要切实做到陆域规划体系与海洋发展规划的衔接。先后组织制定了《深圳市海域管理条例》和《深圳市海域使用金管理办法》，印发了“十二五”海洋经济发展规划，组织编制了《深圳市海洋环境保护规划》和《深圳市海域利用规划》，形成了涵盖陆海、相互衔接、和谐互动的规划制度体系。

① 韩增林，狄乾斌，周乐萍．陆海统筹的内涵与目标解析［J］．海洋经济，2012（1）．

三是创新陆海统筹管理体制。深圳市在管理上积极推进陆海一体化，加强海洋、陆地的综合管理，同时在政策保障、技术应用、信息共享、执法监察等方面，积极推进陆海决策和执行一体化。2012年2月20日，深圳市规划和国土资源委员会加挂了深圳市海洋局牌子，在管理体制上基本实现了陆海统筹，为海域和陆域、土地和海洋的资源管理工作全面、深层融合提供了体制保障。

四是推动陆海产业统筹发展。深圳市积极推动陆海产业良性互动，促进陆海资源互补，优化陆海产业结构和空间结构，设立了前海、后海、宝安中心区，红树林、蛇口、盐田等一批极具海洋特色的城市功能区，按照陆海统筹的要求培育了一批特色鲜明的产业集群。

五是陆海环境统筹保护。深圳市坚持从陆源抓起，通过陆域污染防治与海洋环境质量有机结合，不断健全陆海统筹的海洋污染防控机制，制定了操作性强的配套制度和实施办法，切实提高近岸海域的海洋生态服务功能。

陆海统筹是实施海岸带综合管理的内在要求。海岸带是陆地和海洋的过渡区域，由陆地和近岸海域组成，需要进行综合协调，基于自然、环境和社会等方面因素，对海岸带开发进行管理和规划，统筹海陆协调发展。[①]“陆海统筹原则”的确立，有利于从国家层面制定合理处理海洋保护和陆地开发关系的指导方针，确立海陆一体、海陆联动的战略。[②]

三、陆海统筹原则的实施

海岸带综合管理是一种动态的管理过程，需要发展和应用各种方法协调管理机构、环境、社会文化资源之间的关系，以保护海岸带，实现该区域的可持续和多样化利用。这就要求综合考虑陆地和海洋资源与环境的特点，系统考察陆地和海洋的经济功能、生态功能和社会功能，以充分发挥陆海活动优势，解决污染防治、港口建设、栖息地保护、旅游休闲、海岸带灾害防治等诸多复杂问题，实现海岸带区域社会经济的可持续发展。

（1）改革或改良现行管理体制。目前，我国的海岸带管理体制属于分散性的行业性管理体制，海洋、环保、渔政、海事、旅游业、林业等各机构都对海岸带范围内的特定事务享有一定的管理职责。[③] 海岸带是一个统一的复合生态系统，各种资源的开发利用是相互联系的，这意味着海岸带管理必须强调从生态系统的角度对资源利用、环境保护等活动进行统筹考虑和规划，客观上要求对现行管理体制进行改革或改良。海岸带管理并不是对行

---

① 杨荫凯．陆海统筹发展的理论、实践与对策［J］．区域经济评论，2013（5）．

② 曹忠祥，高国力．我国海陆统筹发展的战略内涵、思路与对策［J］．中国软科学，2015（2）．

③ 全永波．海洋管理学［M］．北京：光明日报出版社，2012．

业性管理活动的取代，因此，管理体制的完善也不是谋求通过设立统一的海岸带管理部门替代其他行业性管理部门。海岸带管理的最终目标是维护生态系统的完整性，使其能够更好地为社会经济的发展提供服务。因此，在既有管理分工的基础上，必须建立一个高效、可操作的协调机制。可以考虑设立一个国家层面的协调机构，由涉及海岸地区资源管理的各部部长和各机构的领导参加，负责协调各机构对“陆海统筹”原则的执行以及协调相关机构在实施过程中遇到的矛盾冲突。①

2013 年，中央新设立了海洋政策协调领导机构——国家海洋委员会，建议沿海各省（市）、地级市也相应成立地方海洋委员会。着手建立跨越海陆部门行政权界、跨越各省市的行政边界的行政管理体制，强化地区间的合作与交流，并通过相应的政策激励与约束手段，形成推动陆海统筹发展的合力和长效机制。

（2）建立公众参与海岸带管理的机制。公众参与是国外海岸带管理的重要方面，海岸带综合管理机制不是各有关环境要素规范的简单组合，它涉及统筹资源开发、基础设施建设、自然灾害预防、水源水质保障以及公众对近海港口、文化、审美生态、价值的需求和享用，构成一个动态的运作机制。因此，许多国家在法律中明确要求地方海岸带管理计划中必须包含不同利益相关者、专业人士和政府机构合作交流的程序和平台，以推动海岸带利用水平的不断优化和改善。美国《海岸带管理法》规定了详细充分的保障公众参与海岸带管理活动的听证会制度，规定各州必须建立适当的公示和与之有关的公共听证会。② 在制定海洋空间规划的过程中，美国的马萨诸塞州前后组织了 18 次听证会，广泛征求了各类利益相关者的意见看法（听证会基本上完全开放，所有有兴趣的人员均可参加）。比利时在制定北海地区总体规划过程中，启动为期 6 个月的不间断会议和采访，对象覆盖不同部门和利益群体，收集到丰富的空间数据和信息，充分了解各个部门或领域的期望和机会。德国和荷兰都要求将海洋空间规划草案提供给公众查阅，并邀请公众对相关的空间管理措施做出评价。③ 2008 年，欧洲最大的围填海工程“Maasvlakte 2”开始在荷兰鹿特丹港动工，在动工之前，该项目经过了长期的规划、研究和决策过程，政府、鹿特丹港务局、环保组织和公众之间进行了多方交流，最终协调了各方利益。④

公众参与海岸带管理能够提高管理活动的科学性。首先，长期生活在海岸带区域的公众对当地情况比较了解，能为管理部门提供有价值的信息，提高决策的科学性。其次，作

① 董跃，姜茂增．国外海岸带综合管理经验对我国实施“陆海统筹”战略的启示［J］．中国海洋大学学报（社会科学版），2012（4）．

② 16 U. S. C. § 1457，原文：All public hearings required under this chapter must be announced at least thirty days prior to the hearing date. At the time of the announcement, all agency materials pertinent to the hearings, including documents, studies, and other data, must be made available to the public for review and study. As similar materials are subsequently developed, they shall be made available to the public as they become available to the agency.

③ 许莉．国外海洋空间规划编制技术方法对海洋功能区划的启示［J］．海洋开发与管理，2015（9）．

④ 中国海洋可持续发展的生态环境问题与政策研究课题组．中国海洋可持续发展的生态环境问题与政策研究［M］．北京：中国环境出版社，2013．

为一种监督方式，公众参与机制可以有效避免管理部门决策的随意性。最后，公众参与海岸带管理，可以使管理结构的决策反映大多数人的意志，更好地平衡各方利益，增加公众对管理活动的认同，有利于海岸带管理法律法规的实施。①

陆海统筹战略的实施，不仅仅是管理理念上的转变，因其管理内容的多样性和复杂性，如果没有专业化的教育与培训，管理人员将很难在管理中实现陆海统筹战略的基本要求。因此，我国需要考虑通过相关的培训以加强现有各级政府机构中管理者的能力，确保管理者以及学生受到良好的培训，增强各级管理人员基于“陆海统筹”原则管理海岸地区经济、社会与环境的能力。

第三节　生态系统管理原则

生态系统管理（Ecosystem Approach）思想源于传统的林业资源管理和利用，其基本要素是提倡从生态系统整体性的特点出发来促进资源的保护和可持续利用。20 世纪 60 年代以后，随着生态学对生态系统研究的逐步深入以及公众环境意识的逐渐觉醒，越来越多的学者认识到在环境保护和资源管理过程中遵从生态系统整体性的重要意义。

一、生态系统管理的发展

20 世纪 80 年代初期，生态系统管理的概念开始在美国得到广泛认可。1982 年第三次联合国海洋法会议通过的《联合国海洋法公约》（以下简称《公约》）意识到，需要把海洋环境作为一个整体考虑，以生态系统整体分析的方式对海洋进行管理。② 1988 年，Agee 和 Johnson 指出生态系统管理涉及生态系统内部的结构和功能、输入和输出所进行的调控，认为生态系统管理应包含生态学上定义的边界、明确的管理目标、管理者间的合作、监测管理结果、国家政策层次上的领导和公众参与这六个层面。1992 年召开的联合国环境与发展大会通过的《里约宣言》原则 7 提出，“各国应本着全球伙伴精神，为保存、保护和恢复地球生态系统的健康和完整进行合作”，呼吁各国从维护生态系统的整体性角度出发，开展国际环境合作。之后，生态系统管理逐渐在实践中成为一种政策性工具。

2002 年，美国海洋政策委员会和民间私立的皮尤海洋委员会提出了以生态系统为基础，改善区域海洋管理的政策理念，标志着海岸带综合管理进入了区域海洋管理阶段，其主要特点是以生态系统为基础的、综合的区划管理。美国学者约翰 R. 克拉克也认为，“海

① 任一平，李升，等．我国海洋功能区划中的公众参与及其效果评价［J］．中国海洋大学学报（社会科学版），2009（1）．

② 《联合国海洋法公约》在序言中指出：that the problems of ocean space are closely interrelated and need to be considered as a whole.

岸带管理计划必须与生态学理论一致，并要符合所管理生态系统的特征”。[①] 2004年美国海洋政策委员会及美国政府在《美国海洋行动计划》等报告和规划中都将生态系统管理原则作为美国海洋管理的基本指导原则。[②] 目前，基于生态系统管理的理念已经融入到美国海洋管理立法与政策之中。

目前，生态系统管理原则已被为数众多的国际法律文件所认可，如《公约》（第五、第十一和第十二部分的协定）、《执行1982年〈联合国海洋法公约〉有关养护和管理跨界鱼类种群和高度洄游鱼类种群之规定的协定》[③]、《21世纪议程》、1995年的联合国《负责任渔业行为守则》以及《保护海洋环境免受陆地活动影响全球行动纲领》等[④]。

二、生态系统管理的内涵

人类需要依靠海洋和海岸带的各种功能实现发展，生态系统管理理念就源自于这种对于人类福祉与生态环境的健康密不可分的认识。海岸带系统可以为我们提供宝贵的自然服务或生态系统服务。为了维护自身的长远利益，我们必须以可持续的方式对海岸带功能及其生产力实施管理。尽管生态系统管理理念已经被广泛认可，但还没有形成一个严格的科学定义。根据《生物多样性公约》缔约方大会第5次会议第6号决定和第7次会议第11号决定，生态系统管理有以下几方面的含义。[⑤]

（1）生态系统管理是综合管理土地、水和生物资源，公平促进其保护与可持续利用的战略。生态系统管理的应用有助于人们平衡《生物多样性公约》的三大目标：资源保护和可持续利用并公平分享基因资源利用所得的惠益。可见，生态系统管理的目标已经不限于传统“保护区”的物种保护，确保可持续利用和利益的公平分享也是它的追求。

（2）生态系统管理所依据的是适宜的科学技术，重点放在各级生物组织，涉及生物组织与其环境之间的基本进程、功能和交互作用。它确认人类，以其文化的多样性是各系统整体的组成部分。也就是说，生态系统管理以对生态进程的科学了解为基础，管理方案的制定、修改、管理措施的实施都应遵循科学规律。

（3）《生物多样性公约》第2条对“生态系统”的定义为：生态系统指“包括植物、

① ［美］约翰R. 克拉克. 海岸带管理手册［M］. 吴克勤，杨德全，盖明举译. 北京：海洋出版社，2000.

② 孟伟庆，胡蓓蓓，刘百桥，等. 基于生态系统的海洋管理：概念、原则、框架与实践途径［J］. 地球科学进展，2016（5）.

③ 该协定序言中指出：need to avoid adverse impacts on the marine environment, preserve biodiversity, maintain the integrity of marine ecosystems and minimize the risk of long-term or irreversible effects of fishing operations.

④ 郭振仁. 海岸带空间规划与综合管理——面向潜在问题的创新方法［M］. 北京：科学出版社，2013.

⑤ Decision V/6, Ecosystem approach, available at: https: //www. cbd. int/decision/cop/default. shtml? id = 7148 2017-4-26. Decision VII/11 , available at: https: //www. cbd. int/decision/cop/? id=7748, 2017-04-26.

动物和微生物群落和它们的无生命环境作为一个生态单位交互作用形成的动态复合体”①。与《生物多样性公约》的另一用语“栖息地”（habitat）相比，生态系统并不限定特定的空间范围，也不对应于“生物群落”（biome）或“生态区”（ecological zone），而是可用来指任意大小的功能单元，如一个池塘、一片森林或整个生物圈。可见，采用生态系统管理的保护地固然也有地理边界，但管理者在制定、实施管理措施的过程中目光应当超越这个空间范围。

（4）生态系统管理要求以可适应性管理（adaptive management）应对生态系统的复杂性和变化性、相关知识的欠缺以及对生态系统功能理解的不完备。生态进程经常是非线性的，具有滞后性，其结果往往不确定。为了应对不确定性，生态系统管理是适应性的，带有“摸着石头过河”（learning-by-doing）的色彩，同时要求科学研究的反馈。有时候，即使科学上的因果关系尚未确定也需要采取行动。

（5）生态系统管理并不排斥其他管理和保护方法：如生物圈保护（biosphere reserves）、保护区（protected areas）、单个物种保护计划（single-species conservation programme）以及根据现行国家立法框架和环境政策采取的其他措施，而且生态系统管理提倡把这些方法整合起来以应对复杂的局势。由于依赖于地方、省（邦）、国家、区域或全球条件，所以也不存在单一的、实施生态系统管理的方法。

基于生态系统的海岸带管理的基本内涵，是充分考虑海岸带生态系统的整体性与内在关联性，在科学认知海岸带生态系统结构与功能的基础上，对海岸带资源开发活动、海域使用进行全面管理，以保护海岸带健康和维持其生态系统服务功能，实现海岸带资源的可持续利用和区域经济的可持续发展。

三、实施生态系统管理的指导性原则

为了实现可持续发展目标，生态系统管理必须遵循一定的指导性原则。根据《生物多样性公约》缔约方大会第 4 次会议第 1 号决定、第 5 次会议第 6 号决定、第 6 次会议第 12 号决定、第 7 次会议第 11 号决定等②，生态系统管理的指导性原则包括以下一些内容。

（1）土地、水和生物资源管理的宗旨是社会选择问题。生态系统管理要求有明确的管理目标，并保证利益相关者有公平的能力和机会充分参与管理决策。人类社会具有多样性，不同的人与自然有着不同类型和不同风格的关系，人们总是强调各自的经济、文化和

① 《生物多样性公约》第 2 条，见：王曦．国际环境法资料选编［M］．北京：民主与建设出版社，1999. 原文："Ecosystem" means a dynamic complex of plant, animal and micro-organism communities and their non-living environment interacting as a functional unit.

② Available at：https：//www. cbd. int/decisions/cop/，2017-04-26.

社会利益与需要，因而生态系统管理宗旨的确定实际上是不同利益相关者[1]谈判和交易的过程，即是一个社会选择的过程。

（2）应将管理权下放到适当的最低一级。首先，权力下放有助于提高工作效率和公平性。其次，生态系统管理涉及许多社区，它们的利益可能一致、互补，也可能互相冲突，恰当的管理级别有利于维持这些利益之间的相对平衡。最后，管理越贴近生态系统，责任就越明确，对当地知识的利用就越多。这一原则对管理体制提出了很高的要求，它要求这一体制既能确保特定管理方面的决策可以由最适当代表有关社区的机构制定，而且还能促进不同管理机构之间的良好沟通和同一管理机构不同级别之间的相互支持。

（3）生态系统管理者应考虑其活动对邻近的及其他生态系统的影响。生态系统不是一个封闭的系统，它相当开放，而且往往与其他生态系统相联系，这使得对生态系统功能的影响很少局限于影响点本身或本系统内部。

（4）我们应当从经济的角度理解和管理生态系统。获取经济利益与生物多样性的保护和环境质量的改善并不矛盾，问题在于经济系统往往不顾及生态系统的许多价值（这些价值经常是无形的），从而造成了市场扭曲并导致环境受到伤害。生态系统管理方案则应减少威胁生物多样性的市场扭曲；调整奖励措施以促进生物多样性保护和可持续利用；使特定生态系统的成本和利益内部化。

（5）保护生态系统的结构和机能以维持生态系统服务，是生态系统管理的优先目标。生态系统的机能（functioning）和复原力（resilience）取决于物种内、物种间和物种以及非生物环境间的动态关系，生态系统管理的首要目标是保护和酌情恢复这些相互作用和进程，而不是单纯保护某一物种。这就要求我们加强科学研究以提高对生态系统的构成、结构和功能间相互关系的认识。

（6）生态系统管理必须以其自然机能为界限。生态系统能够容忍的干扰是有限度的，所以对生态系统的要求不能逾越这一限度。如果超过这一限度，生态系统的构成、结构和机能就会发生巨大变化甚至会导致生物多样性的丧失。鉴于我们当前还不能明确这些限度，生态系统管理应适当谨慎并采取适应性的管理方法（adaptive management approach）。

（7）应在适当的时空范围内实行生态系统管理。生态系统管理必须在适当的尺度（spatial and temporal scales）内进行才能成功。恰当的管理范围取决于系统的结构、生态系统利用的目标（规划）、自然干扰（如火、洪水和滑坡）的范围、相关生物学过程（例如疾病、放牧和繁殖）等。同时应当强调管理措施应跨越这些范围，即管理方案应能够促进管理单元与相邻单元之间的协调。

（8）认识到生态系统进程特点的不同时间范围和滞后效应（lag-effects），应从长远考

① 利益相关者是指利用、影响生态系统或者在生态系统中有利益的那些人。——作者注

虑制定生态系统管理的目标。由于生态系统进程具有滞后效应①，管理者拟订管理计划时应明确考虑时间问题，特别应考虑长期进程并为此做好规划。而且时间尺度还涉及代际权益问题，我们应避免对后代的资源利用造成严重损害。

（9）管理必须认识到变化的必然性。生态系统是动态的，永远不会处于静态平衡或原始状态，它们无时不在变化。除了人类活动带来的一些变化之外，生态系统的管理者阻止不了其中的大多数变化。当然，采取生态系统管理的方法有可能减缓变化，鼓励带来某种好处的变化，或者适应这种变化。生态系统的这种特性要求管理方法必须灵活且具有适应性，所以生态系统管理应包括一个学习进程，以帮助调整方法、改进管理和监测。

（10）生态系统管理应寻求生物多样性保护与利用间的适当平衡与统一。生物多样性在提高人类最终依赖的生态系统商品和服务方面发挥了关键作用。资源保护并不意味着人类将变成不食不饮的神灵，生态系统管理强调将人类社会价值整合进生态系统，从而实现资源保护与可持续利用之间的统一。

（11）生态系统管理应考虑所有形式的有关信息，包括科学知识、土著知识、创新做法和常惯做法。有效的生态系统管理必须基于自然的法则，在理想状况下，生态系统管理所采取的行动应该以对系统的物理、化学和生物结构以及不同组分之间相互作用的透彻了解为前提。由于人类认识能力的局限性，我们不能穷尽管理所需要的所有信息，这就决定了生态系统管理是以现有的信息为依据、对生态系统状况和管理效果进行持续监测并将其反馈到未来的行动和政策中的管理过程。

（12）生态系统管理应让所有社会有关部门和学科参与。生态系统受土地利用、社区和传统等多种因素的影响。生态系统管理试图通过影响、控制生物学过程达到创造或保持人类所期望的生态条件。这就要求管理者建立一支包括水文学、生物学、农学、林学、物理学、法律等不同学科的专家队伍，以提高信息收集和分析能力。生态系统管理涉及大量的利益相关者，所以必须综合各部门利益进行决策以求制订合理的、可执行的计划。

对于日益严峻的环境问题，生态系统管理并不预示着出现一个“最佳”的解决方案，在某种意义上可以说，生态系统管理实际上是一种要求对问题的解决方案予以持续改进的思考方法：即信息收集和分析—确定可持续的管理方案—方案实施效果的评估—方案的修正，如此循环往复，从而使管理方案不断得到改进。

① 如渡渡鸟灭绝300年后，由于某一树种（Calvaria major）的大片林地开始消失，人们才发现渡渡鸟对该树种更新的重要性。参见：[美] K. A. 沃科特，J. C. 戈尔登，等. 生态系统——平衡和管理的科学 [M]. 欧阳华，王政权等译，北京：科学出版社，2002.

四、生态系统管理原则与海岸带管理

生态系统管理以生态学尤其是生态系统生态学理论为原理，一方面强调生态系统结构和功能的重要性，健康的生态系统是社会和经济得以持续发展的基础；另一方面强调人类是生态系统的重要组成部分。生态系统管理的方法就是将人类社会和经济的需要纳入生态系统中，协调生态、社会和经济目标，将人类的活动和自然的维护综合起来，维持生态系统健康的结构和功能，在此基础上使社会和经济目标得以持续，既实现生态系统的持续发展，又实现经济和社会的持续发展。从这个意义上说，生态系统管理的对象包括人类社会、经济以及自然这三个紧密联系的组成部分，也是一类“社会-经济-自然”复合生态系统。海岸带是典型的社会-经济-自然复合生态系统，人类社会与生态系统的相互作用显著，海岸带综合管理的根本目标是实现海岸带的可持续发展，既实现自然资源的最佳持续利用——社会和经济目标，同时保护海岸带的生物多样性和关键生境——生态系统目标。可见，海岸带综合管理的理念与生态系统管理的理念十分接近，都是在维持可持续的生态系统的同时，支撑可持续发展的经济和社会，实现生态系统与社会经济系统间的平衡。开展海岸带综合管理需要以生态系统管理为基础，原因如下。

（1）海岸带综合管理应以生态学为科学依据，而采用生态学的方法能够使生态学作为海岸带综合管理的科学依据得以体现。

（2）生态系统管理与海岸带综合管理具有十分类似的概念和目标，都以实现人类社会、经济和自然的共同持续发展为根本，都强调人类是生态系统的重要组成部分，强调将人类活动纳入生态系统中进行管理。

（3）海岸带综合管理的主要不足是管理工具和科技支撑力量不足，生态系统管理可以为实现海岸带的可持续发展提供一种管理思路和运行框架，并且生态系统管理具有明确的管理过程，可操作性强，可以很好地与海岸带综合管理规划的具体实施过程相结合。

生态系统管理并不能取代海岸带综合管理，这是由于生态系统管理仅以维护生态系统的结构和功能为重点，不能满足提高人民生活质量的需求。海岸带综合管理的主要目标是促进海岸带资源的可持续利用、控制污染、保持海岸带区域的生物多样性、提高人类福祉①，这与生态系统管理所追求的目标高度契合。遵循生态系统管理原则，更有利于实现海岸带综合管理的目标，也符合社会发展和国际环境保护潮流。

① ［美］约翰 R. 克拉克．海岸带管理手册［M］．吴克勤，杨德全，盖明举译．北京：海洋出版社，2000.

哥伦比亚海葵海洋保护区——基于生态系统的多重目标管理①

圣安德列斯岛上有着加勒比地区最大的珊瑚礁，它是依赖珊瑚礁生态系统的当地居民的生存之地，为居民提供食物和其他服务。为管理此处的生态系统及其提供的资源，区域自治政府当局 Coralina 采用了一种综合性管理方法：在保护群岛居民的生计和土地使用权的同时保持生物多样性。

Coralina 政府采用的管理方法的目标都是一致的：健康的生态系统和资源的可持续利用（渔业资源、旅游资源）应协调发展。2005 年，Coralina 政府划定了一个 6.5 万平方千米的海葵海洋保护区。保护区内某些区域禁止捕捞；在其他一些区域，则允许发展家庭渔业和由当地机构管理的旅游业。Coralina 政府建立了一套监管制度，旨在管理商业捕捞、旅游业和其他珊瑚礁使用行为。此外，Coralina 政府做了大量工作以帮助当地社区明确生态系统健康对人类健康的重要性。

五、美国《海岸带管理法》与生态系统管理原则

美国《海岸带管理法》中有少数条款体现了生态系统管理理念。该法第 302 条宣示：“人类活动，导致海岸带区域的生境、鱼类、贝壳类、其他海洋生物资源以及野生生物在生态学意义上日益脆弱。”② 第 303 条规定：“……鼓励各州在海岸带有效地履行职责……充分考虑（海岸带）的生态、文化、历史、美学价值以及适当的经济发展需要……”③《海岸带管理法》经过多次修订，作为美国联邦层面海洋与海岸资源管理最有影响的法律文件，没有充分体现生态系统管理理念是其一大缺憾。

2009 年 1 月，美国环境法协会发布《扩大海洋生态系统管理在海岸带管理法中的作用》，提出了美国环境法协会对修订《海岸带管理法》的建议。主要包括重新界定相关概念、生态评估机制、海岸带管理规划、特殊区域管理计划、沿海州际间合作机制以及海洋和海岸利用活动冲突解决机制方面融入生态系统管理理念。④

（1）为了促进基于生态系统管理的海岸带管理规划，《海岸带管理法》应在两方面做出重大修改。首先，建立大海洋生态系评估，要求沿海州应当与国家海洋与大气管理局或

① 郭振仁. 海岸带空间规划与综合管理——面向潜在问题的创新方法［M］. 北京：科学出版社，2013.

② 原文：The habitat areas of the coastal zone, and the fish, shellfish, other living marine resources, and wildlife therein, are ecologically fragile and consequently extremely vulnerable to destruction by man's alterations.

③ 原文：to encourage and assist the states to exercise effectively their responsibilities in the coastal zone through the development and implementation of management programs to achieve wise use of the land and water resources of the coastal zone, giving full consideration to ecological, cultural, historic, and esthetic values as well as the needs for compatible economic development…

④ Adam Schempp. 美国环境法协会发布《扩大海洋生态系统管理在〈海岸带管理法〉中的作用》白皮书［J］. 中国海洋法学评论，2009（2）.

其他州协作实施州海岸地区的生态评估。沿岸州向联邦主管部门提交的海岸带管理规划应充分考虑任何一个活动对海岸资源的累积效应。其次，强化国家海洋与大气管理局海岸服务中心收集和分析最新资料的作用，由其负责海洋生态系统评估，致力于提出实用的解决方法。

（2）基于生态系统管理理念对《海岸带管理法》的一些核心范畴进行重新界定，使其以生态系统评估为基础或以美国地质调查局水文单位定义的分水岭为基础，或国家海洋与大气管理局海岸评估框架中的海岸部分为基础。首先，修订该法中有关“海岸带”的定义①，以确保基于生态系统管理的界限的科学划定。其次，对该法中“土地利用”②、“水域利用”③ 进行修改，使其涵盖资源保护行为，如可将“土地利用”定义为“在海岸带的滨陆内或其上进行的保护、开发或其他活动”，将“水域利用”定义为“在海岸带的水域内或其上保护、开发或其他活动”。

（3）将沿海州制订以生态系统评估为基础的长期管理计划作为批准规划的条件。为了更好地贯彻生态系统管理理念，沿海州制定的海岸带管理规划应包括叙述性的、可量化的目标以及实现目标的确定方法，该规划应当包括管理目标、达到此目标的可衡量的目标、时间、预算、指定的领导机构以及实现目标的法定职权。

（4）要求沿海州承诺以生态系统评估为基础、对跨越州界的海岸带管理进行充分的合作，以促进生态系统管理的实施。生态系统管理的另一个特征是，考虑长期的不同使用活动和不同地区对海洋和海岸带的累积影响并使这种累积影响最小化。因此，生态系统管理意味着更多地采取预防性措施，《海岸带管理法》应要求沿海州评价开发、利用活动的累积影响，并在海岸带管理规划评估和许可评估时采取预防性方法。

（5）现行《海岸带管理法》规定实施海岸带管理规划的沿海州，应通过管理机构解决竞争性的利用活动之间的冲突，但没有要求沿海州建立解决此类冲突的机制。因此，美

---

① 美国《海岸带管理法》第 304（1）条规定：The term “coastal zone” means the coastal waters (including the lands therein and thereunder) and the adjacent shorelands (including the waters therein and thereunder), strongly influenced by each other and in proximity to the shorelines of the several coastal states, and includes islands, transitional and intertidal areas, salt marshes, wetlands, and beaches. The zone extends, in Great Lakes waters, to the international boundary between the United States and Canada and, in other areas, seaward to the outer limit of State title and ownership under the Submerged Lands Act (43 U. S. C. 1301 et seq.), the Act of March 2, 1917, (48 U. S. C. 749), the Covenant to Establish a Commonwealth of the Northern Mariana Islands in Political Union with the United States of America, as approved by the Act of March 24, 1976 (48 U. S. C. 1801 et seq.), or section 1 of the Act of November 20, 1963 (48 U. S. C. 1705), as applicable. The zone extends inland from the shorelines only to the extent necessary to control shorelands, the uses of which have a direct and significant impact on the coastal waters, and to control those geographical areas which are likely to be affected by or vulnerable to sea level rise. Excluded from the coastal zone are lands the use of which is by law subject solely to the discretion of or which is held in trust by the Federal Government, its officers or agents.

② 美国《海岸带管理法》第 304（10）条规定：The term “land use” means activities which are conducted in, or on the shorelands within, the coastal zone, subject to the requirements outlined in section 1456 (g) of this title.

③ 美国《海岸带管理法》第 304（18）条规定：The term “water use” means a use, activity, or project conducted in or on waters within the coastal zone.

国环境法协会提出的修订建议要求沿海州建立明确的评估、建议机制，并且在不同的部门和有竞争的利用者之间进行权衡。

可以预见，在未来《海岸带管理法》的修订过程中，生态系统管理原则将受到更多的重视，并影响包括该法在内的美国海洋管理法律的发展。

第四节　风险防范原则

海岸带是一个复杂的生态系统，人们对海岸带系统的生态过程、不同要素之间相互作用机理及有关信息的了解仍处于不断深化的进程之中，对一些重大问题的解答尚缺乏定论。如“渔业生态可持续水平是多少？开发程度多大是适宜的？人类活动对营养盐含量产生哪些影响？”[①] 这种不确定性极大制约了管理机构的管理能力。在获得充分知识之前，应如何决策？是否应当采取措施预防海岸带区域面临的潜在生态威胁？风险防范原则（Precautionary Principle）为海岸带管理法律制度提供了科学指引。

一、风险防范原则的产生及其发展

风险防范原则，我国学者亦称之为风险预防原则、谨慎原则等。[②] 风险防范原则产生于德国的《空气清洁法》[③]，最初旨在强调为了防止环境损害，应该事前进行预防以避免可能产生的危害，后来进入了国际环境法领域。1984 年联合国召开的国际北海环保会议促进了风险防范原则的发展。该会议通过的《伦敦宣言》对风险防范原则作了系统的表述：“为保护北海免受最危险物质的有害影响，即使没有绝对明确的科学证据证明因果关系，也应采取风险预防措施以控制此类物质的进入，这是必要的。”[④]

欧盟对风险防范原则的明确规定始于 1992 年通过的《马斯特里赫特条约》（Maastricht Treaty），也称为《欧洲联盟条约》（Treaties of the European Union），该条约被认为是风险防范原则在欧盟法典化的标志。[⑤] 风险防范原则产生之后，逐渐得到了国际社会的广泛重视和认可。

1992 年，联合国环境与发展大会发表的《里约宣言》原则 15 规定：“为了保护环境，各国应按照本国的能力，广泛适用预防措施。遇有严重或不可逆转损害的威胁时，不得以缺乏科学充分确实证据为理由，延迟采取符合成本效益的措施防止环境恶化”。该宣言对

① ［美］约翰·R. 克拉克．海岸带管理手册［M］．吴克勤，杨德全，盖明举译．北京：海洋出版社，2000.

② 彭峰．论我国气候变化应对法中谨慎原则之适用及其限制［J］．政治与法律，2010（3）.

③ 高秦伟．论欧盟行政法上的风险预防原则［J］．比较法研究，2010（3）．褚晓琳．风险预防原则发展历程的研究［J］．中国海洋法学评论，2007（1）.

④ 赵亚男．浅析国际环境法中的风险防范原则［J］．生态经济，2013（7）.

⑤ 王婉琳．欧盟风险防范原则的立法借鉴［J］．环境经济，2014（5）.

风险防范原则的发展具有里程碑的意义。此后，风险防范原则得到了很大的发展，到20世纪90年代，风险防范原则在很多的具有法律约束力和效力的国际会议或者是国际条约中都获得了承认。《生物多样性公约》在序言中规定："生物多样性遭受严重减少或损失的威胁时，不应以缺乏充分的科学定论为理由，推迟采取旨在避免或尽量减少此种威胁的措施。"可见，风险防范原则也是生物多样性保护的一项重要国际法原则。《气候变化框架公约》也贯彻了风险防范原则，该公约第3条第3款规定："缔约方应当采取风险防范性的措施预料、防止或使气候变化的原因最小化，并消除其不利后果。当存在严重或不可逆转的威胁时，充分的科学确定性的缺乏不应当用作延迟采取这样的措施的理由，同时考虑对付气候变化的政策和措施应当是符合成本的，确保以最低的代价获取全球利益。"

1992年签订的《跨界水道和国际湖泊保护与利用公约》第2条第5款规定："缔约方应遵循下列原则：（a）风险预防原则，据此，避免危险物质造成潜在跨界影响的行动不因科学研究尚未充分证实此类物质和潜在跨界影响之间存在因果关系而搁浅……"。[①] 1995年8月通过的《关于执行1982年12月10日〈联合国海洋法公约〉有关养护和管理跨界鱼类种群和高度洄游鱼类种群规定的协定》第6条第3款规定，各国应采用预防性方法养护和管理渔业资源。[②] 1995年10月联合国粮食及农业组织第28届大会通过的《负责任渔业行为守则》第6条也将预警方法作为负责任渔业的一般原则，指出各国、分区域和区域渔业管理组织，应根据可获得的最佳科学信息，普遍采取养护管理水生生物资源的预警方法；缺乏足够的科学资料不应成为推迟采取或不采取保护目标物种、与之相关联物种或依赖物种，以及非目标物种及其环境措施的理由。[③] 2000年《卡塔赫纳生物安全议定书》第10条对风险防范原则的适用条件进行了规定："在亦顾及对人类健康构成的风险的情况下，即使由于在改性活生物体对进口缔约方的生物多样性的保护和可持续使用所产生的潜在不利影响的程度方面未掌握充分的相关科学资料和知识，因而缺乏科学定论，亦不应妨碍该缔约方酌情就以上第3款所指的改性活生物体的进口问题作出决定，以避免或尽最大限度减少此类潜在的不利影响。"根据该规定，在缺乏科学确定性证据的情况下，如果认为进口行为会造成一定的风险，进口方可以禁止该改良生物体的进口。2000年1月，欧盟委员会公布了《关于风险防范原则的公报》，对该原则的适用进行了详细解释。[④]

二、风险防范原则的含义

关于风险防范原则的含义，学者们大多采用1992年《里约宣言》原则15的规定，即

① 王曦. 国际环境法资料选编［M］. 北京：民主法制出版社，1999.

② 薛桂芳. 国际渔业法律政策与中国的实践［M］. 青岛：中国海洋大学出版社，2008.

③ 褚晓琳，陈勇，田思泉. 基于可获得的最佳科学信息和预警方法的海洋自然资源管理研究［J］. 太平洋学报，2016（8）.

④ 王婉琳. 欧盟风险防范原则的立法借鉴［J］. 环境经济，2014（5）.

“为了保护环境，各国应按照本国的能力，广泛适用预防措施。遇有严重或不可逆转损害的威胁时，不得以缺乏科学充分确实证据为理由，延迟采取符合成本效益的措施防止环境恶化”。可见，风险防范原则的基本含义是指当存在不可逆转或严重的环境损害风险时，即使缺乏科学上的确切证据表明活动与损害结果之间的因果关系，也应当采取符合成本效益的防范措施减少潜在风险。该原则主要包括以下几个方面的要素。

（1）科学上的不确定性。科学上的不确定性是适用风险防范原则解决问题的前提。其主要是指目前科学家对于人类活动对未来各种可能的情况还不能给予充分肯定。由于这种不确定危险的存在，我们有理由采取预防措施避免这种危险的发生。科学上的不确定性主要表现在以下几个方面：第一，根据常理推断，一项活动应该会对环境产生威胁或损害，只是欠缺科学上确定的证据来证明该危险或风险能否发生；第二，某种风险将会发生或者可能已经发生，但是无法找到科学的证据来证明该风险的原因。在很多公约中，也都提到了科学不确定性，如《生物多样性公约》中的“缺乏充分的科学定论”，《伦敦宣言》中的“没有绝对明确的科学证据”，《气候变化框架公约》中的“充分的科学确定性的缺乏”等，都表明了在适用风险防范原则的过程中对“科学上的不确定性”的考虑。

（2）采取预防性措施。由于缺乏可获得的最佳科学信息，绝大多数的环境资源预测都存在不确定性。这意味着，风险防范原则的适用存在一个临界线——即阈值的问题。目前的国际条约和文件对阈值的规定，可以分为较高的阈值和较低的阈值。较高的阈值是指环境风险导致的潜在危害必须是重大的，否则就不应采取风险防范措施。较低的阈值是指对环境风险导致的潜在危害要求不高，只要达到合理的程度，就可以采取措施。阈值的确定实际上是风险与收益平衡的结果。

在海岸带管理领域，风险防范原则的适用阈值应较低，因为海岸带区域内的资源利用和开发基本上都属于风险损失大、持续时间长、影响范围广的活动。科学的局限性致使不可能完全预知人类活动对生态系统所造成的影响。因而，有必要认真评估人类活动影响，审慎制定管理决策，以预防对生态系统的危害。

（3）成本效益分析。对环境风险进行管理的过程中，如果过度强调风险防范原则，将可能牺牲其他社会福祉，因此，如果将其他社会、经济因素纳入考量，对具有科学不确定性的环境风险所采取的预防性措施，将会是一种高成本的风险管理模式。这种成本不仅包括采取某种预防措施的成本，还包括因为适用风险预防措施导致某项活动不能开展或者限制开展给社会发展、科技进步造成的损失。因此，应对拟采取的风险防范措施进行成本效益比较，对风险防范措施的实施进行分析、比较和平衡。在一些公约和国际环境法律文件中也体现了成本效益的思想，如《气候变化框架公约》中规定“同时考虑对付气候变化的政策和措施应当是符合成本的，确保以最低的代价获取全球利益”，《里约宣言》中明确指出“不得以缺乏科学充分确实证据为理由，延迟采取符合成本效益的措施”。

目前，生态系统的容纳能力和承受水平还不能完全为人类所知，所以在海岸带管理过程中，遵循风险防范原则的相关决策和措施应留出一定的生态空间，以作为生态系统养护管理和管理规划、方案疏漏的缓冲。

三、风险防范原则对于海岸带管理的意义

“风险防范原则”，本质上为人们提供了一种应对不确定性的决策模式，这种决策模式对于海岸带管理法律制度的构建具有重要的指导意义。

1. 海岸带生态系统复杂多变

海岸带生态系统具有复杂性和多变性。海岸带是横跨海岸线的陆海过渡带，拥有最富饶和最有价值的生物圈生境，包括河口、潟湖、沿岸湿地、珊瑚暗礁。海岸带蕴藏着巨大天然能源的自然动力机制场所，繁衍着大量的生物。据统计，目前已经查明的海洋物种数量多达 12.25 万种，还有很多海洋生物至今仍未为人知。海岸带生态系统是由陆地和近岸海域中的植物、动物和微生物群落及其生存环境相互作用构成的自然系统。海洋具有流动性，陆海之间相互作用强烈，这使得海岸带生物种群之间存在较强的相互依赖性，构成一个复杂的生物网。[①] 此外，海洋生物与海洋环境之间也存在紧密关联。海洋环境中的洋流分布和汇合、水团结构和移动都会对海洋生物数量、组成和栖息情况造成重要影响。这些交错复杂的关系很多都是尚未被人类探明的。

海岸带生态系统不仅复杂，而且多变。在一定时空范围内，海洋生物个体、生物种群以及海洋生物赖以生存的海洋环境都会随着时间推移而不断改变。这些变化可能是海岸带生态系统自身发生的时空变化，如一定时间内种群空间分布的变化和海洋环境条件季节与年度变化等，也可能是在诸如全球气候变化和人类活动等外因影响下所产生的一系列改变。[①]海陆之间的边界也不是固定不变的，随着潮汐潮落、月相、天文引力的季节变化、突发的海上风暴和河流泛滥而变化，管理者必须面对这种复杂性带来的不确定性。如果因为信息不足而推迟采取适当的行动，往往不可避免非常严重的结果。因此，海岸带管理应遵循风险防范原则，以促进管理目标的实现。

2. 海洋生态过程的难以观测性

海洋生态过程是海洋生态系统发生的物质生产和循环以及能量流动的一系列过程，具体包括生物个体或群落之间以及生物群体与周围环境之间发生的“平衡—失衡—再平衡”不断变化的动态过程。正因为海洋生态过程本身处于变化发展的运动状态之中，很多海洋生态过程，如食物网的形成变化、生物多样性维持、污染物在海洋中的迁移转化等都较为复杂且易变，很难进行直接测量以获取较为准确的数据资料。面临和应对不确定性，是海

① 褚晓琳，陈勇，田思泉．基于可获得的最佳科学信息和预警方法的海洋自然资源管理研究［J］．太平洋学报，2016（8）．

岸带管理的常态。

3. 人类行为的无法预测性

对于人类行为是否可以预测，一些科学家认为在当下信息化时代中所有人类活动都可被归于数字化、公式化和模型化。因而他们认为人类是习惯的产物，人类活动虽看似随意无序，却内含潜在规律，是可以被预测的。然而，人类活动又是不可以完全被预知的。人类是目前地球上最复杂的生物，人类社会具有很强的开放性和不均衡性，因而很多人类活动都是随机偶然的，其不可能像自然现象那样完全被量化、预测和控制。

总之，由于现实中这些局限因素的存在，人类很难完全掌握不断变化发展的海洋自然资源状况，也很难及时制定科学合理的资源养护管理决策，以全面实现预定的管理目标。风险防范原则有利于保障海岸带生态安全。导致海岸带生态不安全的最主要的原因包括社会、经济和环境发展的不可持续性、人类生产生活方式的不可持续性等。建立科学的、有助于海岸带社会、经济和环境可持续发展的规范和制度，避免由于人为原因引发的海岸带环境风险，保障生态安全，是风险防范原则的内在要求。

第五章　海岸带管理制度体系

用严格的法律制度保护生态环境，加快建立有效约束开发行为和促进绿色发展、循环发展、低碳发展的生态文明法律制度，强化生产者环境保护的法律责任，大幅度提高违法成本。建立健全自然资源产权法律制度，完善国土空间开发保护方面的法律制度，制定完善生态补偿和土壤、水、大气污染防治及海洋生态环境保护等法律法规，促进生态文明建设。

——《中共中央关于全面推进依法治国若干重大问题的决定》

海岸带地区一直都是全球人口密度最高、发展最快速的地区。改革开放以来，中国沿海地区经历了人类历史上规模最大的城镇化和工业化进程，海岸带承受了空前的压力和冲击。随着人口的急剧膨胀、资源短缺和环境恶化愈演愈烈，大规模的植被破坏、水土流失、土地盐碱化等使我国海岸带区域面临着极大的生态环境挑战。总体而言，海岸带面临的问题与压力可以分为以下几个方面：环境污染、资源过度利用、生物多样性保护等。实际上，海岸带生态系统具有整体性特征，上述三个方面也是密不可分。保护海洋生物资源，仅仅关注捕捞和利用是不够的，海洋污染、生境破坏等问题也对海洋生物的生存具有重要影响。

第一节　环境污染防治制度

一、人地关系分析

追溯人类文明史，人地关系一直是先哲们思考的主题之一。人脱胎于自然，是自然进化的产物，系自然进程中的一环。良好的自然环境是人类生存的基本条件，也是人类社会发展的物质前提。人类社会早期，由于生产力水平低下，人们以渔猎为生，对自然的开发利用极为有限，人地关系比较和谐。随着科技发展和生产力水平的不断提高，人类进入了农业社会、工业社会，通过生产劳动扰动自然进程的能力与强度都大大提高，当这种扰动破坏了自然系统对人类社会发展的支撑作用，甚至威胁到人类的生存基础时，人地关系就不可避免地紧张起来。从物质能量流动角度而言，人类的存在和发展依赖于通过生产劳动同自然系统进行的物质与能量交换，通过生产劳动人类又反作用于自然，使一定量的物质或能量返回到自然，引发了自然系统品质的下降，这就是环境污染。环境污染是自然的进程，更是一个社会的进程，它的根源在于一些主体在追求自身利益的过程中漠视社会公共利益和其他主体的私益。因此，人与人之间社会关系的紊乱才是人地关系紧张的根本原因，只有调适好社会关系，才能真正解决好环境污染问题。[①] 人地关系示意见图 5. 1。

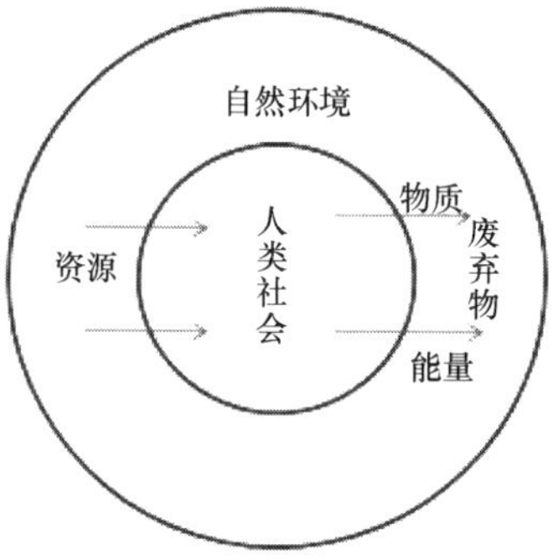

图 5. 1　人地关系示意

法律是一种行为规则，是社会关系的调整器。法律关注的焦点是主体的行为。对自然品质产生影响的主体行为统称为环境行为，可以归纳为三种：其一，环境污染行为，即向环境中排放物质或能量，导致环境品质下降的行为，现实生活中这种行为的主体主要是企业；其二，生态保育行为，即植树造林、建造人工湿地等改善环境品质，提高特定区域环境容量[②]的行为；其三，资源利用行为，指主体从自然中获取生产资料和生活资料的行为，如从地表水体取水、从地下采矿等。

社会关系是在人类改造自然、改造社会的实践活动中形成并日益深入和扩展的。通过环境污染行为，排污主体与其他主体形成了两种社会联系。一是“排污主体-群体”之间的关系。排污主体为谋取个体利益的最大化，向自然环境不适当地引入了物质或能量，导致环境恶化，侵蚀了自然系统对人类社会生存与发展的支撑能力，引发排污主体个体利益与局部群体利益（人类整体利益）之间的冲突。[③] 这种社会联系可以表示为“排污主体-自然-群体”。二是通过自然媒介产生的“排污主体-其他主体”之间的紧张关系。例如向大气中排放高浓度有害气体，导致周边一定区域农业减产、人体健康受到损害。这种社会联系可以表示为“排污主体-自然-其他主体”。在上述两种社会关系中，其他主体、群

① 王雨辰．当代生态文明理论的三个争论及其价值［J］．新华文摘，2012（23）．

② 环境容量（Environment Capacity）是在人类生存和自然生态系统不致受害的前提下，某一环境所能容纳的污染物的最大负荷量，包括绝对容量和年容量两个方面，前者是指某一环境所能容纳某种污染物的最大负荷量，后者是指某一环境在污染物的积累浓度不超过环境标准规定的最大容许值的情况下，每年所能容纳的某污染物的最大负荷量。此处的环境容量指绝对容量。

③ 向河流排放水污染物，导致某一河段水质恶化，使得污染河段渔业、航运、休闲旅游、地下水质等公共利益受到损害，引发个体利益与局部群体利益的紧张。工业活动向大气中大量排放温室气体，助长了气候变化趋势，引发了个体利益与人类整体利益的冲突。

体、人类整体都具有利益受到损害这一特征，可以通称为“受害主体”。可见，在环境污染的法律应对中需要关注三个焦点，即排污主体、自然以及受害主体。

二、环境污染的制度性原因

在制度经济学的视野中，环境污染是经济活动负外部效应的表现形式。外部效应，指“一个人或企业的行为影响了其他人或企业的福利，但是却没有激励机制使产生影响的人或企业在决策时考虑这种影响”。[①] 例如在一条河流的上游有一家造纸厂，下游有一家水上游乐场。上游的造纸厂向河流中排放污水，会导致河流下游水质下降，影响水上游玩场的经济效益。[②] 由于在市场机制的自发作用下，上游的造纸厂不用承担这笔损失，所以造纸厂在生产决策过程中，不会考虑其经营活动对下游娱乐场经济效益的影响。

图 5.2 为外部效应示意图[③]，表示一个排污主体（以下简称厂商甲）在生产活动中因排放污染物引发的外部效应。其中，MPC（Marginal Personal Cost）是边际私人成本曲线，代表厂商甲在不同的生产总量条件下再增加一个单位产品产出引起的私人成本的增加量；[④] MSC（Marginal Social Cost）是社会边际成本曲线，代表社会为增加生产一个单位产品所需要付出的费用；社会边际成本等于边际私人成本与边际外部成本之和；MPB（Marginal Personal Benefit）是私人边际收益曲线，代表增加一个单位产品的消费给厂商甲带来收益的变化趋势。在特定的技术条件下，厂商甲只能通过削减生产总量降低外部效应。由于环境具有自净能力，能够净化一定量的污染物质，此时外部成本为零，所以 MSC 与 MPC 的初始阶段是重合的。

如图 5.2 所示，MSC 与 MPC 相交于 C 点，对应的横坐标为 Q_1；MSC 与 MPB 相交于 B 点，对应的横坐标为 Q_2；MPC 与 MPB 相交于 A 点，对应的横坐标为 Q_3。当产量小于 Q_1 时，厂商甲向环境中排放的污染物总量没有超过环境容量，表明进入自然环境的污染物质会通过一系列复杂的物理、化学过程被分解或吸附，自然系统的品质没有下降，环境污染没有发生，此时外部效应为零。当厂商甲的产量大于 Q_1 时，表明进入自然环境的污染物总量超过了环境容量，自然系统的品质下降，环境污染开始出现。根据微观经济学原理，考虑外部效应时，厂商甲最有效率的产量水平为 Q_2。这意味着，虽然厂商甲在 Q_1 与 Q_2 之间的生产活动会导致环境污染，但这部分生产活动提高了社会整体福利水平，符合效率原则，因而不应当予以消除。由于厂商甲在生产决策中仅考虑其私人成本，所以厂商甲会将产量扩大到 Q_3，因为只有在这一点上，边际私人成本等于边际私人收益，才能实现私人收益的

① 张帆．环境与自然资源经济学［M］．上海：上海人民出版社，1998．
② 汪劲．环境法律的理念与价值追求［M］．北京：法律出版社，2000．
③ 邹骥．环境经济一体化政策研究［M］．北京：北京出版社，2000．
④ ［美］曼昆．经济学原理［M］．梁小民，梁砾译．北京：北京大学出版社，2009．

最大化。可见，在外部效应存在的条件下，市场机制发生了扭曲，因为从社会整体利益而言，厂商甲在 Q_2 与 Q_3 阶段的生产活动是无效率的，导致了社会整体福利水平的下降。

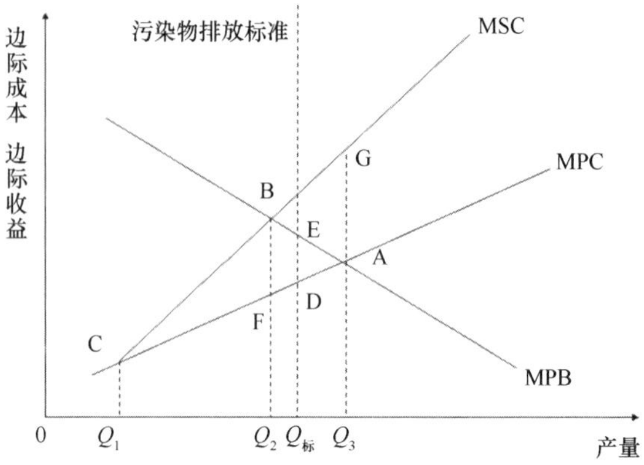

图 5.2　污染物排放外部效应示意

综上所述，在市场条件下，由于缺乏外部效应内部化的机制，厂商甲会生产产量为 Q_3 的产品，此时外部成本（污染）的总量等于三角形 ABC 的面积。

三、防治污染的几种法律路径

由于环境污染是因为经济活动的外部效应所引发的，所以防治环境污染，就必须建立能够将排污主体的外部成本予以内部化的规则体系。从前文的人地关系分析可知，这种规则体系的建构应该围绕排污主体、自然以及受害主体三者展开：①使排污主体主动或被动削减污染物的排放，预防污染的发生，减少增量污染。②为污染受害主体的权利救济提供便捷、科学的法律渠道，平衡主体间的利益结构。③激励自然生态保育行为，这包括两个方面，一是推动污染治理，降低存量污染；二是通过造林种草、疏通河网等活动主动改善自然生态的品质。上述三个目标的实现，有赖于法律分别以行为主体、受害主体以及自然为规制或保护对象所进行的制度设计。当前我国的环境污染防治法律制度，其目的都可以直接或间接归结于以上三者。如污染物排放标准、排污许可证制度等属于对排污主体行为的直接规制；环境侵权民事责任，与污染受害主体的权利救济直接相关；环境责任保险则是现代大工业条件下环境侵权民事责任的社会化机制，它是污染受害主体权利救济制度的逻辑延伸，与之间接关联。

（一）对排污主体行为的规范

环境污染的直接原因是排污主体不适当地向自然系统中引入了有害的物质或能量，因此规范排污主体的环境行为是法律层面应对环境污染的首要选择。在我国当前经济社会条件下，排污主体主要指的是企业等经济活动主体。

1. 排污规制

排污规制属于“命令-控制”型环境保护手段①，指对主体的排污行为或生产行为设定标准或限值，以求实现外部成本的内部化。主体生产活动外部成本的内部化可以分为主动式和被动式两种。主动式外部成本内部化，指排污主体为了追求自身经济利益的增加而自愿减少污染物的排放。例如，在排污权交易制度框架下，由于排放指标可以转让谋利，主体会主动减少污染物排放以获得富裕指标。被动式外部成本内部化，指由于外部约束（法律）的存在，主体为了避免经济损失而非自愿地减少污染物的排放。例如，《中华人民共和国水污染防治法》第 74 条规定：“……排放水污染物超过国家或者地方规定的水污染物排放标准，或者超过重点水污染物排放总量控制指标的……处应缴纳排污费数额二倍以上五倍以下的罚款。”企业为了避免行政处罚（罚款）而减少污染物的排放，即属于外部成本的被动式内部化。

排污规制对于排污主体来说是一种典型的外部约束。这类规则体现为义务性规则，在内容上规定主体排污行为的法律标准和义务，即主体应当做或不应当做某种行为。这些规则本身并不包含经济内容，但违反其设定的法律义务，可能引发排污主体经济利益受损的法律后果。如《中华人民共和国水污染防治法》第 9 条规定：“排放水污染物，不得超过国家或者地方规定的水污染物排放标准和重点水污染物排放总量控制指标。”排污主体违反本条设定的法律义务，超标排放，将导致该法第 74 条所设定的“缴纳排污费数额二倍以上五倍以下”罚款的法律后果。如图 5. 2 所示，图中的污染物排放标准曲线代表了国家通过排污标准对厂商甲施加的外部约束，其对应的产量为 $Q_{标}$。在缺乏外部约束的情况下，厂商甲的产量为 Q_3。从 $Q_{标}$ 到 Q_3 这一阶段，厂商甲增加的收益为三角形 DAE 的面积。如果法律责任（以罚款为例）的设定足够科学，罚款总额应大于厂商甲实施超标排污行为所增加的收益，这意味着不履行法定义务时厂商甲的经济利益将遭受损失，作为经济人，厂商甲的理性选择是将生产规模控制在 $Q_{标}$。可见，排污规制可以促使主体减少污染物的排放，实现外部成本的被动式内部化。

排污规制是最早出现的一种应对环境污染的法律手段。“殷之法，刑弃灰于街者”②，说明我国早在奴隶制社会时期就已经采用了排污规制手段来应对污染。在污染防治法律体系中，实现排污规制的法律制度大量存在，除了前文提及的污染物排放标准以外，还包括不可交易的污染物排放许可证制度③、三同时④制度、重点污染物总量控

① 周珂. 环境与资源保护法学［M］. 北京：中国人民大学出版社，2007.

② 见《韩非子·内储说上》，转引自：金瑞林. 环境法学［M］. 北京：北京大学出版社，2002.

③ 排污许可证制度指向环境排放各种污染物的单位或个人，都必须事先向环境保护部门办理申领排污许可证手续，经环境保护部门批准后获得排污许可证后方能向环境排放污染物。

④ “三同时”指建设项目中防治污染的设施，必须与主体工程同时设计、同时施工、同时投产使用。

制制度、落后生产设备与工艺淘汰制度、排污申报登记制度、现场检查制度等。《中华人民共和国刑法》第 338 条规定的污染环境罪也属于排污规制范畴，只是法律责任更为严厉而已。

2. 经济激励

与具有“命令-控制”特征的排污规制相对应的是以引导为标志的经济激励措施。企业是资本追求增值的重要组织形式，经济激励在预防、纠正企业的排污行为方面，作用无可替代。① 经济激励方法，即利用价格、税收、信贷投资等经济杠杆对排污主体的环境行为进行引导，诱导排污主体减少污染物的排放。排污收费是一种典型的经济激励措施。图 5.3 是污染物排放标准和排污收费对排污主体厂商甲的环境行为的影响示意图。② 图中横坐标代表控污量，即污染物的削减量，由于控污是一种“益品”，代表了福利水平的增加，所以在图中表现为正值。MPB、MC 分别是私人边际收益曲线和控污边际成本曲线。假定图中的 E 点为最有效率的污染控制水平，对应的控污量为 Q_1。在市场条件下，MPB 曲线与 MC 曲线相交于 A 点，对应的横坐标为 Q_0，这意味着厂商甲只会主动将控污量控制在 Q_0，远远偏离最优控污量 Q_1。如果政府对厂商甲排放的每单位污染物质征收 P_x 的费用，这意味着厂商甲削减一个单位污染物质将增加 P_x 的收益。体现在图 5.3 中，MPB 曲线将向上平移 P_x。如果政府的收费标准为 P_x，且 $P_x=P_2-P_1$，MPB 曲线将平移至 MPB^+ 曲线位置，恰好与 MC 曲线相交于 E 点，此时边际收益等于边际成本，达到均衡，厂商甲会主动将控污量提高至 Q_1，从而实现最有效率的控污水平。政府向厂商甲所征收的费用，在环境经济学中被称为庇古税③，我国环境保护实践中的表现为排污收费。④ 通过征收排污费，追求最大利润的厂商甲就会被一只修正过的“看不见的手”引导至最有效率的控污水平。当然，排污规制也可以实现最有效率的控污水平，只要污染物排放标准科学合理，恰好与 MC 相交于 E 点，厂商甲将被迫控制 Q_1的污染物，达到最有效率的控污水平。由于排污规制通常不考虑厂商、区域和产业之间的差别，对大企业、小企业、城市企业、农村企业、高污染产业、低污染产业等都实施统一的技术标准，将导致一些技术先进、控污成本较低

---

① 20 世纪 90 年代初期，莲花味精是周口地区有名的污染大户，1994 年曾因污染严重被媒体曝光。经过整改，莲花味精的排污数量、污染物都大大减少，1997 年摘掉了“污染大户”的帽子。2003 年，莲花集团这样的“环保模范”又被查出是偷排大户，被罚款 1 000 万元。之后，莲花味精投入巨资改善工艺、解决技术难题，于当年 9 月达到零排放的目标。莲花味精在污染防治实践中存在复发的原因不外乎两点：一是扩大生产能力，追求规模经济效应；二是减少污染治理支出，节约生产成本。

② ［美］保罗·萨缪尔森，威廉·诺德豪斯．经济学［M］．萧琛等译．北京：商务印书馆，2012.

③ 庇古税是根据污染所造成的危害程度对排污者征税，来弥补排污者生产的私人成本和社会成本之间的差距，使两者相等。由经济学家庇古最先提出，所以被称为“庇古税”。

④ 我国当前的排污收费标准过低，难以发挥庇古税应有的控污作用。参见：石昶，陈荣．中国排污费制度监管环节博弈分析［J］．生态经济，2012（4）.

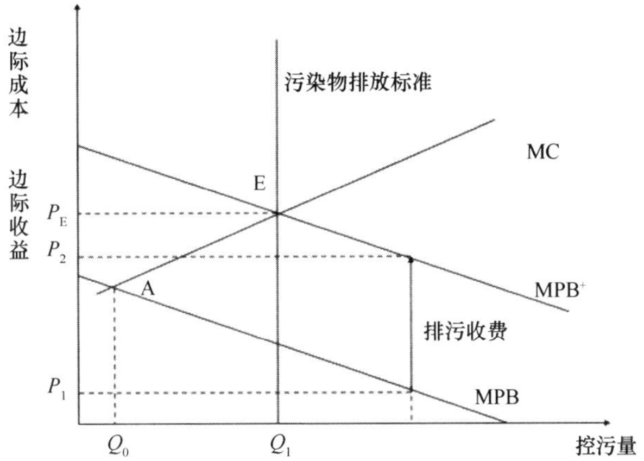

图 5.3　污染物排放标准和排污收费对排污主体厂商甲的环境行为影响示意

的主体的控污能力得不到充分发挥。①

虽然经济激励性法律规则与排污规制性法律规则都为主体设定了法律义务，但与后者相比，经济激励性法律规则并没有对主体的排污行为提出特定的技术性要求，如划定法律主体排放污染物的总量或浓度上限，也就是说，它没有为排污主体设定刚性的外部约束。激励性规则的作用机理，是通过影响市场主体的“成本-效益”格局，改变其决策依据，从而实现污染物的削减。如征收排污费后，图 5.3 中的 MPB 曲线从初始位置平移至 MPB^+ 曲线位置，迫使企业将其行为的外部效应纳入经济决策之中，最终将控污量从 Q_0 提高到 Q_1，实现了外部成本内部化。

随着社会主义市场经济体制的日益完善，经济激励措施在我国环境污染防治法律中的运用越来越普遍。除了上文提到的排污收费制度，经济激励措施还包括环境税（如碳税、硫税）、环境押金制度②、排污权交易制度③、补贴制度、环境金融制度、清洁生产制度等。需要指出的是，经济激励措施以对排污主体的行为引导为特征，表面上主体都是“主动”减少污染物的排放，实现外部效应的内部化。但实际上，由于很多情况下排污主体都是为了避免经济损失不得已而减少污染物排放，所以应属于被动式外部效应内部化，如排污收费、环境税、押金制度等。真正属于主动式外部成本内部化的控制措施包括排污权交易制度、补贴制度。

① ［美］安塞尔·M. 夏普，查尔斯·A. 雷吉斯特，保罗·W. 格里姆斯. 社会问题经济学［M］. 郭庆旺，应惟伟译. 北京：中国人民大学出版社，2000.

② 环境押金制度是对潜在污染产品增加的一项额外收费，当该产品使用后的残余物被送回至指定收集系统时，由于污染已经避免，对该收费予以退还的制度。

③ 王小军. 论排污权交易制度在我国的实施［J］. 宁波大学学报，2005（5）.

（二）受害主体的权利救济

外部效应本质上是一个主体的行为对其他主体利益的非市场化影响。环境污染是外部效应的一种典型表现形式：一方主体通过排放污染物的行为获得了利益，另一方主体（或社会）的利益则由于污染而受到了损害，并且没有获得相应的补偿，也就是说，主体之间发生了利益的非市场化转移。法谚云："有损害必有赔偿"，外部效应的存在违背了法律公平原则，扰乱了正常的法律秩序。根据本文的人地关系框架，规范排污主体行为、减少外部效应是环境污染法律应对的首要选择，那么关注受害主体的权利救济、建立利益无偿转移的纠正机制则是当然的次优选择。

污染受害主体的权利救济机制具有两方面的功能。首先，有利于对受害人的损害进行填补，促使损害转移，实现矫正正义。[①] 其次，建立了一种外部效应内部化的法律机制。[②] 如图 5.2 中，当厂商甲的产量为 Q_2时，其生产活动产生的外部效应总量为三角形 CFB 的面积。当厂商甲的产量扩大到 Q_3时，对应的外部效应总量为三角形 CAG 的面积。实践中，环境污染这种外部效应的表现形式主要包括两种：一为私益损害，即对其他主体人身、财产权利的侵害；二为公益侵害，即对自然生态的损害。[③] 前者如向水体中排放污染物使水体环境质量下降，导致水生生物死亡，渔业养殖户蒙受损失，此为财产权侵害；向水体中排放的重金属污染物经食物链层层富集并进入人体，导致人身伤害的，此为人身损害，如"八大公害事件"中的水俣病事件。由环境污染引发的生态自然损害，是指由于行为人不适当地向自然中引入了物质或能量，导致自然的物理、化学性质发生了不利于人类生存和发展的变化，如康菲石油渤海湾漏油事件造成的局部海洋生态状况恶化、野生海洋生物资源损失等均属于自然生态损害。

受害主体的权利救济是外部效应内部化的一种途径。对于主体明确的私益侵害而言，无论人身伤害还是财产损失，受到侵害的权利都属于《中华人民共和国侵权责任法》第 2 条的保护范围[④]，受害主体可以通过《中华人民共和国侵权责任法》《中华人民共和国环境保护法》等获得救济与补偿。

《中华人民共和国侵权责任法》第 15 条规定了 8 种责任方式，其中排除妨碍的适用值得注意。在图 5.2 中，对于排污主体在生产量超过 Q_2阶段造成的污染损害，由于该阶段的生产在经济上缺乏效率，应予以限制，因此可以适用排除妨碍。对于排污主体在生产量低于 Q_2阶段的外部效应，由于该阶段生产具有经济性，法律不应禁止，此时对排污主体的

① 王泽鉴．侵权行为法［M］．北京：北京大学出版社，2009.

② 丁以升．侵权行为法的经济学分析［J］．法律科学，2004（1）．

③ 彭真明，殷鑫．论我国生态损害责任保险制度的构建［J］．法律科学，2013（3）．

④《中华人民共和国侵权责任法》（2010 年实施）第 2 条第 2 款规定："本法所称民事权益，包括生命权、健康权、姓名权、名誉权、荣誉权、肖像权、隐私权、婚姻自主权、监护权、所有权、用益物权、担保物权、著作权、专利权、商标专用权、发现权、股权、继承权等人身、财产权益。"

法律责任不应选择排除妨碍，只能适用赔偿损失、恢复原状等。根据《中华人民共和国宪法》第一章第九条、《中华人民共和国海域使用管理法》（以下简称《海域使用管理法》）第2条的规定，[①] 对于公益侵害，污染的受害主体是国家或集体。现阶段，由于环境污染公益损害的评估存在诸多技术难题，自然生态损害这部分外部效应的内部化当前还存在很大的法律障碍。

虽然排污规制和受害主体的权利救济都有助于实现外部效应的内部化，但两者存在本质的区别。排污规制具有“向前看”的特征，以预防污染为宗旨。受害主体的权利救济则具有“向后看”的特征，以纠正已经发生的价值无偿转移、填补受害人的实际损害为目的。前者的价值在于污染预防，后者的价值在于受害主体的权利救济。从效率与公平的法律价值角度而言，排污规制更侧重于控污的效率，受害主体权利救济则应以公平为首要追求。在大工业化时期，环境污染损害后果愈来愈严重、范围越来越广、污染认定的技术性愈来愈强，受害主体的权利救济制度也在实体法和程序法层面不断延伸和拓展。如民事责任，尤其是赔偿责任是以加害人的赔偿能力为界限的，难以保障污染损害的充分填补，环境责任保险则弥补了这一缺陷。可以归于环境污染受害主体权利救济的法律机制主要包括：环境侵权民事责任制度、环境责任保险制度、生态补偿制度[②]、环境基金制度、环境公益诉讼制度[③]等。

（三）自然生态保育

“土地是财富之母”。自然是人类获得赖以生存和发展的生活资料和生产资料的源泉。在工业革命之前，虽然也存在局部性的环境问题，但受生产力水平所限，人类社会基本上“镶嵌”于自然进程之中。我们从门前的小河中取水捕鱼，在屋后的山林砍柴伐木，超出环境自净能力的排污行为，不仅仅是对公共利益更是对自身利益的侵害。工业革命带来了生产力水平的极大提高，人类开发、利用和改造自然的能力有了长足发展，相对于自然的脱嵌过程开始逐渐展开和日益深化，表现为“人类的生活离自然越来越远了”[④] ——我们的饮用水来自于输水管网、食品来自于农贸市场，通过空调、空气净化器等设施甚至可以营造有别于外部自然的室内环境。脱嵌的最终结果是自然逐渐成为单纯的外在物、法律的客体，成为人类改造、征服的对象。[⑤] 再加上缺乏农业社会那样来自于社群的制约，当没有外在的法律约束时，主体的肆意排污在工业化社会在所难免。

---

① 《中华人民共和国宪法》第一章第九条规定：“矿藏、水流、森林、山岭、草原、荒地、滩涂等自然资源，都属于国家所有，即全民所有；由法律规定属于集体所有的森林和山岭、草原、荒地、滩涂除外。”《海域使用管理法》第2条规定：“海域属于国家所有，国务院代表国家行使海域所有权。”

② 肖爱，李峻．流域生态补偿关系的法律调整：深层困境与突围［J］．政治与法律，2013（7）．

③ 别涛．环境公益诉讼立法的新起点——《民诉法》修改之评析与《环保法》修改之建议［J］．法学评论，2013（1）．

④ 朱德生．自然与文明［J］．新华文摘，2012（24）．

⑤ 王锦，武青．人与自然关系下的生态文明理念阐释［J］．自然辩证法研究，2013（10）．

外部效应引发的主体间价值无偿转移是通过自然媒介发生的，具体表现为环境私益损害或环境公益损害，自然在这种价值转移过程中扮演了桥梁和中介的作用。因此，自然本身的品质对于外部效应的大小及影响范围具有非常重要的影响。同样的排污水平，发生地的自然条件越好，外部效应越小。以图 5.4 为例，在同样的技术水平条件下，假设厂商甲可以选择在 X 地或 Y 地建厂，X 地自然生态条件优于 Y 地。图中的 MSC 曲线为厂商甲在 Y 地生产活动的社会边际成本曲线，MSC^+ 曲线为厂商甲在 X 地的社会边际成本曲线。由于自然生态品质优越，X 地的环境容量相对于 Y 地而言比较大，表现在图中，MPC 曲线上的 C^+ 点位于 C 点的右侧。同样生产规模条件下（即同样的排污量），厂商甲在 X 地生产的社会边际成本总是小于 Y 地，所以 MSC^+ 曲线处于 MSC 曲线下方。根据图 5.4，如果只考虑私人成本，厂商甲在 X 地和 Y 地最有效率的生产规模均为 Q_3，但其生产活动的外部成本分别为三角形 AEC^+、ABC 的面积，显然前者更小。这意味着通过自然生态保育（conservation）活动①，积极治理污染、改善自然品质，有助于提高区域的环境容量，从而能有效降低环境污染的危害。

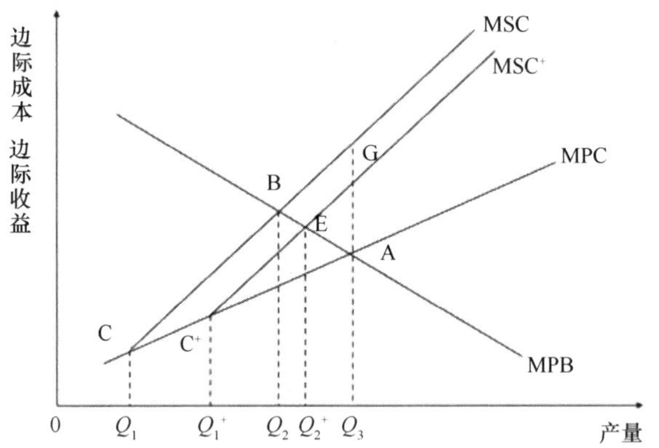

图 5.4　同水平污染物排放外部效应示意

自然生态保育包含两层含义：一是自然生态保存与维护，即对已经遭受损害的生态环境进行治理、修复，恢复其自然生态服务的功能，如对污染土地、河流进行整治（restoration），退耕还林恢复生态系统的完整性；② 二是对自然生态品质的改善（improve），即在生产和生活中发挥人类的主观能动性，采取符合自然规律的措施提高自然生态的品质，营造“人化的自然”，如进行生态城市规划③、植树造林治理荒漠、营造人工湿地。在制度层面建立促进、激励甚至可以特定主体从事上述行为的法律义务，也可以起到减少污染危

---

① ［澳］道格拉斯·E. 菲舍尔. 生物多样性保护的法律规则与准法律规则：概念、术语和法律挑战［S］. 王小军译. 载于王曦. 国际环境法与比较环境法评论［M］. 上海：上海交通大学出版社，2008.

② 李挚萍. 环境修复法律制度探析［J］. 法学评论，2013（2）.

③ 仇保兴. “共生”理念与生态城市［J］. 城市规划，2013（9）.

害的作用。同一自然存在物对人类来说往往兼具资源利益与生态利益，这两种利益互为机会成本，对一种利益的利用必然意味着另一种利益的丧失。如一棵树木对主体而言，即可以用于制造家具（资源利益），也可以用于遮阳挡雨（生态利益），主体只能选择其一。由于资源利益往往具有排他性，由主体独享，而生态利益属于公共利益，所以现实生活中牺牲的往往是后者。

在环境法律体系中，自然生态保育制度的发展落后于排污规制和受害主体权利救济制度。现代意义的排污规制发端于传统行政法，它是污染防治法在发展初期的主要表现形态，行政法学的很多基本范畴和理论都可以用于对排污规制进行学理阐释，因此，相关研究和制度建构也比较发达。受害主体的权利救济制度则发端于侵权行为法，现有的学术成果中的所有范畴如违法性、因果关系、损害、加害行为等术语都出自于侵权法的基本理论①，这些来自于其他部门法的学术营养有力地推动了受害主体权利救济制度的研究和法律实践。自然生态保育法则缺乏其他部门法学的“对口援建”，发展较晚。可以归于此类的法律制度主要包括环境影响评价制度、水资源论证制度、自然保护区制度、生态功能区划制度等。

此外，还有一类法律制度可以称为“辅助性污染防治法律制度”，这些制度虽然不能直接实现上述三个目标，即规范排污主体的行为、为受害主体提供权利救济机制以及自然生态保育，但为实现上述目标的制度体系提供了不可或缺的技术和信息支撑，如环境事故报告制度、环境信息公开制度、环境标准等。

四、对最优污染水平的修正

在理清防治污染的法律路径之后，逻辑上进一步延伸的问题必然是我们通过法律控制希望达到什么样的控污效果？进一步讲，污染防治法应以消除污染为目标吗？答案是否定的。经济活动是人类满足自身不断增长的物质文化需要的前提，环境污染是生产、消费活动的副产品。在经济学家看来，通过法律手段控污的目标不是消灭污染，而是追求经济发展与环境保护两者之间的平衡，即实现上文中提到的最有效率的污染水平，也称之为“最优污染水平”。

以图5.2为例，最优污染水平为产量 Q_2 对应的污染水平，环境污染法律控制的目标无非是为主体提供制度约束或激励，使其主动或被动地将生产量控制在 Q_2。由此出发，前文中讨论的应对环境污染的三种法律措施分别具有以下作用：①排污主体行为的规范，促使厂商甲的生产规模从 Q_3 向 Q_2 移动，从而避免了产量大于 Q_2 阶段的工业活动，避免了可能产生的一部分污染；②由于在最优污染水平对应的产量为 Q_2，厂商甲的生产活动仍会

① 胡学军．环境侵权中的因果关系及其证明问题评析［J］．中国法学，2013（5）．

产生外部效应，损害环境私益和公益，通过受害主体权利救济制度，可以将这部分损害转由排污主体承担，从而“纠正”价值的非市场化转移，填补受害人的损害，实现矫正正义；[①] ③自然生态保育法有助于提高自然环境的自净能力，推动C点沿MPC曲线向右上方移动。从受害主体、自然生态和排污主体三个方面来看，一切似乎都很完美——受害主体的损害获得了赔偿、外部效应被控制在社会可以接受的限度内、厂商甲追求经济利益最大化的权利也获得了尊重。但这种结果可能偏离法学家的期望。

经济分析为我们提供了一种解读法律制度的新视角，但这种研究方法不能代替价值分析、实证研究等传统法学分析方法。经济学关注的首要价值是效率。虽然法学也关注效率价值的实现，“效率对法律的影响，不仅表现在它作为价值标准可以用来检验法律的现有效率，而且表现在它作为价值目标对法律存在和发展的引导、推动和支撑作用上。”[②] 但在法学视野中，正义、公平等价值相对于效率显然更为重要。

从法学视角出发，经济学中的最优污染水平存在缺陷，因为它忽视了外部效应的层次性。根据心理学家马斯洛的需求层次理论，人的需求可以分为五个层次，由低级到高级分别为：生理需求、安全需求、归属与爱的需求、尊重需求以及自我实现需求，前一层需求获得满足后，另一层需求才出现。[③] 这种主体的层次性需求在法律领域对应于同样具有层次性的权利体系。生理需求是人最低级、最基本的需求，包括健康、食物等，对应于人的自然权利，如生命权、自由权、追求幸福权等[④]，在民法中表现为生命权、身体权、健康权等。没有生命和健康，就谈不上其他需求的满足，更谈不上享有在安全舒适的环境中生存和生活的权利（环境权）。[⑤] 因此，人的生命权、健康权应优先于财产权。[⑥] 实践中，外部效应表现为环境公益损害与私益损害两种形式，私益损害又可以分为两种——对受害主体生命权、健康权等人格权的侵害以及对财产权益的侵害。从价值层面而言，这些受到排污行为侵害的权利具有层次性，由高级到低级分别是：生命权、健康权、一般人格权和财产权。最优污染水平理论忽视了这种客观上存在、法律所认可的权利的层次性，将生命权、健康权和一般人格权等量化为财产性利益，将之与排污主体的经济利益进行比较、权衡，进而作出取舍。在法学家看来，自然人的生命权、健康权是不能用经济价值来衡量的，当经济利益与人的生命权、健康权发生冲突时，法律应义无反顾地选择后者。也就是说，在法学研究和制度构建过程中，由经济分析方法得出的结论必须接受法律价值分析方法的修正。

① 宋亚辉．环境管制标准在侵权法上的效力解释［J］．法学研究，2013（3）．

② 谢鹏程．基本法律价值［M］．济南：山东人民出版社，2000．

③ ［美］亚伯拉罕·哈罗德·马斯洛．人性能达到的境界［M］．方士华译．北京：北京燕山出版社，2013．

④ 林发新．人权法论［M］．厦门：厦门大学出版社，2011．

⑤ 环境权，是人类在健康和平衡的自然界中过有尊严和福利的生活，其文化多样性应得到尊重以及能够可持续发展的权利。参见：余俊．环境权的文化之维［M］．北京：法律出版社，2010．

⑥ 刘杰．反思平衡的环境正义论——彼得·温茨的《环境正义论》评述［J］．国外社会科学，2013（1）．

最优污染水平并不意味着适宜人类生存与发展的自然品质。图 5.5 为最优治污水平，即最优污染水平示意图。① 其中，控污标准曲线代表国家通过管制措施希望实现的控污水平，也代表了法律所容许的污染水平的“底线”；$q_{标}$则代表了适宜环境质量水平所对应的控污量。自然生态品质达到或优于适宜环境质量水平，意味着自然人的生命权、健康权将不会受到污染行为的侵害，此时外部效应仅仅表现为对环境公益和财产性私益的侵害。控污标准曲线在图 5.5 中的位置存在三种可能性——位于 E 点右边、位于 E 点左边、穿过 E 点。

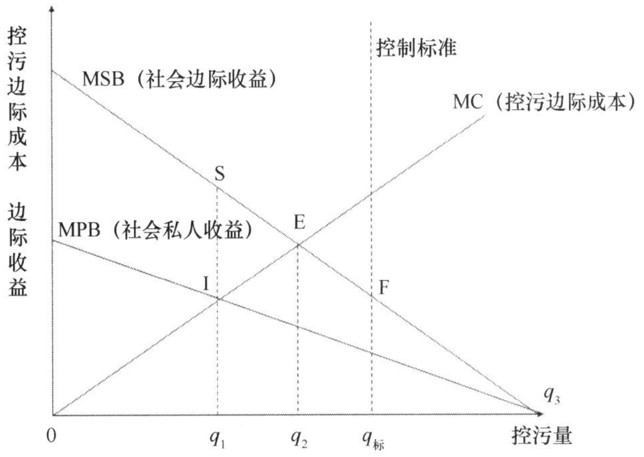

图 5.5　最优污染水平示意

（一）位于 E 点右边

如图 5.5 所示，控污标准曲线位于 E 点右边。此时，最优污染水平所对应的控污量 q_2 不足以实现适宜的环境质量水平，将最优污染水平作为法律控制污染的目标难以保障自然人的生命权和健康权。这种情况下，法律控制的目标应是促使厂商甲治理的控污量为 $q_{标}$，远远大于最优污染水平时厂商甲的控污量 q_2。这时，如果仍以最优污染水平为指导制定控污法律与政策，难以保障公众的身体健康，经济学理论成果不再适用。

当最优污染水平不足以保障适宜的环境质量品质时，法律应选择后者作为污染控制的目标。此时，如果污染防治法律普遍得到遵守，排污主体的控污量将为 $q_{标}$，远高于最优污染水平对应的控污量 q_2，这意味着为了追求适宜的环境质量水平，法律舍弃了一部分经济利益。

（二）位于 E 点左边

在图 5.5 中，当控污标准曲线位于 E 点左边时，$q_{标}$小于 q_2，这意味着 q_2对应的污染水

① ［美］保罗·萨缪尔森，威廉·诺德豪斯．经济学［M］．萧琛等译．北京：商务印书馆，2012.

平不会引起人身健康损害。此时，自然环境品质仍比较优越，可以满足人类的生存和发展需要，自然环境容许厂商甲继续扩大生产规模。但这样做将导致实际控污量偏离最有效率的均衡点 E 对应的控污水平，因而对厂商甲来说是不经济的。这种情况下，环境污染的法律控制应以实现最优污染水平 q_2为目标，因为这样既可以保障适宜的环境质量，也可以实现社会整体福利水平的最大化。也就是说，当图 5.5 中的控污标准曲线位于 E 点左边时，最优污染水平理论对于污染防治法律制度具有解释性和指导性。

（三）穿过 E 点

当控污标准曲线穿过 E 点时，$q_{标}$与 q_2相重合。此时，适宜环境质量水平所对应的污染水平就是最优污染水平，经济学的研究结论同样适用。

环境污染已经成为制约我国海岸带经济、社会可持续发展的重大战略性问题，综合采取经济、法律、行政等手段审慎应对已经刻不容缓。人是自然的产物，人类的生存与发展离不开自然生态系统提供的物质和能量。经过人类生产和消费之后，“废弃”的物质和能量最终将进入自然环境。这种人地之间的物质循环和能量流动支撑了人类社会的不断发展，也使得大量有害物质和能量进入了环境支持系统，从而引起环境污染，导致主体的人身和财产权益损害，打破了权利间的法律均衡，造成了社会关系紊乱。因此，法律层面应对海岸带区域的环境污染，应从排污主体、自然以及受害主体三个角度展开。

在经济学家看来，环境污染是外部效应的表现形式，是生产活动的副产品，不应消除，法律层面的污染控制实际上是制定规则促使企业将生产活动控制在最优污染水平。这意味着低于最优污染水平的环境污染应当是法律所允许的，高于最优污染水平的污染才是应当禁止和消除的。由此，环境污染的法律控制有三种路径：其一是规制主体的排污行为，促使其将生产活动控制在最优污染水平，预防、消除高于最优污染水平的生产活动；其二是通过受害主体的权利救济制度，将低于最优污染水平的外部效应进行内部化，实现矫正正义，恢复正常的法律秩序；其三是制定自然生态保育法律制度，恢复、改善自然生态品质。环境污染的法律控制路径分析提供了一个体系化污染防治法的理论范式。据此，污染防治法可以体系化为四个组成部分：排污主体规范制度、受害主体救济制度、自然生态保育制度以及辅助性污染防治制度。

在法律视野中，经济学中的最优污染水平理论以追求整体利益最大化为导向，单纯强调效率价值，忽视了受害主体的权利在法律价值上的层次性。自然人的生命权、健康权在价值位阶上高于财产性利益，因为“私有财产制度旨在实现个人自由，发展人格及维护人的尊严，并有效率地适用社会资源”①，因此，在采取法律手段控制污染的过程中，应对经济学的最优污染水平理论进行修正。不能仅以污染治理的“成本-效益分析”作为环境

① 王泽鉴. 民法概要［M］. 北京：北京大学出版社，2009.

法律制度建构的立足点，更应关注自然人的生命与健康。

第二节　资源可持续利用制度

海岸带处于陆地和海洋交接的特殊区域，是海陆相互作用最为剧烈的区域，海岸带拥有河口、湿地、红树林、珊瑚礁、海草床等重要的生态系统，拥有丰富的生物和非生物资源，还蕴藏着大量的天然能源。“整个海岸带地区占全球面积的18%，海岸带地区水体占海洋表面积的8%，然而海岸带的生产力却占了全球初级生产力的25%，全球大约有90%的渔获量来自海岸带。”① 砍伐红树林、围海造地、不合理的港口建设及采挖珊瑚礁等不合理资源利用活动，导致海岸带生态条件不断恶化。高强度的捕捞使得许多高等级的鱼类数量急剧下降，过度捕捞对海洋生态系统造成了严重的冲击，生物资源严重衰竭。

一、资源过度利用的制度原因

从制度经济学的角度而言，自然资源在产权上具有排他性不足的特点，使用上的竞争性又过于强烈，这会导致资源的过度利用。此种资源使用上的低效率或者无效率，被称为“公地悲剧”。② “公地悲剧”的流行，始于1968年美国著名生态学家格雷特·哈丁（Garrett Hardin）在《科学》杂志上发表的经典论文《公地的悲剧》，论文讲述了一块开放供牧民利用的草地最终被过度利用成为不毛之地的故事。当草地向牧民完全开放时，作为理性人，每个牧羊者都希望自己的收益最大化。在公共草地上，每增加一只羊会有两种结果：一是获得增加一只羊的收入；二是加重草地的负担，并有可能使草地因过度放牧而退化。牧羊者会不顾草地的承受能力而增加羊群数量，因为增加羊群数量的收益由自己独享，而草地退化的成本则由所有人分担。由于羊群的进入不受限制，所以牧场被过度使用，草地状况迅速恶化，悲剧就这样发生了。③ 格雷特·哈丁评论道：“在共享公有物的社会中，每个人，也就是所有人都追求各自的最大利益。这就是悲剧的所在。每个人都被锁定在一个迫使他在有限范围内无节制地增加牲畜的制度中。毁灭是所有人都奔向的目的地。因为在信奉公有物自由的社会当中，每个人均追求自己的最大利益。公有物的开放利用给所有人带来了毁灭”。④ 公地作为一项资源或财产有许多拥有者，他们中的每一个都有使用权，但没有权力阻止其他人使用，而每一个人都倾向于过度使用，从而造成资源的枯竭。过度砍伐的森林、过度捕捞的渔业资源及污染严重的河流和空气，都是“公地悲剧”的典型例子。

① 胡晴晖．海岸带环境综合管理问题探析［J］．环境科学与管理，2007（1）．

② 阳晓伟，庞磊，闭明雄．哈丁之前的“公地悲剧”思想研究［J］．河北经贸大学学报，2015（4）．

③ 陈新岗．“公地悲剧”与“反公地悲剧”理论在中国的应用研究［J］．山东社会科学，2005（3）．

④ ［美］埃莉诺·奥斯特罗姆．公共事物的治理之道：集体行动制度的演进［M］．余逊达，陈旭东译．上海：上海三联书店，2000．

海洋渔业资源过度利用①

海洋渔业资源具有典型的“公地”特征，在法律上属于“无主物”，开发利用曾经处于开放状态。随着科技进步，世界海洋渔业捕捞量大幅增长，从1950年的1 680万吨增长到1996年的8 640万吨，之后逐步下降并稳定在8 000万吨左右。2010年，全球记录的海洋渔业产量为7 740万吨，其中西北太平洋产量最高，为2 090万吨，占全球海洋捕捞量的27%，随后依次是中西部太平洋（1 170万吨）、东北大西洋（870万吨）、东南太平洋（780万吨）。过度开发利用的海洋渔业种群百分比不断增加，从1974年的10%增加到1989年的26%。完全开发利用的种群数量，1974—1985年期间稳定在50%左右，2009年提高到了57.4%。联合国粮食及农业组织认为，大西洋和太平洋已经充分开发，许多渔业资源过度捕捞。占世界海洋渔业产量约30%的前十位物种多数种群已经被完全开发，没有增加产量的潜力。

自从《公地的悲剧》于1968年公开发表以来，“公地悲剧”这个概念已经成为了一种象征。它意味着任何时候只要一种稀缺资源是由许多人共同使用，便会发生过度利用从而导致这种资源枯竭或遭破坏的情形。用制度经济学家柯武刚、史漫飞的话说就是，“公地灾难出现于共同拥有的资源由众多人使用的情境之中。其中，每一个人在为自己的利益而最大限度地利用该公共资源时都能获益，但如果所有的人都如此行事，就会出现资源遭破坏的灾难性局面②。”

“公地悲剧”的症结在于公共资源使用的收益完全归利用者个人所得，而成本却由整个集体（甚至全社会）共同承担。对于在产权上不具有“排他性”的资源，“公地悲剧”会导致资源过度使用的悲剧。公共资源具有消费竞争性、非排他性和不确定性等特征。公共资源“不是专属的，只要它被提供给一个团体，那么该团体的所有成员都有权使用它”③。同时，一个主体对公共资源的利用不影响其他主体对同一公共资源的利用，即将产品与更多消费者共享的成本为零。人们可以从公共资源中获益而不论是否为此付费，因此在公共资源的使用方面，资源使用者面临强烈的搭便车和规避责任的诱惑，使公共资源一直面临着过度使用、退化和潜在毁灭等“公地悲剧”问题。④

“公地悲剧”的实质就是个人理性的聚集形成非理性的结果，当每一个理性的人都试图扩大自己的利益，施外部性于他人，无限制的扩大社会成本时，其最终结局不是全赢而是全输。著名经济学家萨缪尔森在《经济学》第18版中提出“污染博弈”模型，指出每

① 陈新军. 渔业资源与渔场学［M］. 北京：海洋出版社，2014.
② 哈丁. 公地悲剧［J］. 交通财会，2015（5）.
③ ［美］兰迪·T. 西蒙斯. 政府为什么会失败［M］. 张媛译. 北京：新华出版社，2017.
④ 阳晓伟，闭明雄，庞磊. 对公地悲剧理论适用边界的探讨［J］. 河北经贸大学学报，2016（4）.

一个不受管制地追求最大利益的企业向大气和河流排放污染，如果某一企业要消除污染，其顾虑就在于其他企业如果不同时治理污染，自己的治污成本就会导致产品价格的提高，从而导致生意受挫，利润下降，甚至破产。因而所有厂商不可能采取利他主义态度即放弃或减轻污染，只能恶性竞争。

二、资源可持续利用法律制度

由于公共资源不具有排他性，主体对资源的利用不排除其他主体对该资源的消费。同时公共资源也不具有竞争性，一个主体对公共资源的使用不会影响其他主体对该资源进行同等程度的使用。[①] 因此，市场经济条件下的价格机制将失去效用，难以实现公共资源的最优配置，进而导致过度利用。“公地悲剧”的制度性应用措施很多，主要包括产权、许可证制度、资源有偿使用制度以及海洋保护区制度等。

（一）产权

“公地悲剧”是一种理性人基于个体“成本-收益”核算的自利行为导致集体非理性行为，这种悲剧的首要根源在于公共资源产权的模糊性，即权利模糊或权利虚置。1960年，科斯在其著名论文《社会成本问题》中指出，只要“权利”是明确的，私人之间的交易活动不存在交易成本的情况下，私人之间达成的契约同样能解决外部效应所引起的问题，实现资源的最优配置。科斯认为，之所以出现对公共物品的滥用，就在于公共物品产权的模糊，只要明晰公共物品的产权，不管产权初始如何配置，只要公共物品可以自由交易，就可以在没有政府干预的情况下解决公共物品使用中的负外部性问题。[②] 因此，“公地的悲剧”问题可以用明晰产权的方式予以解决。[③]

产权制度的主要目的是解决权利模糊或权利虚置问题，并不等同于私有化[④]，因为对于海岸带区域的很多环境要素而言，确立私有产权在事实上是不可能的，因为公共资源，特别是海洋环境资源的范围具有天然不确定性，例如渔业资源、空气、水体等。另外，需要置于产权控制之下的是公共物品本身，还是这些物品所具有的某些特性呢？目前无法通过物理手段置于某一主体的控制之下，这恰恰是环境公共物品的悲剧所在。

① ［美］托马斯·思德纳．环境与自然资源管理的政策工具［M］．张蔚文，黄祖辉译．上海：上海人民出版社，2005.

② ［美］科斯等．财产权利与制度变迁——产权学派与新制度学派译文集［M］．上海：上海三联书店，1994.

③ 李胜兰，曹志兴．构建有中国特色的自然资源产权制度［J］．资源科学，2000（3）.

④ “很多情况下，通过赋予公共资源以私有产权，也可以有效解决资源的过度利用问题。如《中华人民共和国海域使用管理法》2002年实施以来，通过海域使用权的设立与管理，解决了长期以来困扰我国海洋行政主管部门的海域利用无偿、无序和无度问题。”引自：刘赐贵．管好海域资源 构建生态文明——写在《中华人民共和国海域使用管理法》实施十周年之际［J］．海洋开发与管理，2012（4）.

我国的海域使用管理

2002年1月1日，《海域使用管理法》正式施行，这是我国政府依法强化海洋综合管理的重大举措，在我国海洋法制建设史上具有里程碑意义。《海域使用管理法》确立了海洋功能区划、海域权属管理、海域有偿使用三项基本制度，明确规定了海域所有权、海域使用权和相邻海域利用权。

为了完善《海域使用管理法》确立的海域使用权制度，国家海洋行政主管部门颁布了大量的规范性法律文件。2007年公布实施的《海域使用管理规定》明确了海域使用权的取得、转让、出租、抵押的条件和程序。《海域使用权登记办法》规定了海域使用权初始登记、变更登记和注销登记的适用范围和程序，规范了登记资料的管理和查询。此后，国家海洋局又印发了《海域使用权争议调解处理办法》《海域使用权登记技术规程（试行）》等规范性文件，从技术导则和实施层面对我国海域使用权属管理制度进行了补充、丰富和完善。全国累计用海确权面积从2005年的87万公顷增加到2011年的200多万公顷，发放海域使用权证书6万多本。海域使用金的征收总额2015年已达82.06亿元。海域使用权属管理显著加强，曾经的用海无偿、无序、无度现象已经得到根本性改善。

（二）许可证制度

造成海岸带公共资源过度利用的直接原因是个体的资源开发和利用行为，因此，通过对主体行为的控制、规范和引导，对于促进资源的可持续利用具有不言而喻的重要意义。基于资源有限性与人类无限需求之间的矛盾，为了便于资源管理，世界各国普遍实行了资源使用许可制度。《中华人民共和国行政许可法》（以下简称《行政许可法》）第十二条规定："下列事项可以设定行政许可：（一）直接涉及国家安全、公共安全、经济宏观调控、生态环境保护以及直接关系人身健康、生命财产安全等特定活动，需要按照法定条件予以批准的事项；（二）有限自然资源开发利用……需要赋予特定权利的事项。"资源许可制度，在我国海岸带管理领域也得到了广泛应用。

自然资源许可制度，又称自然资源许可证制度，是指单位或个人在从事开发利用自然资源之前，必须按照法律规定向有关的管理机关提出申请，经审查批准，发给许可证后方可在许可的范围内进行该活动的一整套管理措施的总和。[①] 海洋资源许可制度，是具有海岸带管理权限的行政部门为了保护海岸带资源免遭破坏和浪费，对人们开发和利用海岸带特定资源的行为进行监督管理的重要手段。资源开发许可制度，可以使海岸带资源开发活

① 马英杰．海洋环境保护法概论［M］．北京：海洋出版社，2012.

动从宏观上得到控制和规范，最大限度地实现海岸带区域“人-地”“人-海”的协调发展，促进资源的可持续利用。在我国，有关海岸带资源和生态保护的许可证主要包括：沿海陆域建设、开发规划活动许可证，海洋石油开采许可证，海洋生物资源保护的捕捞许可证，适用于各种影响海洋环境的生产经营活动许可证等。

许可证制度是一项复杂系统的管理活动，根据《行政许可法》第三十四至第四十五条并结合《中华人民共和国渔业法》（以下简称《渔业法》）等海岸带管理法法规的有关规定，资源行政许可的一般程序包括：①申请与受理，由申请人向主管部门提出书面申请并附有审查所必需的各种材料；②审查，主管部门在听取各方意见的基础上，综合考虑该申请对生态、环境的影响；③决定，行政主管部门作出颁发或拒发许可证的决定，同意颁发许可证时，主管部门可依法规定持证人应尽的义务和各种限制条件，拒发许可证时主管部门应说明拒发理由；④监督，主管部门对持证人执行许可证的情况进行监督检查，在情况发生变化时可以修改许可证中原规定的条件；⑤处理，对持证人违反许可证规定的义务或限制性条件的，主管部门可以中止、吊销许可证，并追究持证人的法律责任。

我国的渔业捕捞许可证制度①

渔业捕捞许可是为了保护和合理利用渔业资源，控制捕捞强度，调整渔业生产结构，维护渔业生产秩序，保障生产者合法权益，由渔业行政管理机关根据公民、法人和其他组织的申请而赋予符合法定条件的申请者从事捕捞的权利或从事捕捞的资格的制度。我国早在1983年原农牧渔业部颁布的《海洋捕捞渔船管理暂行办法》中就规定了海洋捕捞许可制度。1986年的渔业法在渔业基本法层面明确规定了捕捞许可制度。1989年4月30日，农业部第1号令颁布了《渔业捕捞许可证管理办法》，进一步具体、完整地规范了渔业捕捞许可制度的有关内容。2002年5月9日，农业部第九次常务会议审议通过了《渔业捕捞许可证管理规定》，并于同年8月23日由农业部第19号令颁布。该规定自2002年12月1日实施，同时原《渔业捕捞许可证管理办法》废止。2007年，农业部对《渔业捕捞许可证管理规定》进行了修改。在中华人民共和国管辖水域和公海从事渔业捕捞活动，应对经主管机关批准并领取渔业捕捞许可证，根据规定的作业类型、场所、时限、渔具数量和规格等作业。

① 黄硕琳，唐议. 渔业法规与渔政管理［M］. 北京：中国农业出版社，2010.

上海市渔业捕捞许可证申请流程如下：

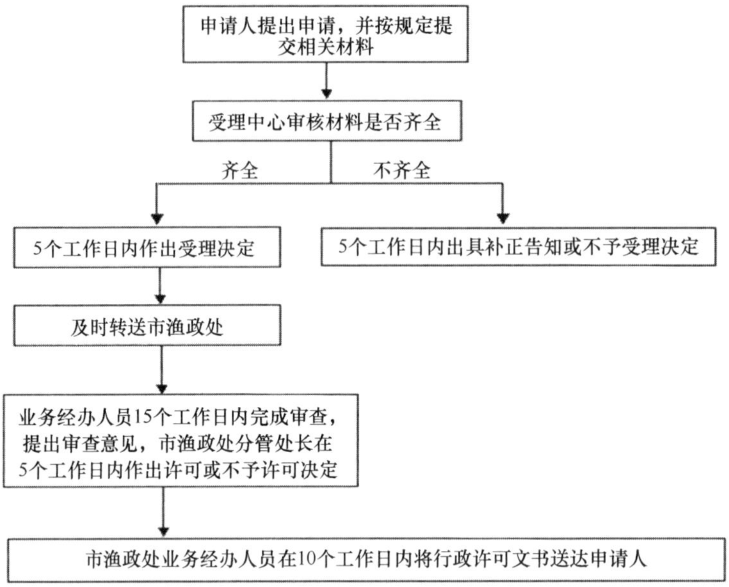

（三）资源有偿使用制度

资源有偿使用是国家强制开发和利用国家所有海洋资源的单位和个人支付一定费用作为资源使用对价的一种管理制度。随着世界性资源短缺危机的出现，人们逐渐抛弃了传统的“自然资源无价”理论，提出了新的自然资源价值观和价值理论。资源有偿使用制度在海洋资源日益紧缺的情况下逐步建立和发展起来，它是海洋资源价值在法律上的体现和确认。资源有偿使用制度有利于促进海洋自然资源的合理开发和节约利用，有利于为开发新的海洋资源筹措资金，有利于为海洋自然资源的保护和恢复提供必不可少的资金支持，有利于促进海洋公共资源的可持续利用。

海洋资源的有偿使用方式，在不同国家和地区因具体情况不同而存在差异。综合起来主要有两种基本形式，即收税和收费。市场经济比较发达的国家通常采用收税的方式，发展中国家和经济转型国家一般采用收费的方式。有些国家税、费兼收。费的特点在于专款专用，一般不参与体制分成，可以用所缴纳的资源使用费建立用于海洋资源保护和恢复项目的专项基金。税收是国家强制性的参与国民经济收入再分配的一种形式，它与费的区别在于税收所形成的财政经费，由政府根据需要决定其用途，不限于海洋资源的维护或恢复补偿。

《渔业法》规定，集体所有的或全民所有，由农业集体经济组织使用的水域、滩涂，可以由个人或集体承包从事养殖生产。按照现行体制，不论个人还是集体承包经营，均应支付承包费。《海域使用管理法》第三十三条规定："国家实行海域有偿使用制度。单位和个人使用海域，应当按照国务院的规定缴纳海域使用金。"《中华人民共和国矿产资源法》第五条规定，国家实行探矿权、采矿权有偿使用制度。在海岸带开采矿产资源应当按照国家有关规定缴纳资源税和资源补偿费。

（四）海洋保护区制度

海洋保护区（Marine Protected Area，MPA）这一概念由国际自然保护联盟（International Unions on Conservation of Nature，IUCN）在1988年提出。海洋保护区分为海洋自然保护区（Marine Nature Reserve，MNR）和海洋特别保护区（Special Marine Protected Area，SMPA）。

1. 海洋自然保护区

海洋自然保护区是指以保护海洋自然环境和自然资源为目的，将包含具有特殊经济、科学文化、生态、社会价值的保护对象在内的一定范围内的海洋空间，包括海岛和滨海湿地，依法划出予以特殊保护和管理的区域。[①] 海洋自然保护区强调的是"限制资源获取行为"，减少人类对海洋自然生态进程的干扰和影响。我国《海洋自然保护区管理办法》（1995）第十五条规定：在海洋自然保护区内禁止非法捕捞、采集海洋生物，非法采石、挖沙、开采矿藏以及其他任何有损保护对象及自然环境和资源的行为。海洋自然保护区的分区域管理模式如表5.1所示。

表5.1　海洋自然保护区的分区域管理模式

区域类别	管理方式
核心区	除经沿海省、自治区、直辖市海洋管理部门批准进行的调查观测和科学研究活动外，禁止其他一切可能对保护区造成危害或不良影响的活动
缓冲区	在保护对象不遭人为破坏和污染前提下，经该保护区管理机构批准，可在限定时间和范围内适当进行渔业生产、旅游观光、科学研究、教学实习等活动
实验区	在该保护区管理机构统一规划和指导下，可有计划地进行适度开发活动

建立海洋自然保护区是保护海洋自然环境、自然资源和生物多样性的基本措施之一。海洋自然保护区的主要功能是通过它使人类认识、掌握海洋自然环境和自然资源的变化规律，以便更合理地利用和开发海洋生态资源。建立海洋自然保护区能够较完整地为人类保

① 《海洋自然保护区管理办法》第二条规定：海洋自然保护区是指以海洋自然环境和资源保护为目的，依法把包括保护对象在内的一定面积的海岸、河口、岛屿、湿地或海域划分出来，进行特殊保护和管理的区域。

存一部分海洋生态系统的“天然本底”，减少或消除人为的不利影响，促进海洋自然资源的繁殖、恢复与发展，保护不可再生海洋资源的利用价值和使用期限。通过划定海洋自然保护区，能够有效防止、制止对重要海洋生态系统、珍稀濒危海洋生物物种的污染破坏和干扰。①

2. 海洋特别保护区

马鞍列岛海洋特别保护区管理案例②

马鞍列岛海洋特别保护区（以下简称“保护区”）位于北纬30°36′56″至北纬30°52′00″，东经122°33′30″至东经122°53′12″之间的陆域和海域。保护区范围呈方形，总面积549平方千米，其中岛陆域面积19平方千米，由花鸟山、东绿华岛、西绿华岛等130多个岛礁组成，面积20.45平方千米。马鞍列岛位于舟山群岛北部，由于地处南北洋流交汇处，渔业资源丰富，长期的过度捕捞，渔业资源量呈现明显下降。2005年，经国家海洋局批准建立了马鞍列岛海洋特别保护区。在海洋资源日益衰退，海洋环境屡遭破坏的形势下，建立海洋特别保护区是保护海洋最有效的途径。但是实际情况告诉我们，海洋特别保护区的管理十分困难，仅仅依靠行政管理部门的力量难以实现管理目标，引导公众参与管理有利于发挥公众积极性，提升管理效果。

为能更好地达到管理效果，保护区参照这种机制，引进了岛礁承包养护。政府放权，让公众参与自主管理的方式是公众参与海洋综合管理的进步表现。岛礁养护承包，就是政府通过公开招标，使个人和单位取得岛礁资源的养护和利用的排他性权利，以合同方式进行确定、引导、组织当地群众开展岛礁资源的养护和利用。当地渔民成立了以岛礁养护为主的民间组织，配合政府管理部门直接参与岛礁资源的管理。当地渔民直接管理当地岛礁资源，弥补了政府部门管理力量不足的问题，同时渔民群众比政府执法人员更熟悉环境情况和偷捕作业行为、管理方式方法，对问题的处理会更加灵活有效。在保护区内的嵊山镇，参与岛礁资源管理的渔民组成一个公司，由公司与政府管理部门签署协议，以公司的形式开展管理，管理的对象主要是岛礁资源。公司制定了内部规章制度，其内容主要包括：限制采捕品种、采捕规格和采捕时间；每年6—8月为休渔期，禁止采捕；对违法采捕者，可采取惩罚措施；公司成员的收益以最终采捕的渔获物利润进行分配。

海洋特别保护区，是指具有特殊地理条件、生态系统、生物与非生物资源及海洋开发

① 马英杰．海洋环境保护法概论［M］．北京：海洋出版社，2012.
② 李鑫，唐议．马鞍列岛海洋特别保护区管理的公共参与问题［J］．上海海洋大学学报，2012，21（4）.

利用特殊要求，需要采取有效的保护措施和科学的开发方式进行特殊管理的区域。[①]《海洋特别保护区管理办法》（2010）第四条规定，国家对海洋特别保护区实行科学规划、统一管理、保护优先、适度利用的原则；第三十七条规定，根据海洋特别保护区生态环境及资源特点，经有审批权的部门批准，主体可以在海洋特别保护区内适度开展特定的资源开发与利用活动。因此，海洋特别保护区强调的是对海洋资源的可持续资源利用，旨在缓和资源保育和资源需求之间的冲突。

海洋特别保护区建设对于可持续开发利用海洋资源、保护海洋生态环境、促进当地海洋经济发展等方面具有十分重要的意义。当前，我国海洋经济以高于同期国民经济整体增长的态势快速发展，但也出现了一些亟待解决的问题，如海洋资源合理利用程度不高，海洋生态环境遭受破坏，缺乏科学合理开发与保护规划。建立海洋特别保护区，在保护区内实施各种资源开发与环境保护协调管理措施有利于实现对少数珍稀自然资源与生态环境进行重点保护，同时在更大范围内防治、减少和控制海洋自然资源和生态环境遭受破坏，实现海洋资源的可持续利用。

截止 2014 年 4 月，我国共建海洋保护区 249 处（不含港澳台地区），海洋自然保护区 186 处，海洋特别保护区 63 处，总面积 137 950. 80 平方千米，约占我国总管辖海域面积的 4. 6%。海洋保护区类型有海湾保护区、海岛保护区、河口海岸保护区、珊瑚礁保护区、红树林保护区、海岸潟湖保护区、海洋自然历史遗迹保护区、海草床保护区和湿地保护区等。

---

① 参见《海洋特别保护区管理办法》第二条。

第六章　海岸带综合管理体制

海岸带管理体制的立法选择问题是海岸带立法进程中所面临的最棘手的问题之一。海岸带管理体制从形式上看是部门的分工与协调问题，实质上是各部门权力的分配问题，并且这种分配需要由制度加以确定。本章从我国现行海岸带管理体制入手，分析目前分散管理体制的现状及不足，对国外海岸带的管理体制的立法选择进行比较研究，在此基础上提出完善我国海岸带管理体制的措施和建议。

第一节　我国海岸带管理体制

海岸带管理体制，事关海岸带管理机构的设置、职权划分和活动方式与方法以及责任认定。管理体制是海岸带综合管理的核心问题，也是关系海岸带管理成效的关键环节，其运行机制，直接影响我国海岸带管理事业的发展。合理的海岸带管理体制能够有效整合政府行政资源，促进高效的海岸带行政管理机构的组建，实现海岸带各个管理部门之间职责的清晰界分，保障海岸带管理决策的形成、传递和有效执行。

一、我国海岸带管理体制现状

中华人民共和国成立以后，我国的海洋事业有了很大发展，管理活动随着海洋相关产业、行业的发展逐步展开并不断加强，形成了以行业管理为特征的海岸带开发和管理体制，即“根据海洋资源的自然属性，按照各个行业自身的特点”① 实行对口管理。这实际上是陆地各种资源开发部门管理职能向海洋的一种延伸，如农业部负责海洋渔业的生产和管理，交通部门负责港口和海上交通运输的生产和管理，这种管理体制从 20 世纪五六十年代延续至今。根据《中华人民共和国海域使用管理法》《中华人民共和国渔业法》《中华人民共和国环境保护法》《中华人民共和国海上交通安全法》《中华人民共和国海洋环境保护法》等法律法规，涉及海岸带管理的政府机构多达 20 多个。表 6. 1 为 2018 年 3 月之前我国部分涉海行政管理部门及其权限划分。

① 徐祥民，李冰强．渤海管理法的体制问题研究［M］．北京：人民出版社，2011.

表 6.1　我国涉海管理部门及其权限（截至 2018 年 3 月）

部分涉海管理部门	部门管理权限与职责
国家海洋局	起草海域使用、海洋生态环境保护、海洋科学调查、海岛保护等法律法规、规章草案；拟定并监督实施海洋发展战略以及海洋事业发展、海洋主体功能区、海洋生态环境保护、海洋经济发展、海岛保护及无居民海岛开发利用等规划；拟定海洋维权执法的制度和措施，制定执法规范和流程；编制并监督实施海洋功能区划等
环境保护部	负责建立健全环境保护基本制度，负责重大环境问题的统筹协调和监督管理，组织制定主要污染物排放总量控制和排污许可证制度并监督实施；负责环境污染防治的监督管理等
农业部	指导渔业水域宜农滩涂可再生能源的开发利用；负责保护渔业水域生态环境和水生野生动植物工作；维护国家渔业权益，代表国家行使渔船检验和渔政、渔港监督管理权
国土资源部	承担保护与合理利用海洋资源的责任；依法保护海洋资源所有者和使用者的合法权益
交通运输部	拟定水路交通行业发展规划、法规；负责水上交通安全监督、船舶及海上设施检验和防止船舶污染、航海保障；组织水运基础设施的建设、维护、规费稽征；管理和指导港口、航运公安工作
国家旅游局	统筹协调海洋旅游业发展，制定发展政策、规划和标准，起草相关法律法规草案和规章；组织旅游资源的普查、规划、开发和相关保护工作
国家林业局	组织、协调、指导和监督全国湿地保护工作；组织实施建立湿地保护小区、湿地公园等保护管理工作；组织、指导林业及其生态建设的生态补偿制度的建立和实施
规划局	组织编制城市总体规划、分区规划、近期建设规划、详细规划、区域规划、城镇体系规划及市政府其他指令性规划；负责建设工程规划管理、市政基础设施规划管理及历史文化名城保护的规划管理工作
水利部	负责保障水资源的合理开发利用，拟定水利战略规划和政策，起草有关法律法规草案；核定水域纳污能力，提出限制排污总量建议；指导大江、大河、大湖及河口、海岸滩涂的治理和开发
国务院法制办	起草或者组织起草若干重要的法律草案、行政法规草案；审查修改各部门报送国务院的法律草案、行政法规草案，从法律角度审查部门报送国务院审核的我国缔结或者参加的国际条约

这种海洋管理体制是一种“两结合管理体制”，即中央管理与地方管理相结合，综合管理与分散管理相结合。我国沿海各省（市、区）均设有管理本地海洋工作的海洋机构，接受国家海洋局的业务指导，行使地方海洋行政管理的职能职责。其主要职责包括：组织协调和监督检查本行政区域的海洋环境保护、防止海岸工程和陆源污染物造成污染损害、拆船业环境保护的监督检查；负责本行政区域的盐业、渔业、测绘、水下文物保护、水生野生动物管理、审批捕捉国家二级保护水生野生动物的特许捕捉证、核发国家二级保护动物的驯养繁殖许可证、矿产资源勘查和开采的监督管理、核发近海捕捞许可证、核发海域使用证和养殖使用证、地方航道及其设施管理。

二、现行管理体制存在的缺陷

行业管理为特征的海岸带管理模式，对于特定海洋资源的勘探和开发、提高专业化管理水平、增强管理的技术支撑具有积极意义。但随着海洋开发利用进入快速发展时期，海洋资源竞争性利用引发的矛盾和冲突开始暴露，这种管理体制的缺陷日益突出。

（一）管理目标单一

行业分立的海岸带管理，是各部门、各行业分别按其社会分工从事满足自身发展的管理活动。各行业管理的政策、规划着眼点是行业自身的发展，所追求的通常是本行业利益的最大化。这种基于某一行业的海岸带管理在目标设计上难以统筹兼顾，各行业主管部门容易只考虑本行业存在的管理问题，轻视或忽视其他海岸带管理目标。例如，渔业管理部门为了鼓励近海养殖业的发展，漠视了浅海养殖可能引发的海洋污染问题。[①] 管理目标的单一性体现在管理职能上，即海洋行业管理职能单一，难以实现高效管理。在现行体制下，各部门只能依职权履行单项职能，不能履行综合管理职能。如海事部门只能负责海上交通安全，不能涉及海域使用管理、海洋陆源污染防治等；渔业部门只能管理海洋渔业，不能涉及海洋石油开采，对于近年来沿海各地兴起的休闲渔业，渔业部门的管理也显得顾虑重重。[②] 在涉海事务管理方面，各管理部门对于职能存在交叉的领域，有时候相互争抢，有时候互相推诿，其结果是顾此失彼，导致本来具有整体性的海岸带资源被分割管理，生态系统管理原则难以贯彻落实，无法保证海洋生态系统的动态平衡和良性循环。

（二）海岸带管理部门职能不协调

从历史上看，我国海岸带行业管理模式具有比较浓厚的计划经济色彩，政府的部、委、办、局等机构代表的是一个个不同的行业，各行业具有自身特性，行业性利益之间很多情况下存在冲突。由于各部门相互分工，在单项管理上形成“专管”，再加上各部门有的属于国家、省、市不同行政层级的“条条”单位，有的属于同一行政层级的“块块”部门，这种行业性管理模式容易陷入行业保护主义盛行、行业间封闭的陷阱。管理部门的

---

① 以高位池、低位池为主的集约式海水养殖方式，养殖废水浓度高，进出水频次高。一般来说，一个养殖周期需要经过清塘、肥塘、育苗几个步骤。海水养殖污染主要来源于育苗换水和清塘排水。育苗换水属于间歇性排水，水量相对较少；清塘排水含高浓度营养物质以及有机与无机碎屑，还含有大量池底淤泥，污染极为严重。残饵会引发近海水质污染和水体富营养化。研究表明，养殖过程中的饵料只有10%的氮和7%的磷被利用，其他都以各种形式进入环境。当废水总量超出这一区域环境容量时，将出现区域水质污染和水体富营养化，甚至引发赤潮。此外，滥用药物也会对海洋环境造成污染。长期以来，养殖生产普遍存在滥用药物现象。大量富含消毒剂和抗菌素的水排放入海，不但对近岸水域微生物产生直接影响，而且可能会通过生物累积效应对水体生态系统和人体健康造成危害。

② 休闲渔业，也称娱乐性渔业，是指主要目的在于渔业或休闲运动的捕捞活动。参见：黄硕琳，唐议．渔业法规与渔政管理［M］．北京：中国农业出版社，2010.

不协调，必将带来严重后果，不仅损失行政效率，还可能给社会造成损害。[①]

海岸带由于地理位置的特殊性，使其兼具海洋与陆地的双重属性，这也决定了其资源的丰富性。例如，滩涂、湿地、海岛等丰富多样的地形资源，海岸带又拥有大量丰富的生物资源。资源的丰富性决定了其利用方式的多样化和涉及产业的多样性，与此同时，也决定了海岸带管理部门的多重性。我国现行的海岸带管理体制是“政出多门，协调不力”。[②]在海岸带的管理过程中，土地行政主管机关的相关职责主要是对海岸带的土地区域结合经济发展和社会需要进行总体规划，会同其他相关部门进行海岸带资源的调查。水行政主管部门在海岸带管理的过程中负责水资源的统一规划并在统一规划的基础上会同环境保护主管部门进行水资源的功能区划，对水资源进行宏观调控，确立年度水量分配方案，合理分配水量，合理调度水量。环境保护行政主管部门在海岸带资源开发与保护的过程中承担多方面的职责，包括对海洋实行功能区划；负责对海洋环境造成污染损害的废弃物的倾倒审批。林业、渔业行政主管部门分别负责全国陆生、水生野生动物的保护工作。地质矿产部门在海岸带开发利用过程中的主要职责体现为对矿产资源的规划、矿产资源的登记以及审批在我国管辖海域内的矿产资源的开采。这种行业化的管理体制由于条块分割所形成的单项管理和分散管理，致使多个海岸带管理部门都在一定管辖范围内享有独立的执法权，相互之间互不隶属，因而各自为政，协调困难，难以形成合力。上述相关职能部门在管理方面都有自己的侧重点，但是由于各个部门管理的目的不同、各个部门权限的划分不是很明确，以致在海岸带的管理上出现了矛盾和混乱。这些矛盾和混乱严重损害了海岸带生态系统的一体性，这种管理体制也没有考虑到海岸带生态系统的特殊性，不利于海岸带的可持续发展。

（三）行政资源浪费和行业性冲突加剧

海岸带行业性管理模式的本质特征是管理职能分散于各行业、各部门，机构设置存在冲突，职权相互交叉重叠，容易造成管理成本的增加和人力、物力等行政资源的浪费。海上执法以购买船只和飞机为先决条件，新造一艘 1 500 吨级的执法用船需要经费数千万元，执法船一旦投入使用，日常维护保养还需要大量资金。飞机的造价更高，即便买得起，用起来费用也很大。有了船只和飞机还要建设指挥、通信和后勤保障系统，这笔费用也不可

① 俄罗斯海洋管理体制，也属于行业性多头管理，在执法方面有渔业署的专业执法部门、边防局的海岸警卫部门、交通部的海上交通管理部门、自然资源和生态部的环境监察部门、港口管理部门……从多头分散型管理体制来看，仍须构建完整的协调机制。根据 2008 年 11 月 26 日第 886 号联邦政府令，摩尔曼斯克的沿岸渔业捕捞者可以到白令海专属经济区作业，但因离岸较远，需要转载，即将捕捞物通过在海上能进行处理并冷冻的运输船运至陆上。这种转载是否可行，2009 年渔业捕捞者向联邦渔业署进行了请示，渔业署 2009 年 6 月 3 日以第 3039-Vru05 号批复的形式做出了肯定的答复。但边防机关单方面通知渔民从 2011 年 1 月 1 日起禁止用运输船舶转载捕捞物，并以行政违法法典规定的 1 年追诉时效为由，对过去的转载行为进行了处罚。这严重损害了法律的严肃性和行政行为的公信力，也有悖于“法不溯及既往”原则。参见：范纯．俄罗斯海洋渔业资源的法律保护研究［J］．西伯利亚研究，2016（3）．

② 洪华生，薛志雄．厦门海岸带综合管理十年回眸［M］．厦门：厦门大学出版社，2006．

低估。海上执法完全不同于陆地，需要投入巨大的经费作保障。目前这种各自为政的海上执法体制，其结果是高投入、低产出，行政资源浪费严重。

2013年国家海洋局的重组①

2013年，第十二届全国人大第一次会议审议通过了《国务院机构改革和职能转变方案》，其中提出“重新组建国家海洋局，推进海上统一执法，提高执法效能，将国家海洋局及其中国海监、公安部边防海警、农业部中国渔政、海关总署海上缉私警察的队伍和职责整合，重新组建国家海洋局。”同年7月，国务院办公厅公布了《国家海洋局主要职责内设机构和人员编制规定》，重组后的国家海洋局主要职责包括拟定海洋发展规划，监督管理海域使用、海洋环境保护等，并以中国海警局名义开展海上维权执法，接受公安部业务指导。

重组国家海洋局的缘由为“推进海上统一执法”。中央机构编制委员会办公室副主任王峰在2013年3月11日上午就“《国务院机构改革和职能转变方案》有关内容和考虑”回答中外记者的提问时表示，长期以来，中国的海洋管理特别是海洋执法力量分散，关于重复检查、效率不高等方方面面的议论很多。这次改革把海上的执法队伍加以整合，包括国家海洋局的海监、农业部的渔政、海关总署的缉私，还有公安部的海警，把这四支执法队伍整合起来形成一支队伍，这叫整合力量。王峰说：“这就是要解决老百姓常常说的‘五龙治海’，还有人讲是‘九龙治海’，各有各的说法，就是一个概念，执法太分散了，我们不仅仅是重复检查、重复执法，成本高，效率低，老百姓感到不方便，服务不到位等问题。”

以行业管理为主的海岸带管理，需要消耗大量的时间和资源去解决局部问题，由于各涉海部门和行业的土地、海洋等资源利用与管理规划都是分别制定的，相互之间缺乏充分的信息沟通，各行业的决策者只顾及本部门、本行业的利益，忽视其他行业的管理目标，往往导致一种资源的使用制约或破坏另一种资源的使用。在海岸带区域，常常存在利用方式的冲突，如近海养殖破坏海洋环境，海岸工程项目建设影响海洋生态系统，风力发电设施建设影响海洋旅游业的发展等。此外，随着海岸带资源利用的多样化，竞争性利用层出不穷。一片近岸海域，旅游部门要用作游泳娱乐项目，渔业部门要规划为水产养殖，交通部门规划为填海造地建设港口和运输航道等。基于部门利益，这些不同的利用方式相互抵触，难以协调，带来海洋产业之间、产业与资源之间、产业活动与环境保护之间的一系列矛盾和冲突。

---

① 中国为何重新组建国家海洋局．见 http：//www.gov. cn/gzdt/2013-03/21/content_2359620. htm，2017年7月31日访问。

（四）不利于海岸带综合管理法制建设

由于现有分散型管理体制形成了多头管理，不但海岸带综合管理立法进程受阻，立法质量也受到牵连。有些法律对我国海洋管理事业很有必要，但有时要顾及多方面的利益，往往容易偏离初衷甚至变形，有些法律在确定主管部门时，如该法有利可图，各部门为了自身利益互争管辖权，无利可图时则互相推托。而像《海岸带管理法》这种对我国海洋管理非常有必要的法律，由于受分散型管理体制的制约，至今未能拟定颁行。在管理上，多头管理势必造成各行业强调本部门的利益而出现职能重叠和职能真空现象，无论是一事二管还是各自为政，由于主管部门之间认识上的差异，经常引发部门之间以及部门与行政相对人之间不必要的争议。

海岸带的空间、环境是统一的，各类生态要素密切相关，海岸带管理中行业、部门的分离主义，必然造成海岸带管理政策的多元化和开发秩序的混乱。单一的部门分工所产生的多头管理、各自为政、互不协调等问题，已经不能适应我国海洋经济发展的要求，无法保证海岸带资源的有序开发和合理利用。近年来，由于海岸带开发活动广泛、深入开展，特别是沿海地区经济腾飞，海岸带资源、环境开发和保护面临一系列严峻问题，如资源开发利用不尽合理，综合程度不高；一些地方资源浪费严重、生态失衡，环境质量下降。究其体制原因，主要是现行管理部门分散、政出多门、缺乏有力的协调机制。完善现有管理体制，建立多部门合作、社会各界广泛参与、有利于缓解资源竞争性利用的海岸带综合体制，势在必行。目前，我国一些地方已经在海岸带综合管理体制方面，开展了尝试性的改革。

浙江舟山探索海洋综合执法走出“多龙治海”困局①

长期以来，海洋执法职能分散在海洋渔业、国土资源、海事等多个部门，职能交叉、相互推诿的现象普遍，“多龙治海”在实际执法过程中变为“多龙闹海”，严重影响海洋秩序维护和海洋违法违规行为打击。党的十八大以后，中央从战略层面提出经略海洋、建设海洋强国的目标，治海格局随之做出相应调整，重新组建国家海洋局，并整合农业部的中国渔政、国家海洋局的中国海监、公安部的中国海警、及海关总署的海上缉私队伍和职能成立国家海警局，统一实施海洋行政执法，为地方海洋综合执法体制探索指明了方向。

“舟山因海而生、凭海而兴，对海洋治理体系混乱、执法权限分散、多龙治海引发的问题感受最深刻。”舟山市海洋与渔业局局长沈承宏说，探索理顺海洋执法格局的尝试在舟山从未停歇。2013 年 8 月，经浙江省委、省政府批准，舟山组建成立了海

① 王政. 浙江舟山探索海洋综合执法走出“多龙治海”困局. 见 http：//nb.ifeng. com/zjxw/detail_2015_04/01/3730758_0. shtml，2017 年 7 月 31 日访问。

洋行政执法局，承担海洋综合行政执法职能，和舟山市海洋与渔业局合署办公，在全国率先开展了海洋综合行政执法体制改革创新实践。

新成立的海洋行政执法局将海洋渔业、港航、国土、文广、水利围垦等有关涉海执法职能集中，包括海洋与渔业部门的全部执法职能以及港航管理部门的航政、运政方面的全部和港政方面的部分执法职能，国土资源部门的海域矿产资源开采执法职能，水利部门的有关滩涂围垦执法职能，文广部门的海底文物保护执法职能，共计175项涉海行政执法内容。

三、我国海岸带综合管理体制改革试点

我国于1996年颁布了《中国海洋21世纪议程》，表明中国政府坚持海洋可持续发展、实施综合管理的立场。在20世纪80年代，国务院的两次机构调整过程中，将原国家海洋局调整为管理全国海洋事务的职能部门，综合管理我国管辖海域，实施海洋监测，维护我国海洋权益，协调海洋资源合理开发利用，保护海洋环境。《中国海洋21世纪议程》第七章专门论述了沿海、管辖海域的综合管理，为我国海岸带综合管理的事实提供了指导性文件。同时，中国签署了联合国要求沿海国家建立海洋和海岸带综合管理制度的国际公约和文件。从20世纪90年代开始，我国在福建省厦门市、海南省文昌市、广东省阳江市、广西的防城港市以及渤海等区域进行了海岸带综合管理试点，取得了积极成效。

（一）厦门海岸带综合管理体制

为了解决东亚地区沿海各国面临的海洋环境问题，1994年，全球环境基金、联合国开发计划署以及国际海事组织共同发起了东亚海域污染防治和管理地区计划，我国厦门市是该项目的示范区之一。① 国家海洋局为东亚海域污染防治和管理地区计划的国家执行机构。

综合和协调的行动是海岸带综合管理的基石。作为海岸带城市，试点工作开始前，厦门市拥有13个涉海行政管理部门，全市其他管理部门或多或少均与海岸带管理有着间接联系，这些机构分别隶属于中央、省、市政府。② 为了对海岸带进行统一规划、综合开发、协调管理，1995年，在东亚海域污染防治与管理地区计划项目的推动下，厦门市政府成立了海洋管理协调领导小组，成员包括计划、经济、城建、科技、交通、财政、规划、环保、水产、旅游、法制、公安等部门的领导，领导小组下设办公室，由市政府办公厅副主任兼任办公室主任。1996年，厦门市政府在“海洋管理协调领导小组”的基础上正式成

① 该项目设立了3个示范区，包括中国福建省厦门市、菲律宾的八打雁、马六甲海峡。

② 洪华生，薛志雄．厦门海岸带综合管理十年回眸［M］．厦门：厦门大学出版社，2006.

立“厦门市人民政府海洋管理办公室”①，作为海洋事务综合管理的职能部门，增加了包括海监、交通、环保、水产、土地、规划、监察、水上公安等部门领导在内的8位兼职副主任。为完善海洋综合执法体制，加强海洋执法工作，厦门市1997年在“海洋管理办公室”内，成立了包括海监、海事局、水产管理处、渔港渔监、水上公安、海洋运输管理处、环保监察、市容监察和厦门航道处等9个涉海部门在内的“海洋管理监察大队”，作为联合执法队伍，负责海洋管理监察工作。② 海洋管理监察大队统一组织、协调海上联合执法活动，促进海上违法活动的及时、有效处理。2002年，为了进一步加强协调机制，海洋管理办公室与厦门市渔业局合并，组成厦门市海洋与渔业局。

厦门市的试点工作，突破了行业管理模式的限制，赋予地方海岸带综合管理部门协调各涉海部门管理活动的职能，为我国海岸带管理体制的完善提供了重要借鉴。

（二）渤海综合管理伙伴关系模式

2000年7月，国家海洋局与全球环境基金、国际海事组织东亚海项目管理办公室在大连签订了东亚海环境管理伙伴关系项目——渤海环境管理示范项目协议，碧海环境管理示范项目正式启动。该项目旨在通过政府间和部门间的伙伴关系，共同保护和管理沿海地区的环境和资源，重点探索跨行政管理边界的海洋区域环境综合管理方法。主要目标是建立跨行政边界的工作机制和模式，形成联合控制和减少污染排放的示范模式，促进地方政府采取综合管理方法推进海岸带综合管理，形成渤海环境管理战略计划和渤海海洋事务决策、协调、管理的机制。

项目开始后，作为该项目的国家执行机构，国家海洋局与辽宁、河北、山东和天津共同签署了《渤海环境保护宣言》，展示了保护渤海环境、确保渤海可持续发展的决心。2001年，国家环境保护总局、国家海洋局、交通部、农业部、海军以及天津、河北、辽宁、山东四省市政府联合制定了《渤海碧海行动计划》（以下简称《计划》），《计划》实施期限为15年，分为三个阶段。2001年10月1日，在《国务院关于渤海碧海行动计划的批复》中要求天津、河北、辽宁、山东“四省市人民政府要将《计划》目标和措施纳入省、市、县长目标责任制，切实加强对碧海行动的领导”。同时要求建立渤海碧海行动计划联席会议制度，督促地方政府落实好《计划》，对流域重大环境问题要加强组织协调，提出解决方案并监督落实。③

《渤海环境保护宣言》提出“由中央、地方政府组成跨行政区域的渤海综合管理协调机构，共同开展渤海海洋资源保护、海洋环境监测和海洋监察执法工作”。《计划》提出

---

① 厦门市海洋管理办公室下设4个处室，包括：秘书处、综合管理处、监察处和监察大队。

② ［菲］蔡程瑛．海岸带综合管理的原动力——东亚海域海岸带可持续发展的实践应用［M］．周秋麟等译．北京：海洋出版社，2010.

③ 参见《国务院关于渤海碧海行动计划的批复》（国函〔2001〕124号）。

“在国务院的授权和批准下，以现有的渤海碧海行动计划联席会议为基础，由国家环境保护总局牵头，会同国家海洋局等国务院有关部门以及三省一市政府共同组成跨区域跨部门的渤海碧海行动协调领导机构。下设渤海碧海行动办公室，具体承办日常管理和信息沟通与协调联络等事务”。

2008年9月，环渤海经济联合市长联系会第十三次会议正式通过了成立环渤海区域环保合作组织的提议。2008年，由国家发改委牵头制定的《渤海环境报总体规划（2008—2020）》获国务院批准。《渤海环境报总体规划（2008—2020）》编制单位由《计划》时的9个扩大为20个，包括国家发改委、环渤海三省一市以及财政部、科技部、建设部、交通部、水利部、农业部、环保部、国家林业局、国家海洋局、全军环办、中咨公司、中石油、中海油、中石化和神华集团。与原来的《计划》相比，《渤海环境总体规划（2008—2020）》的合作治理层级更高，合作范围更为广泛。

《渤海碧海行动计划》中期实施效果[①]

自国务院批复在渤海实施《计划》以来，环渤海四省市人民政府结合本地区实际情况，成立了相应的领导组织机构，将《计划》确定的目标，分解落实到各有关责任单位，并纳入省、市长环保目标责任状之中。同时，还建立了进展情况定期调度和通报制度。环渤海地区各级人民政府加快实施可持续发展和循环经济战略的步伐，加速生活污水和垃圾处理收费机制的建立。加强了城市节水工作，加大了中水回用的力度，推进污水资源化，努力建设节水型城市、节水型社会。加快了产业结构调整和推进实施清洁生产的步伐，淘汰和关闭一大批资源浪费大、能源消耗高、污染环境重的工艺、产品和企业，极大地缓解了该区域结构性污染对海洋生态环境的压力。据统计，2002年四省市沿海地区入海陆源工业污染物化学需氧量、石油类排放总量，分别较2001年下降19.8%和3.4%。四省市的禁止生产和销售含磷洗涤剂工作的不断巩固，促进了环渤海地区居民可持续消费观念的形成。自2000年7月1日辽宁省在沿渤海城市实施“禁磷”以来，目前环渤海四省市已经实现全面“禁磷”。同时，农业部和环渤海各级政府高度重视该地区生态农业等综合性控制措施的实施，制定了《渤海生物养护规定》，控制、减轻了农业面源对海洋生态环境的污染，改善了区域生态环境质量。通过实施清淤、截污、小流域综合治理、防护林建设等生态等综合措施，完成了一批污染治理和生态环境综合整治项目，有效削减了陆源污染物排放总量，改善了区域环境质量，取得了较好的生态效益、社会效益、经济效益。为规范船舶排污行为，交通部实施了渤海海域船舶排污设备铅封管理计划，对在渤海海域航行的各类船舶排污设备实施铅封管理，同时还要求渤海

① 《渤海碧海行动计划》中期报告，见 http：//www.zhb. gov. cn/hjzli/swrfz/jahy/201605/t20160525_345699.shtml，2017年8月1日访问。

各有关港口须配备船舶油污水接收设施，确保有足够的接收船舶油污水的能力。为交流各地落实的经验，指导检查各地的实施情况，两年来，国家环保总局对《计划》的实施情况进行了定期调度，并在调度的基础上，对各地的实施进展情况进行通报。此外，通过召开“碧海行动计划现场经验交流会”总结交流各地实施计划的经验和问题，推动了《计划》的实施。

（三）上海市海岸带管理体制

上海市虽是我国最大的沿海城市，但是其海洋行政管理起步较晚。2008 年以前，上海市没有独立完整的海洋行政主管部门，上海市海洋局挂靠在国家海洋局东海分局，负责推进落实上海海洋管理相关工作，由于不是上海市政府组成部分，海洋管理工作推进困难，海洋事务协调能力较低。

2002 年，鉴于海洋工作的重要性，经上海市政府常务会议决定，组建上海市海洋经济发展联席会议，由上海市政府副秘书长担任联席会议总召集人。由于缺乏主导机构，联席会议无法发挥其统筹协调的作用。2008 年，上海市海洋局从国家海洋局东海分局中脱离，与上海市水务局合署办公，至此，上海市独立的海洋行政主管部门正式成立。2010 年，上海市海洋经济发展联席会议制度进行了修订，明确了其办公室设在市海洋局，极大地增强了海洋行政管理能力。2013 年，上海市政府高度重视海洋经济发展联席会议制度，决定由上海市政府副市长蒋卓庆担任联席会议总召集人。上海海岸带管理体制呈现出一种综合程度不断提高、协调机制日益完善的特点。

总的来说，我国现行海岸带管理体制属于行业性分散管理，部门协调不畅，管理效率有待提高。目前，海岸带综合管理逐步得到了国家和沿海省市的认可。从沿海发达地区的实践来看，海岸带综合管理的合理性已经显现，一些地方在管理体制改革方面的尝试也取得了积极效果。

四、我国海洋管理机构改革

2013 年，我国对国务院机构进行了改革，重新组建了国家海洋局。首先，设立了高层次的议事协调机构——国家海洋委员会。国家海洋委员会负责研究制定国家海洋发展战略，并统筹协调海洋重大事项。国家海洋局负责海洋委员会的具体工作。其次，整合了海上执法队伍，将原来分别隶属于国家海洋局、公安部、农业部、海关的海上执法队伍进行了整合，成立了新的中国海警局。① 此次大部制改革并没有对国家海洋局的隶属关系进行调整，国家海洋局依然是国土资源部下辖的国家局。但是设立了高层次的国家海洋委员会，这预示我国海洋和海岸带管理体制进入了新的时期。

2018 年 3 月，我国再度对党中央和国务院机构进行了重大改革。为坚决维护国家主权和海洋权益，更好地统筹外交外事与涉海部门的资源和力量，不再设立中央维护海洋权益工作领导小组，有关职责交由中央外事工作委员会及其办公室承担，在中央外事工作委员会办公室内设维护海洋权益工作办公室。调整后，中央外事工作委员会及其办公室在维护海洋权益方面肩负重要职责：组织协调和指导督促各有关方面落实党中央关于维护海洋权益的决策部署，收集汇总和分析研判涉及国家海洋权益的情报信息，协调应对紧急突发事态，组织研究维护海洋权益重大问题并提出对策建议等。

2018 年 3 月 21 日，中共中央印发了《深化党和国家机构改革方案》，将国土资源部、国家海洋局、国家测绘地理信息局等国家机构的职责进行了整合，组建自然资源部，作为国务院组成部门。② 自然资源部对外保留国家海洋局牌子。同时将原国家海洋局（中国海警局）领导管理的海警队伍及相关职能全部划归武警部队。改革后，海警队伍转隶属武警部队，我国海洋权益维护能力将得到极大强化。

第二节　国外海岸带综合管理体制

20 世纪 70 年代以来，随着沿海经济发展与扩张引发的矛盾日益突出，西方发达国家率先认识到行业分部门海岸带管理体制的局限性，意识到采用单一的方法难以解决海岸带面临的复杂问题，应将海岸带作为统一的空间单元，统筹考虑海陆两方面的因素，采取综合性方法，建立和完善综合管理体制，解决海岸带区域的生境丧失、水质下降、沿海资源衰竭等问题。此后，海岸带综合管理理念在越来越多的发展中国家也得到了认可，相关试点实践随之展开。总体来看，美欧一些发达国家的海岸带管理体制大致可分为三种模式：集中型、半集中型和松散型。③

① 目前，我国海洋与海岸带管理体制进程尚未完成，仍存在许多问题。以渔业管理为例，在大部制改革之前，我国渔业行业系统内历来重视执法数据的共享及通报，一直以来各级渔业管理部门采取多种方式收集信息。如原农业部东海区渔政局制定了重大案件通报制度、协查办案制度以及专属经济区巡航定期报告制度等。中日暂定措施水域内从事捕捞作业的渔船，普遍安装了远程扫描硬件及软件，采集并与其他渔业管理部门共享海上渔船基础信息。各海区部分执法船同样也安装了渔船监控终端，远程采集作业渔船的基础信息。自海洋执法体制改革以来至今，上述协同制度的运行便流于停滞，软硬件设施也处于无人接管的状态。

② 参见《深化党和国家机构改革方案》。

③ 张娜．海岸带综合管理立法问题研究［D］．烟台：烟台大学，2013.

一、集中型海岸带管理体制

集中型海岸带管理体制，是指对海岸带开发、管理、保护进行专门的立法，即制定专门的海岸带管理法律政策，建立专职的海岸带管理机构。采用集中型海岸带管理体制的国家包括美国、法国、荷兰、新西兰、韩国、波兰等国。这些国家海岸带管理体制比较健全、完善，全国设立高效的海岸带管理职能机构，海岸带执法队伍统一、职能综合，国家层面有统一的海岸带管理规划和政策等。

（一）集中型管理体制的特点

1. 有综合性的海岸带管理政策及立法作为管理体制的基础

集中管理型的国家一般在国家层面都有统一的综合性海岸带管理政策立法，并在这些政策和法律中对海岸带管理体制加以明确。例如，早在 1973 年 7 月，法国政府发表了“法国海岸带整治展望”的正式文件，首次明确了海岸带的范围：不仅包括内陆，也包括近海和大陆架，提出了设立“海岸带保护机构”的建议。1979 年 8 月，法国以政府令的形式制定了“关于海岸带保护及整治的方针”，拟定海岸带开发的综合规划并树立了确定统一的政策目标。1986 年 1 月，法国政府制定了《关于海岸带整治、保护及开发法》，简称《海岸带法》。这是一部综合性的海岸带管理法，明确提出了海岸带利用的总体规划并确定了负责海岸带各种管理责任的机构和分工等。再如美国是世界上第一个制定和实施综合性的海岸带管理法的国家。早在 1972 年 10 月，美国国会率先通过了《海岸带管理法》，次年，美国政府在国家海洋与大气管理局设立了全国海岸带办公室，对海岸带实施综合管理。

2. 在立法中设立了全国统一的海岸带管理机构

通过立法，集中管理型的国家一般都确立以统一的海岸带管理机构对海岸带加以管理的模式。这一机构有的是在原有部门的基础上拓展产生，有的属于新设机构。例如荷兰海洋管理局是该国海洋管理工作的职能部门，负责海洋政策、规划和计划的制定；组织实施海洋（海岸带）发展规划、计划和整治工程；负责大陆架海域的管理和海岸带管理；负责统一管理海洋开发利用活动。荷兰建立了更高一级的管理机构——部长委员会，它是国家海洋问题的最高决策机构，下设议会委员会和非政府的咨询委员会，由所有涉海部门高级官员组成的部门间委员会听命于部长委员会。由于部长委员会权力集中，海洋（海岸带）综合管理执行较好。再如韩国海洋与水产部是韩国海洋管理的职能部门，于 1996 年成立。它的成立使原分散在 7 个部、2 个国家局的有关海洋方面的管理职能集中于这个部，克服了过去海洋管理分散的状态。它的主要职能是：制定国家海洋政策、规划和计划；负责港口和航运管理、渔业管理、海洋环境管理；负责海洋科学技术；负责海上安全；监视海洋污染，调解海洋污染争端，负责溢油应急反应；负责海岸带管理，审批海岸地区的围海造地活动，选划海洋生态保护区和海洋环境恢复区，组织全国的海岸带调查等。

3. 依法设立了健全的海岸带管理体系

以全国统一的高效的海岸带管理机构为核心，集中管理型国家一般都建立比较健全的海岸带管理体系。以波兰为例，波兰海洋管理机构分国家和地方两级。国家为海洋经济总局，它下设 3 个地区海洋局：格丁尼亚海洋局、什切青海洋局和苏浦斯海洋局。3 个地区海洋局分片管理本辖区的海洋工作，海洋局下设海上安全、内务财政、技术、航保、水文调查、航线和港口水域测量、航标管理等部门，分别负责有关的业务工作。由于海洋管理体系健全，海洋综合管理任务完成较好。再如荷兰海洋管理体系分为中央和地方政府两级。中央负责管理海岸线（防止海岸侵蚀）和从低潮线算起离岸 1 千米以外的海域；地方政府负责管理从低潮线起到离岸 1 千米以内的海域。荷兰的海洋管理还涉及交通、公共工程和水资源等部门，由于有完善的协调机制，促进了海洋（海岸带）管理的顺利进行。早在 1984 年，荷兰就建立了“和谐政策”，要求所有涉海部门相互协调，以解决在海洋管理中的各种冲突。如在瓦登海计划实施过程中建立了完善的协调管理系统：由有关部门代表组成的国家级瓦登海委员会，也有加强协商而成立的瓦登海协调委员会，还有由所有相关利益部门代表组成的瓦登海咨询委员会。

4. 有统一的执法机构

集中管理型的国家一般都设有统一的海上执法队伍，其职能也覆盖到海岸带管理的相关执法工作。以美国为例，美国的海洋综合执法队伍是海岸警备队，负责海上执法工作，分区进行执法管理，各海区都配有远程巡航飞机、武装快艇和综合性的海岸警备设施。由于设备先进，各海区经常有船只、飞机巡航监视，能及时发现各种违法、违章时间，并迅速处置；由于海上执法工作统一由该机构负责，就消除了部门分散执法造成的矛盾，提高了执法的成效。再如波兰的海洋执法工作由航运救助公司负责，它由海洋经济总局领导，总部设在格丁尼亚。该公司有 2 个救助中心，8 个救助站，750 名人员，还有各类救生船舶 20 多艘，直升机 1 架。它主要承担海上救助工作，此外还承担海上污染的消除等工作。由于组织协调好、通讯系统高效、搜救船舶性能好，因而确保了海上救助活动的快捷、高效。

（二）美国的海岸带管理体制

美国是集中型海岸带管理体制的代表。作为世界上最大的发达国家，美国最早开始了海岸带的立法工作。在立法工作的早期，立法的重点是针对在单个领域内出现的环境问题，因而早期的立法成果形成了众多单部门法规并行的局面。随着经济的发展，人们开发利用海岸带的强度加大，随之而来的是海岸带开发过程中问题的多发性。原有的行业性法规由于缺乏横向的联系性而无法解决新出现的问题。同时，由于美国实行的是联邦制的政治制度，这就决定了一些州政府在海岸带资源的开发、利用和保护方面也拥有较大的权利。由于国家一级的海岸带管理职能分散在多个行政部门中，缺乏一个总的部门负责协调和管理海岸带的运作，各个部门以自己的方式来参与海岸带的管理，这就导致了在海岸带的管理过程中出现了混乱局面。为了进一步理顺海岸带管理工作，美国首先从法律上进行改善。美国于 1972 年颁布了《海岸带管理法》，同时在海岸带的管理机构上也进行了改革，1973 年，国家海洋与大气管理局成立了海洋及海岸带资源办公室，专门负责全国的海岸带综合管理工作。美国的海岸带管理体系分为联邦政府、州政府以及县级政府三级；联邦政府在海岸带的管理职权上不是很大，因此在海岸带的综合管理上也遇到了很多问题。为了解决该问题，美国于 1997 年成立了由联邦主要海洋机构负责人组成的海洋领导小组，该小组通过定期开会的形式来实现对海岸带的综合管理。

在海岸带的综合管理上除了有综合性的法律以及管理机构外，美国也成立了统一的海上执法队伍——海岸警备队，这样能够及时有效地处理违法行为，减少因执法混乱造成的效率低下的问题，从而大大提高了美国的海上执法能力。美国的海岸带管理职能按其法律规定，主要由国家海洋与大气管理局负责，由内政部、能源部、运输部和国务院等加以配合。海上执法权集中在海岸警备队。

1. 国家海洋与大气管理局

国家海洋与大气管理局隶属商业部，成立于 1970 年。局长由商业部负责海洋和大气业务的副部长兼任。国家海洋与大气管理局是美国管理海洋资源，保护海洋、海岸、大气资源，制定国家海洋政策，并利用其管理、研究和技术专长提供实际服务的重要机构。内设 5 个办公室：顾问办公室、外事办公室、审计办公室、行政管理办公室和国家海洋与大气管理局军队指挥办公室。下设 5 个局：国家海洋渔业服务局、国家海洋服务局、海洋与大气研究局、国家气象局、国家环境卫星资料及信息局。其中执行海岸带管理职能的主要包括以下几个部门。

（1）国家海洋渔业服务局。国家海洋渔业服务局下设执法处、渔业保护和管理处、国家事务处、贸易与工业处、研究与环境信息处、受保护资源管理处及区域性渔业中心。该局的主要职责是：管理、保护美国专属经济区内的水产资源，检查各项计划，促进美国水产业的发展。国家海洋与大气管理局通过海洋渔业服务局管理、保护并预报海洋水产资源、实施《格纳森渔业保护与管理法》。限制外国渔船在美国管辖海域内的捕获量。

（2）国家海洋服务局。国家海洋服务局下设海岸与大地测量处、海洋资源保护与评估处、海洋与地球科学处和大洋与海岸资源管理处。其职责范围包括：进行海洋及海岸带测量，编绘航空及航海导航图，发布潮汐预报，搜集包括美国沿岸水域、大湖区及全球海洋的物理特征资料，评估近海污染造成的影响，管理近海资源及国家的海上和河口特殊保护区系统，与各沿海州政府和联邦政府各部门密切合作，促进近海资源的利用和保护。

另外，美国国家海岸带资源办公室也隶属于国家海洋服务局。这是1972年由国会提案并批准建立的国家级管理机构。其职责是对有关陆域、河流、湖泊和海岸线的管理以及政策总体协调和项目管理与实施工作。这些项目包括恢复、促进海岸带和海洋资源等方面。该办公室通过以下计划实施这些任务：海岸带管理规划（计划）、国家港湾研究与保护系统计划、国家海洋保护区计划、海洋矿产和热能计划。该办公室负责美国海岸带地区（包括北部五大湖区一部分）的综合管理，目前已向29个州（国家批准授权）提供资助。该办公室还设有海岸带信息中心，负责搜集和处理美国海岸带信息。

2. 海岸警备队

海岸警备队是美国海上执法管理的主要机构，也是美国最早组建的海上执法队伍，创建于1790年，1967年开始受规划运输部领导。美国海岸警备队承担的主要任务有如下内容。①统一管理航标、灯塔和电子导航设施，帮助航海人员确定位置，在其遇险和故障时发出警报，使其安全航行。②桥梁管理：确保在美国可航行水域上所有的桥梁建设、维修、管理等符合安全航行的要求。③保证商船安全，监督管理商船的设计、建造、人员配备、载货等，尽量减少海上人员伤亡和财产损失。④执行法律和条约：作为联邦政府的海事执行机构，负责执行美国及其属地可航行水域和公海方面所有的法律法规。⑤管理美国用于极地和沿海的所有破冰船，保障在南北极地区美国的国防和科研利益。⑥海洋环境保护：通过使用预防手段来保持和改善海洋环境。⑦军事行动和军备：参加军事训练，参与其他兵种的演习，时刻保持准备就绪的战斗状态。⑧海洋科学活动、提供海洋科学成果，保证海岸警队计划的实施和支援美国经济、科学、国防和社会的需求。⑨港口的安全和保卫：保卫美国的可航行水域和近邻的海岸地区（包括港口及其有关设施）使其不受损害。⑩无线电导航：提供连续的、准确的和全天候的定位能力，促使船舶和飞机安全迅速地从海上和空中通过。根据政府授权建立、维护和管理电子导航设备，这些设备除为美国武装部队服务，也是美国在水域或空域进行贸易等活动所必需的。⑪负责对游艇操作者的训练教育，使游船安全人员与州、地区组织保持联系，检查游艇的建造标准与设备，负责事故调查和比赛期间的安全。⑫搜寻救助：为在水域（包括海洋和内陆可航行水域）遇难的人员和财产提供援助，把人员伤亡和财产损失减到最低程度。⑬通讯保障：负责管理通讯网，为船舶和飞机提供无线电报、无线电传、打字电传、传真等通信保障，满足海岸警备队的需要和海上商业、娱乐活动等需要。⑭组织后备队：海岸警备队投入作战或国家紧急事件时，提供经过训练合格的人员。⑮保障工作：主要有社会的和国际事务的保障、工程保障、财政管理、人员、补给和自动化信息保障，公民权的保障，医疗保障，法律保障，情报安全保障和人员保障。

3. 其他机构

除了上述部门之外，在美国中央机关中，还有能源部负责公布外大陆架地区石油和天然气投标和生产的规章制度，国防部的陆军工程兵负责管理通航水域。主管这类水域中的构筑物、污染和海洋倾废，保护港湾设施、海岸线、航道等。海军从事海洋资料的收集、服务、海洋科学、海洋工程、潜水医学研究等以及负责海底地形调查和绘制海图等。

（三）法国的海岸带管理体制

在 1960 年，法国前总统戴高乐将军就强调海洋开发的重要性，发出了“法兰西向海洋进军”的号召，之后法国历届政府十分注意调整和充实海洋研究和管理机构。1967 年，法国成立了国家海洋开发中心，成为法国海洋开发的核心机构。进入 20 世纪 80 年代后，密特朗总统领导下的皮埃尔莫鲁瓦政府坚决支持海洋研究与开发工作，进一步调整与改革海洋管理体制。其最重要的举措是在政府部门中增设“海洋部”，明确符合法国海洋利益的 4 项具体计划：合理利用与开发法国海岸带；整治滨海地区领土；开发海洋新技术；强化海洋研究与开发管理机构职能。至此，法国“海洋部”成为该国海洋研究与海洋开发的一元化领导机构。之后到 1993 年又发展成为“海洋国务秘书处”，主要履行以下权力：制定并实施法国海洋政策；管辖法国本土及海外领地外海总面积为 1 100 万平方千米的 200 海里专属经济区；管理法国海港、渔港与海洋运输船队；管理海洋渔业与水产养殖；保护海洋环境；指导海洋工作者职业培训和社会福利事业；管理法国海岸带及海区公共财产；保障海上作业人员生命安全；推进海洋开发领域内的国际合作等。

“海洋国务秘书处”下设部际海洋委员会，海洋科学技术研究委员会以及航海和港口局、商船局、渔业局、海上人员管理局、全国海洋残废者安置局 5 个管理部门。秘书处下设的部际海洋委员会是海洋科学研究和海洋资源管理方面的决策机构，由政府有关各部主要负责人组成，负责审议海洋开发计划；海洋科学技术研究委员会是海洋科学研究计划和海洋资源管理活动的咨询和指导机构，由资深的海洋学者、工程师和专家组成。这两个机构使海洋国务秘书处在海洋资源管理方面具有更大的权威性。5 个管理局具体实施政府法令赋予秘书处的职责，行使管理职责。“法国海洋国务秘书处”在法国沿海各大区设海洋事务管理局，其下属各省、市设海洋事务管理处两级管理机构。该秘书处现有人员 725 名，大区管理局及省、市海洋管理处两级机构共有从业人员 5 515 名。除了海洋国务秘书处外，政府其他相关部门也参与了海洋管理工作。

（四）荷兰的海岸带管理体制

荷兰海洋管理的全部权力都集中于中央政府手中，主管部门为荷兰海洋管理局。由于荷兰采取集中式海洋管理模式，即中央政府直管，所以由中央政府负责海洋政策的制定和大陆架海域的管理。部长委员会是国家海洋问题的最高决策机构，下设议会委员会和非政府咨询委员会。由所有涉海部门高级官员组成的部门间委员会听命于部长委员会。这一模式把管理程序科学地纳入了决策过程，避免了部门利益冲突，增加了海洋管理的可协调性。目前参与管理的除政府部门外，还有私人团体等非政府组织。

荷兰海洋管理局作为国家海洋行政主管部门，会同交通、公共工程和水资源管理部一起参与国家海洋管理工作，荷兰海洋管理体制中还吸收了政策制定和形成过程中的有关代表。通过跨部门工作组与其他主管部门、政府部门和非政府组织进行协调，统一管理开发利用活动、自然科学计划、环境自然资源保护区和农业有关政策。私人、有关团体和小型手工作业渔民具有国家级顾问资格，而地方政府是特定的决策参与者。1993年，荷兰建立了海岸管理中心，帮助本国和沿海国家制订和执行“海岸带综合管理计划”。该中心创立了“共同脆弱性评价”，并且帮助8个国家对其会变化脆弱性进行评价。

(五) 集中型管理体制的优点

美国、法国、荷兰等国家都是世界上开展海岸带管理较早的国家，其集中管理的体制也取得了相当的成效，从法律制度的效益角度来分析，主要体现在以下几个方面。

（1）有利于建立协调统一的海岸带管理模式。美国、法国和荷兰在中央层面都设有单一的海岸带管理机构，这种单一的海洋和海岸带资源管理机构确保政府集中管理海洋事务，对海洋资源开发、利用及管理有一个全面的看法，进而制定出一项综合海洋资源开发和管理的政策，并得到其他政府部门和有关机构的全力支持。这样就避免了海洋管理工作政出多门、重复工作及双重责任的现象，结束了有关涉海部门职责不清、分工不明的问题以及由此造成的种种难以解决的矛盾，确保海岸带管理政策和法律得到有效的实行。此外，这种模式还有助于形成以中央为核心，以地方为基础的海岸带管理体制，使海岸带开发趋于合理化。

（2）有利于形成有效实施的海洋规划。由于权力集中，体制较为协调统一，因此在集中管理型的国家，比较容易订立统一的海洋规划并能确保其有效实施。如法国的“海洋国务秘书处”确定了“海岸带空间计划”，其中最主要的计划包括“海洋开发基本计划”“土地利用规划”和“城市建设基本规划”。这些计划实施后，法国的海岸带开发、治理、保护活动变得合理有序，实现了海洋经济效益、社会效益和环境效益的统一。更为重要的是法国的“海岸带空间计划”得到了落实，没有成为一纸空文。

（3）有利于解决海岸带管理中的跨地域问题。在海岸带管理中，“客水污染”“非点源污染”“洄游种群保护”一直是难点中的难点，无论是从行政管理还是立法、司法、执法的角度来看，都是非常难以解决的，但是由于管理权限统一，并普遍拥有一支强有力的执法队伍，因此，集中管理型国家可以有效地进行跨地域、跨行业的立法和执法，从而解决这些问题。从美国的实践来看，美国实施海洋和海岸带管理20多年来，非点源污染已经得到了有效控制；海洋哺乳动物物种群也已从严重下降点反弹向好。

二、半集中型海岸带管理体制

与集中型海岸带管理体制不同，实施半集中型海岸带管理体制的国家一般不设立统一的海岸带职能部门，而是设立高层次的海岸带协调机构，由协调机构协调海岸带行业性职能部门的管理活动；海岸带管理权力分属国家和地方各部门；虽然也有国家在联邦（国家）层面建立了海洋管理职能部门，但国家对海岸带的管理比较弱，海岸带管理的主要职责主要由沿海地方政府承担。这类国家有澳大利亚、加拿大、日本、俄罗斯等国。

（一）半集中型管理体制的特点

实行半集中管理型模式的国家，尽管还没有在国家层面建立海岸带职能部门，但通过高层次、有效的政策协调也能达到海岸带综合管理的目的。半集中管理型模式具有以下特点。

1. 全国没有统一的海岸带管理职能部门，海岸带管理职能分散在多个部门

在半集中管理型国家中一般没有统一的海岸带管理部门，而是由多个部门共同行使权力。如日本没有建立全国统一的海岸带管理职能部门，涉海的管理机构有8个：运输省、建设省、农林水产省、通商产业省、科学技术厅、环境厅、国土厅、防卫厅。再如澳大利亚没有建立海洋和海岸带管理的职能部门，海洋工作分属于联邦科学与工业研究部、资源和能源部、资源保护部、科技部、国防部、联邦资源评估委员会、国家环境保护委员会、生态可持续发展政府间委员会等部门。此外，沿海有些州还建立了与海岸带管理有关的机构，如维多利亚州建立了海岸和港湾管理委员会；西澳大利亚州建立了海岸带委员会；塔斯马尼亚州建立了生态可持续发展咨询委员会。

2. 有海洋方面的咨询机构和协调机构

为了弥补海洋事务分散管理的弊端，日本和澳大利亚都建立了决策与协调机构，日本政府组成了两个决策与协调机构：其一是日本海洋开发审议会，它是日本总理大臣在海洋开发方面的最高决策性咨询机构，由20名专家教授组成，主要职能是为总理大臣提出的咨询作出相应的解答，并协商、调查、审议与海洋开发有关的事项，宏观管理国家的海洋开发；其二是海洋开发有关省厅联席会，负责全国海洋开发方针政策和规划的制定，协调全国的海洋工作。它由10个与海洋有关省厅的局长、部长组成。主席由内阁官房长官担任，两个副主席，一个由内阁官房内政审议室副室长担任，一个由科学技术厅研究开发局局长担任。再如澳大利亚成立了“联邦海岸带协调委员会”，其主要职责是协调各联邦机构在海岸带区域内的活动；成立了“政府间技术委员会”，主要任务是就各级政府间海岸带问题向政府提出建议。

3. 建立了统一的海上执法队伍

虽然半集中管理型国家海岸带管理机构比较多，权力相对分散，但是都建立了统一的海上执法队伍，保证海岸带事件处理的快速与及时。如日本的海上执法管理非常严格，所有的海洋法律、法规都由海上保安厅具体执行。海上保安厅为准军事部队，执法效率高。①

(二) 日本的海岸带管理体制

日本是一个岛国，海岸线全长 33 889 千米，海岸线十分的曲折，多优良的港湾，这对日本的渔业、造船业以及对外联系十分的方便。日本在涉海的管理上还未成立一个对全国海洋和海岸带管理的综合性的职能部门。在日本，享有海岸带管理权限的管理机构有8个：运输省负责日本的海上运输、海上交通安全、港湾建设及其管理方面的工作，负责制定与上述工作有关的法规，负责海上统一的执法工作；建设省主要负责沿岸海域的保护及开发利用，开发沿海空间利用，制定海岸带开发利用的有关法规和规划；农林水产省负责日本的水产资源的开发与管理；通商产业省负责沿海工业开发，负责海洋石油和天然气的调查勘探、开发工作，负责海水淡化、海水提铀、海洋能发电技术的研究工作，负责深海底矿产资源的调查勘探工作等；科学技术厅负责调整和制定海洋开发政策，推进海洋技术开发计划；国土厅负责制订海洋开发宏观计划，管理全国海洋国土地开发和海岸带的开发利用，制定海洋国土开发有关的法律、法规；环境厅负责海洋环境保护工作；防卫厅负责海洋军事方面的工作。日本虽然没有统一的涉海管理部门，但是日本却有统一的海上执法队伍——日本海上保安厅。所有涉及海洋的法律法规都由海上保安厅负责执行。由于日本海上执法队伍的统一，再加上执法手段的先进，因而日本的海上事件处理迅速、及时。

由于海洋管理职能的分散，在海洋的管理过程中便会出现一些问题。为了克服分散管理的弊端，日本组成了两个协调与决策机构：其一是日本海洋开发审议会，它的主要职能是审议与国家海洋开发相关的事项，从宏观上实现对海洋的管理；其二是海洋开发有关省厅联席会，它的主要职能是制定全国的海洋开发政策与规划，并负责全国的海洋管理协调工作。

(三) 澳大利亚的海岸带管理体制

澳大利亚是联邦制国家，目前还没有设立海岸带综合管理行政机构。澳大利亚在海洋和海岸带管理方面的行政安排依据两个基本因素：其一是宪法规定的职责分工，即联邦政府和州政府之间的权力分工，这是最基本的，也是最重要的；其二是所规定的一系列政府间协议，这些协议通过乡镇安排补充，延伸了管辖权的问题，或使之付诸实施。海洋和海岸带管理涉及联邦、州和地方三级政府。

---

① 王琪．中国海洋管理：运行与变革［M］．北京：海洋出版社，2014.

联邦政府拥有有限的与海洋和海岸带管理有关的特定权力，如只有联邦政府拥有签订国际条约的权力，并对州政府行使的权力有巨大的影响力；州政府负责实施大部分的海岸带政策，并对其下辖的地方政府起监督作用；地方政府负责管理土地利用规划、开发项目审批以及沿岸土地的养护和港口控制，并在溢油、减灾和污染治理方面发挥重要作用。通常这三级政府并不存在纵向领导关系，但是它们之间有较为密切的协作，形成一套自己的海洋管理体制。

目前，澳大利亚在海岸带管理方面的机构基本上集中在联邦和州政府、大学和学术界、企业界等三大系统内。以联邦和州政府为例，涉及海洋和海岸带管理方面的机构设置，除了已有的澳大利亚联邦科学、工业与资源部、渔业部、野生动物和生态学部、自然资源与环境研究所以及澳大利亚海洋科学研究所、海洋学资料中心和国防部澳大利亚皇家海军研究所、科技部南极局、资源和能源部、资源保护部国立海洋科学实验室外，自20世纪90年代以来，又相继建立了联邦资源评估委员会、国家环境保护委员会、生态可持续发展政府间委员会、全国海岸带咨询委员会等部门。

（四）半集中型管理体制的评价

（1）半集中型管理体制有利于加强行政管理。半集中管理型立法的主要优势体现在可以加强行政管理。由于各部门分工不同，所关注的角度可以覆盖到海岸带管理的各项目标和政策，因此，虽然相互之间的协调统一存在一定问题，但是从另一角度看，这种体制有利于将海岸带的方方面面都纳入到行政管理的效力之下。

（2）综合管理水平较低。不论是日本还是澳大利亚，对沿岸水域采取以部门为基础的管理体制，基本停留在20世纪70年代初以陆地为基础的海岸带管理的水平上。进入20世纪90年代以来，随着国际海洋新秩序的建立，国家为实现海洋的最大利益和最佳目标，才开始形成对其管辖海洋水域采取综合管理的指导方针。目前，这两个国家也开始致力于将各部门的活动综合起来。

（3）海洋和海岸带管理缺少有效的、综合性的监测和评价计划。半集中管理型国家的体制安排由于缺乏统一协调的指挥体制，因此对于海岸带跨地域、跨行业、跨领域的问题应对艰难。以澳大利亚为例，尽管在州一级接二连三的进行海岸带管理的审查，但是还不能评估现在的管理体制是否完善。对于大多数州来说，它们都具备拥有跨部门和跨陆海边界的海岸带综合管理体制的潜力。但是受体制所限，从海岸的使用情况的改进来评价现有海岸带计划的有效性也是很难的。因此，澳大利亚的海洋和海岸带管理由于缺乏监测和评价计划，其实施的效果受到了严重影响。

三、松散型海岸带管理体制

采用松散型管理体制的国家，全国没有统一的海岸带（海洋）管理职能机构或协调机构；海岸带（海洋）管理分散在国家某些部门和地方政府，管理力度不大；全国没有综合性的海岸带管理法律，没有统一的海洋执法队伍统一；全国没有统一的海岸带管理规划和政策。松散型海岸带管理体制与半集中型管理体制相同的一点是没有专职的海岸带管理机构，不同的是它既没有专门的海岸带管理法规，也没有统一的海岸带协调机构。海岸带的管理职能散落于各个职能部门，仅仅依赖各个职能部门的自觉管理。这类国家有英国、越南、印度尼西亚、菲律宾等。

（一）松散型海岸带管理体制的特点

（1）全国没有统一的海岸带管理职能部门。松散管理型国家一般没有统一的海岸带管理职能部门，海岸带管理分散在较多的部门，海岸带管理力度不大。如英国没有建立统一管理海洋工作的职能部门，而海洋管理和海洋开发工作分属于能源部、贸易工业部、国防部、环境部、农渔粮食部、科学教育部、工程和物理科学研究委员会、自然环境研究委员会等部门。再如印度尼西亚的海洋和海岸带管理都属于松散管理型，全国没有成立统一管理海洋工作的职能部门，海洋工作分散在农业部、交通部、矿产能源部、工业部、林业部、司法部、卫生部、科技部、教育和文化部、公共工程部等部门。菲律宾也没有建立统一的海洋综合管理职能部门，海洋（海岸带）工作分散在国家环境委员会、农业部、环境与自然资源部、能源部、海岸和大地测量局、海运管理局等部门。

（2）没有统一的法规、规划、政策。松散管理型国家一般没有统一的海岸带立法，其海岸带立法一般散见于和海岸带相关的各种立法当中。国家没有制定统筹海岸带管理的专门法律法规，只是通过咨询意见、指导建议等形式对海岸带的管理进行指导，并无强制约束力。但是近年来，这些国家也开始意识到这一缺陷的不利影响，印度尼西亚在 2006 年制定了其第一部海岸带管理法。

（3）没有统一的执法队伍。松散管理型国家一般没有设立统一的执法队伍，其执法工作由各政府组织实施。海岸带执法依赖各个职能部门的分别执法，行政执法效率低下，成本较高。如英国涉及海岸带管理的执法队伍就包括交通部的下属机构皇家海岸警卫队、皇家海军、皇家救生协会以及内务部移民局等。

此外，实行松散型海岸带管理体制的国家，缺乏对海岸带的统一的规划，海岸带开发利用一般比较随意。

（二）英国的海岸带管理体制

英国没有建立统一的海岸带管理职能部门。有关管理工作分属于环境部、能源部、科学教育部、运输部等。在英国海岸带管理有关的行政机关中，海洋石油和天然气的开发与管理、海洋能的研究和开发工作由能源部负责；海洋渔业的开发和管理由科学教育部负责；海洋环境调查研究、海洋环境保护工作由环境部负责；海洋运输、船只安全、导航及港口管理、防止船舶污染海洋由运输部负责。

由于在海洋管理方面实行了多部门、分职权的管理，在各职能部门开发利用海岸带资源时会出现冲突的现象。为了提高政府对海岸线问题的关注，协调各成员单位对海岸带的管理，化解成员单位在海岸带管理方面的矛盾，英国于1986年成立了“海岸线问题常设委员会”，其成员包括港务局、渔业局、自然保护局等。英国还于1986年成立了“英国海岸科学技术协调委员会”，负责制定有关海洋发展的科学规划，促进各部门海洋科学技术工作的开展。英国于1994年7月成立了包括企业、大学、环境组织和政府部门在内的“海岸带管理常设论坛”，它主要通过召开会议的方式讨论与海岸带有关的一些问题，讨论有利于改善海岸带管理的方法，从而实现海岸带可持续的开发与利用。

（三）印度尼西亚的海岸带管理体制

印度尼西亚的海洋管理属松散管理型，海洋管理由国家（中央政府）和地方（省）二级管理。印度尼西亚设有国家海洋技术委员会，这是一个协调机构，主要协调海洋学、渔业、海上与沿海环境、海洋地质学和海洋地球物理学、沿海地区的开发管理、海洋工程及石油、天然气和矿物的近海勘探开发和海水养殖等活动。1997年初，印度尼西亚成立了国家海事委员会，负责协助总统制定有关海事问题的总政策，总统任该委员会主席。国家海事委员会的建立是为了加强国家国防与安全建设。

具体部门分工中，国家环境部负责全国的环境管理工作。环境部长的办公室设有环境影响管理委员会。环境部长负责制定全国环境管理的方针政策并指导全国环境管理工作。环境影响管理委员会的主任向全国提供环境影响分析指导。农业部渔业总局负责全国的渔业工作，其中包括印度尼西亚的渔业管理工作。为了保护海洋环境，渔业总局还负责鉴定鱼类和其他海洋生物资源的环境，并对有关水产养殖区提出意见和进行指导。交通部海运总局负责导航和航运，港口管理。海运总局参与国际处理海洋污染重要公约的谈判并负责执行有关国际公约。矿产能源部负责海上采矿活动，该部的石油天然气总局负责海上石油、天然气勘探开发规划。

此外，隶属于该部的PERTAMINA国家石油公司是防止海上石油生产设施引起的海洋污染的重要参与方。工业部和各省市政府是管理陆基污染的主要成员。工业部在审批工业项目申请时，要求该项目必须有环境影响分析报告，并对该分析报告严格审查，提出控制污染的意见。林业部负责管理和维护野生资源、自然公园、红树林和珊瑚礁，该部与内政部和移民局合作对不非占有和开发湿地的行为进行处理。司法部设有一个海洋污染委员会，专门处理海洋污染问题。卫生部负责制定水质标准。

（四）松散管理型体制的评价

总的来说，实行松散管理型模式的国家，由于海岸带管理工作分散在政府各个部门之中，又没有统一的执法队伍，使管理效率和效果受到较大影响。

（1）海岸带管理政出多门、效率低下。较之半集中管理型国家，松散管理型国家的海岸带管理水平更低，其参与管理的部门也更多一些，这就使其海岸带的管理无法达到“综合”的要求，各部门之间的协调耗费了大量的制度成本，使得海岸带管理的效率无法提升。

（2）执法不力，存在管辖空白和冲突情况。半集中管理型国家虽然在管理机构设置上比较分散，但往往有一支统一的强有力的海岸带执法队伍。而松散管理型国家的执法工作往往由各部门各自的执法队伍来进行，这样在海岸带管理上就可能会出现管辖权相互重叠或是出现遗漏空白的情况。当出现跨部门的事件时更是如此。

（3）难以制定统一的海岸带规划。由于缺乏强有力的部门加以主持，因此，在松散管理型国家的机构内部，各部门都要考虑到各自的权力与目标，且考虑问题的视角不同，就海岸带的综合管理达成统一的规划是非常困难的。

第三节　我国海岸带管理体制的完善

我国目前海岸带管理属条块分割、行业管理、分散执法的“松散型”管理体制，基本上是以各行业和各部门管理为主，这种管理形式对重大决策的失误和破坏性事件的发生可以起到一定的抑制作用，但这种管理体制的缺陷在于——没有将海岸带作为一个独立的综合系统看待，不能充分考虑海岸带的特殊性。涉及海岸带的行业性法规之间、执行机构之间缺乏横向协调，往往人为地造成管理上的真空或重复、冲突。由于管理部门分散，相互合作不够，形成了政出多门、令出多头的局面，再加上部门之间、地方之间、部门与地方之间权益纷争，力量不集中，造成管理上的混乱。正如前文所述，海岸带综合管理的实施，并不意味着现行“松散型”管理体制进行“推倒重来”的革命性改变，而是对原有管理体制的改革与完善，是对原有“条条”机构现有人力和财政资源的优化。①

一、设置集中型为主的执行体制

我国虽然有国家海洋局专门负责处理海洋事务，但是在与海岸带管理的诸多事务之中，海洋局并不处在核心或协调中心位置，海岸带仍以部门管理为主。海岸带执法权横向分散于不同部门，执法力量分散，争权夺利和相互推诿，降低了政府的管理和服务效能，增加了执法成本，影响了执法效率和质量。为了改变这种状况，可以考虑在国家层面的海岸带管理和执法体制上，成立跨行政边界的区域性海岸带管理部门。该机构应享有广泛的

① ［菲］蔡程瑛．海岸带综合管理的原动力——东亚海域海岸带可持续发展的实践应用［M］．周秋麟等译．北京：海洋出版社，2010.

权力，不仅是综合性的海岸带管理机构，还应赋予其行政执法权以及协调各相关部门管理活动的权力，以加强国家与地方政府之间、地方政府之间以及不同部门之间的合作与协调。

切萨皮克湾的海岸带管理

切萨皮克湾是美国沿海的重要河口区，是美国中大西洋区的中心地带，因萨斯奎哈纳河及其支流沉降而形成。整个海湾从宾夕法尼亚州到弗吉尼亚州绵延近 320 千米，海湾宽 56 千米，接纳 15 条河流的来水，海岸线长度超过 1.2 万千米，流域面积 16.6 万平方千米，流域内共有人口 1 500 多万，涉及西弗吉尼亚、纽约、特拉华、马里兰、宾夕法尼亚等多个州和华盛顿特区。从 20 世纪中叶开始，由于附近居民快速增长和工业发展，切萨皮克湾的水质开始恶化，鱼类产量不断下降。湾内海草及重要的野生生物群落日渐稀少，水体中的磷、氮、营养盐类超标，藻类急剧繁殖。海底沉积物毒素不断积累，至 20 世纪 80 年代已经达到警示程度。

1983 年，美国环境保护署与弗吉尼亚、马里兰、宾夕法尼亚和哥伦比亚特区签署了《切萨皮克湾协议》，成立了切萨皮克湾执行理事会、执行委员会和环境保护属切萨皮克湾办公室，开始实施海湾保护计划。为了完善保护机制，2000 年各方对《切萨皮克湾协议》进行了重签，进一步拓宽了该计划执行的领域和目标。美国联邦政府内阁秘书，马里兰、宾夕法尼亚、弗吉尼亚州州长，华盛顿特区市长，联邦环保署署长，以及各州立法机关的代表为执行理事会主要成员，参与决策。执行理事会是独立性较强的执行机构，由于委员本身就是联邦、州的管理部门的官员，有利于管理规划的协调，保证执法效果。理事会下设的咨询委员会和执行委员会，建立伙伴关系，确保各利益相关方的充分参与。切萨皮克湾海岸带管理工作，涉及联邦、州和县（country）政府机构以及 700 多个企业、科研单位和民间组织。在联邦政府层面，有 12 个机构与美国环境保护署联合签署备忘录，包括国防部、国家海洋与大气管理局、内政部、农业部、交通部等。海湾整治实施委员会由 35 个成员单位组成，包括联邦政府有关机构、3 个流域委员会、3 个州和华盛顿特区的负责人或代表。此外，切萨皮克湾整治项目在具体工作中还成立了 4 个委员会（联邦机构委员会、预算计划委员会、防治空气污染协调委员会和支流整治公民参与委员会）、8 个二级委员会以及 50 多个工作小组，参与污染管理、预防和生物资源管理工作。这些机构主要负责协调联邦各有关机构、各州之间的工作。通过这种组织结构，将各级政府部门、科研单位、环境组织、企业等联系在一起，共同参与决策过程，使切萨皮克湾的海岸带管理工作得以顺利推进。

在地方，应因地制宜，遵从国家综合海岸带治理政策，打破行政边界的桎梏，以生态系统管理理念为指引，将流域和与流域相连的海洋作为管理单元。只有打破传统的行政区域和事务管理单元模式，才能打破地区、部门利益干扰，基于区域的生态系统管理理念才能落实，才能本着陆海统筹、海陆一体化综合管理的理念，加强海岸带综合管理力度，实现海岸带的可持续发展。

二、建立部门间长效协调机制

在目前的管理体制下，地方政府的管理能力存在重大不足。首先，地方政府力量薄弱，主要表现在行政管理等级层次较低、机构人员编制少、人员素质不高、行政管理系统不完善、装备技术和管理手段比较落后等方面。目前沿海省、直辖市、自治区和多数沿海市（地）、县都成立了海洋管理机构，但是这些机构的人员编制大多只有几人到几十人，人员少，难以负担起如此繁重的海洋管理任务。其次，管理体制上下不对应。就全国来讲，地方海洋管理机构大致有两种类型：海洋与渔业厅（局）、海洋局。管理机构名称的差异，往往表明其管理职责的不同。海洋与渔业厅（局）就是兼海洋管理与水产资源管理为一身的职能部门，而海洋局没有水产资源管理的职能。另外，地方与中央、地方与地方，甚至地方的下级管理部门与上级管理部门之间的管理体制都不对应，不能形成一个强有力的组织系统，阻碍了海洋综合管理工作的有效开展。最后，受国家海洋管理体制的制约，地方海洋管理部门与其他产业管理部门职能相互交叉，管理区域和对象大致相同，因而工作中存在着严重的职能交叉现象，这些职能交叉，给海岸带管理工作带来了一定的负面影响。

在我国现有的海岸带管理体制中，国家层面的海洋行政管理部门层次偏低，难以协调在海洋开发过程中部门之间的矛盾和冲突，有些职责也难以到位。海岸带综合管理的实施必然要求确立一种有效的、不同于“条条块块”的管理体制。如果将海岸带综合管理权力整体赋予某一部门，这在本质上属于“条条”管理体制的延续，因此，综合协调体制是当前体制下的最优选择。如基于历史和习惯上的原因，将协调管理职责赋予某一行业性管理部门，这一机构在处理海岸带管理冲突和矛盾时，能否超脱部门利益、着眼全局公平处理相关事务？为了保证各级政府管理活动的相互配合和促进，必须建立新型的长效协调机制，加强中央与地方政府、地方政府之间的信息沟通和日常管理活动的协调。

濑户内海的环境保护与管理体制

濑户内海地处日本西南部，在日本本州、四国和九州之间，是日本最大的内海，东西长450千米，南北宽5~55千米，面积为2.3万平方千米，平均水深38米。20世纪中期以后，濑户内海沿岸被选为工业基地，钢铁、炼油和石化工业等基础工业生产能力高度集中，约占日本全国的40%左右，作为建筑材料的碎石、沙子开采量约占全国的20%左右。随着各种产业的迅猛发展，濑户内海的环境问题日益突出，水质污染严重、赤潮频发、海上油污染严重、填海造地失控。濑户内海一度被称为“死亡之海”。

为了加强濑户内海环境保护与管理，1973年10月，日本制定了《濑户内海环境保护特别措施法》。该法确立了濑户内海知事、市长联席会议制度和濑户内海环境审议会。濑户内海知事、市长联席会议由濑户内海沿岸12个府、县和5个市的知事、市长组成，通过联席会议，各地方政府共同参与制定“内海环境保护宪章”和濑户内海环境保护基本规划。濑户内海环境审议会属于咨询和协调性机构，由内阁总理大臣任命的34名委员组成，向内阁总理大臣负责。有关府、县知事就该府、县制定的关于濑户内海保护的规划，应向内阁总理大臣报告。通过这一协调机制，上至内阁总理大臣、环境省，下至地方最高行政领导人，都通过批准、审议、报告、联席会议等制度参与到濑户内海基本规划的制定和日常管理之中，实现了中央与地方的纵向协调性，也确保了各地方政府濑户内海保护措施的统一性。此外，虽然对濑户内海的管理工作由各部门依职权负责，但由于各部门遵循同一部法律、同一个规划，总体工作又是在内阁总理大臣或各地行政长官的领导和指导下执行，确保了各部门间的横向协调性。

三、尚待破解的几个体制障碍

海岸带地处海陆交汇之处，资源利用方式多样，面临诸多问题，管理活动的复杂程度远非单纯陆域环境治理可比。海洋污染、外来物种入侵、珊瑚礁退化、海洋倾废、渔业资源衰竭、海洋哺乳动物濒危、湿地保护等问题，涉及多行业、多部门，跨行政区域发展，绝非单一部门可以解决。海岸带问题的解决，必须树立区域协作、综合管理的理念。2013年的大部制改革，适应了我国海洋事业发展对海洋和海岸带管理体制改革的需要，以往海洋和海岸带管理体制中存在的一些矛盾和问题得到了有效化解，但从综合管理的实施层面而言，仍存在亟待破除的体制障碍。

（一）国家海洋委员会与海洋行政管理部门的权责问题

国家海洋委员会层级较高，它的成立，意味着海洋和海岸带管理事务可以快速进入国家高层次的决策议程之中，也为相关机构之间在海岸带管理领域的沟通与协调提供了平台。国家海洋委员会尽管层级较高，但其本质上为议事和协调机构，机构决议的具体执行由国家海洋局负责。目前仍存在以下几个方面的问题，有待进一步明晰。

（1）国家海洋委员会的组成。国家海洋委员会作为我国最高层的涉海事务协调机构，其负责人由国家领导人兼任。由于传统上我国实行以行业性管理为特征的“松散型”海岸带管理体制，涉海行业管理部门众多，哪些机构应该属于国家海洋委员会常务会议的组成人员，就成为委员会成立后必须深入思考的一个问题。

（2）国家海洋委员会的职责。2013 年的《国务院机构改革和职能转变方案》明确了设立国家海洋委员会的目的，“为加强海洋事务的统筹规划和综合协调”①，其主要职责为“负责研究制定国家海洋发展战略，统筹协调海洋重大事项”。但这种设定还需要进一步细化和明确。哪些涉海事务应进入海洋委员会的议事日程，哪些涉海事务直接由海洋行政主管部门或其他涉海行业性主管部门处理，都有待明晰。

（3）海洋行政主管部门与其他相关涉海部门的关系仍未理顺。重新组建的国家海洋局，系将原国家海洋局及其中国海监、公安部边防海警、农业部中国渔政、海关总署海上缉私警察的队伍和职责进行了整合而来。其主要职责是，拟定海洋发展规划，实施海上维权执法，监督管理海域使用、海洋环境保护等。国家海洋局以中国海警局名义开展海上维权执法，接受公安部业务指导。2018 年 3 月，中央和国务院机构改革后，中国海警队伍移交武警部队。虽然我国海洋维权能力得到了强化，但在领海外侧，我国管辖海域内的渔业执法能力可能会弱化。

作为国家海洋委员会执行机构的国家海洋局，在 2018 年的机构改革中被整合入自然资源部。但在地方层面，尚没有对应的机构，渔业海洋行政主管部门与国土管理部门属于同级机构。因此，国家层面上述几者的关系以及新成立的自然资源部、农业与农村部同地方海洋与渔业管理部门的关系，仍存在进一步明确的必要，以减少管理的掣肘。

（二）中国海警局需进一步加强内部整合

我国的海上执法队伍整合之后，成立了中国海警局，适应了统一执法的需要，也更有利于维护海洋权益。但是我国以前的五支海上执法队伍，长期分属不同的职能部门，形成了不同的执法风格和组织文化。中国海监总队，是国家海洋行政管理部门建设和管理的一支综合性海上执法力量，执法依据有《中华人民共和国联合国海洋法公约》《中华人民共

① 国务院．国务院机构改革和职能转变方案．见 http://www.china.com.cn/news/2013lianghui/2013-03/14/content_28245220_2.htm，2017 年 9 月 28 日访问。

和国海域使用管理法》《中华人民共和国海洋环境保护法》《中华人民共和国领海和毗邻区法》和《中华人民共和国专属经济区和大陆架法》等有关法律。中国渔政，归农业部渔政局管理，依据渔业法律法规执法，主要负责海岸带区域的渔业管理执法工作。中国公安边防海警部队，隶属于公安部边防管理局，主要负责近海安全，处理近海治安、刑事等案件的调查处理，打击走私、偷渡、贩毒等海上违法犯罪活动。海关总署海上缉私警察也是我国一支重要的海上执法队伍，主要负责打击走私和口岸管理。交通部海事局，执行依据有《中华人民共和国海上交通安全法》《航务管理规定》《重要水道的航行规定》等，负责海岸带区域内国家水上安全监督和防止船舶污染、船舶及海上设施检验、航海保障管理和行政执法，并履行交通部安全生产等管理职能。

对如此复杂的海上执法队伍，要实现真正的统一执法，尚需要在以下三个方面进行整合。首先，机构的合并。机构的合并是统一执法的基础，合并后的四支执法队伍需要进行机构的重新设置和整合，以适应统一执法的需要。其次，权力关系的重新确立。2013 年成立的中国海警局不仅仅是四支执法队伍的合并，它的执法权限和隶属关系也发生了变化。中国海警局将拥有比以往中国海监更多的执法权限，其权力隶属也更为复杂。最后，人员的整合和人事关系的梳理，目前的情况不容乐观。由于机构改革历程缓慢，各省海警总队、支队已有大批经验丰富的一线执法办案人员退役。原海监、渔政、海关三个部门则一直处于人事冻结状态，一线执法队伍得不到及时充实。海洋执法专业性、技术性、综合性很强，新鲜血液需要 3 至 5 年的磨砺才能成长为业务精通的执法中坚。上述几方面因素的制约，使得我国海警执法队伍面临后继乏人的窘境。

2018 年中央和国务院机构改革中，海警队伍转隶武警部队。按照先移交、后整编的方式，将国家海洋局（中国海警局）领导管理的海警队伍及相关职能全部划归武警部队。此次改革只是改变了中国海警局的隶属，但上述讨论的问题仍然存在。

（三）海洋行政主管部门与其他涉海部门的关系

2013 年和 2018 年国务院机构改革，对国家层面的海洋领导与协调机构、海洋执法队伍进行了较大幅度的变革，但是对于海洋行政主管部门以及其他涉海部门的管理职权都没有进行调整。其他涉海部门，如生态环境部（主体为原环境保护部）①、旅游、林业、能源等均根据相关法律有关行政职能的划分，将自己的管理权限延伸到海洋。因此，海岸带统一管理、综合管理，并非意味着否定其他涉海行业管理在海洋行政管理中的作用，这需要正确处理好海洋行政主管部门与其他行业性管理部门之间的关系，理顺其职责划分，建立良好的沟通和协调机制。

---

① 2018 年的国务院机构改革，将国家海洋局的海洋环境保护职责整合入新成立的生态环境部。

第七章　海岸带管理中的公众参与制度

海岸带是一个复杂的系统，单独依靠公权力机构难以有效解决海岸带和海洋管理的复杂问题。海岸带综合管理需要公众包括社区、私营主体、科学与技术团体、非政府组织、媒体等利益相关者的广泛参与和协作。我国于1996年颁布的《中国海洋21世纪议程》，明确规定海洋资源、环境的开发和保护，单靠政府力量是远远不够的，需要广大公众的参与。1998年，我国颁布了《中国海洋事业的发展》白皮书，提出“广泛动员社会各界参与海洋资源和环境保护，增强广大民众热爱海洋、保护海洋的意识”。[①] 2015年，环保部颁布实施了《环境保护公众参与办法》，对公众参与环境保护的方式，各方主体权利、义务和责任，配套措施等做出了明确规定。但该办法适用范围限于“公民、法人和其他组织参与制定政策法规、实施行政许可或者行政处罚、监督违法行为、开展宣传教育等环境保护公共事务”，不能涵盖海岸带管理事务。因此，如何构建海洋与海岸带管理的公众参与机制，成为海岸带管理部门的当务之急。

第一节　公众参与制度概述

一、公众参与的概念与发展

（一）公众参与的概念

公众通常是指具有共同的利益基础、共同的兴趣或者关注某些共同问题的社会群体或大众。[②] 现代民主行政语境下的公众参与，是指政府及其机构之外的个人、社会组织，通过一系列正式或非正式的途径，直接参与公共决策的制定和执行过程，进而影响公共决策，维护公共利益的行为。所谓公众参与海岸带管理，就是指公众依据法律赋予的权利，通过合法的程序或途径参与国家有关部门主导的、与海岸带环境利益相关的决策活动，并对政府的海岸带管理活动及企事业单位、个人的海洋利用行为进行监督，以使相关决策和活动符合公民的切身利益。公众参与作为一种重要的、新型的管理方式，是海岸带管理协

---

① 中国海洋事业的发展，见 http://www.fmprc.gov.cn/web/ziliao_674904/zt_674979/ywzt_675099/wzzt_675579/2296_675789/t10550.shtml，2017年10月4日访问。

② 王琪，闫玮玮．公众参与海洋环境管理的实现条件分析［J］．中国海洋大学学报（社会科学版），2010（5）．

调能力建设的基础。

（1）公众参与海岸带管理，并不意味着改变公众、政府和社会团体有关海岸带管理计划、政策的观点和立场，也不要求某一特定群体或部门适应另一群体的需要，改变既定的管理计划和政策。公众参与机制，只是保证将单个部门或特定群体关心的问题上升为海岸带管理的集体议事日程，从而使有关各方能够充分表达自己的意见。

（2）公众参与海岸带管理，本质上应视为与某一特定海岸带管理事项有关的各方的真诚对话，目的在于促进各方最大限度地参与海岸带管理目标政策的制定、资料的收集以及矛盾与冲突的解决。如《英国海洋法》第68条在许可证发放制度中规定在收到许可证申请时，许可证发放机构必须将上述申请以最能引起利害关系人注意的方式进行公告，从而使利害关系人知晓与其权利有关的申请事项。同时规定，在是否准许授予许可证时，许可证发放机构可咨询任何在申请事项上富有经验的机构和个人，从而使决策更为科学、合理。此外，磋商（consultation）过程也同样贯穿《英国海洋法》的始终，所谓磋商，即与公众进行商量、研究，交换意见的过程。在第六部分涉及“海洋保护区”的内容时，《英国海洋法》规定相关机构在指定任一区域为海洋保护区时，必须与其认为对此决定感兴趣或者受到决定影响的人进行磋商，在磋商前必须将磋商的时间，参与的方式告知相关利害关系人。磋商的结果不仅需要汇编成册作为决定的参考依据，还需要对磋商中公众提出的问题进行回复并交由相关机构进行审核。①

公众参与制度的设立可以使公众加强对相关海洋事务的认识，使决策者了解公众的基本诉求，调节和解决公众与政府部门的利益冲突，建立起与政府交流的良性互动机制，而且能更好地维护公众基本海洋权益，提升海洋意识，并且使政府自觉接受公众及社会机构的监督，提高决策水平。

（二）公众参与的发展

公众参与资源管理和环境规划，最早出现在20世纪早期，在此之前，管理部门依靠专业人士、学者的科学研究和理论知识使用自上向下方法进行决策，以解决资源与环境保护问题。② 20世纪中期开始，随着环境科学和生态学等学科的发展，人们认识到生态系统是相互作用的。管理者开始重视综合生态系统管理的重要性。为了解决环境影响的不确定性和复杂性，学者开始呼吁采用整体战略，整合各学科和机构开展工作，利益相关者参与环境保护的重要性日益受到关注。

最早将公众参与引入环境管理领域的是美国。1969年，美国的《国家环境政策法》（National Environmental Policy Act，NEPA）首创环境影响评价制度，一方面要求行政机关“充分公开”（full disclosure）其对人类环境有重大影响的决策活动的情报和资料，另一方

① 邓文晓.《英国海洋法》研究［D］. 重庆：西南政法大学，2015.

② 王凤. 公众参与环保行为的影响因素及其作用机理研究［D］. 西安：西北大学，2007.

面确认并保障公众对行政机关有关活动的环境影响进行评价的权利。美国国会将公众参与看作对环境行政管理的重要补充。为了保障公众的环境管理参与权，在1970年的《清洁空气法》（Clean Air Act）中包括了公民诉讼条款，专门设置了“公民诉讼”“司法审查”等条款。此外，美国的很多环境法与海岸带管理法律如《清洁水法》（Clean Water Act）、《资源保护与回收法》（Resource Conservation and Recovery Act，又称《固体废物法》）、《濒危物种法》（Endangered Species Act）等，都包括了公民诉讼条款，“赋予公众一种权力，使之成为推动、敦促政府积极履行环保职能的合法力量，以弥补政府执法不力”①。以后许多国家的环境法律及国际性法律文件都将公众参与作为原则写进法律之中。

1982年的《世界自然宪章》第23款规定：就自然保护政策所作的计划，就生态所作的调查报告，就活动计划和政策对自然影响所作评价的内容，应当以适当方法并及时使公众有所知悉，使公众获得有效咨询并参与对其直接关切问题所作的决定；当公众受有损害或危害时，应做有效救济。1992年在巴西里约热内卢召开的联合国环境与发展会议通过的《里约环境与发展宣言》原则10对公众参与的重要性进行了再一次确认：“环境问题最好是在有关公民的参与下，在有关级别上加以处理。在国家一级，每个人都能够适当获得公共当局所持有的关于环境的资料，包括在其社区内的危险物资和活动的资料，并应有机会参与各种决策过程。各国应通过官方提供的资料来便利和鼓励公众的认识与参与，应让人人都能有效地使用司法和行政程序，包括补偿和补救程序。”《21世纪议程》将公众广泛参与决策作为实现可持续发展的必不可少的条件，并指出“实现可持续发展，基本的先决条件之一是公众的广泛参与决策”。2002年在南非约翰内斯堡召开的“可持续发展世界首脑会议”并通过的《约翰内斯堡会议宣言》第26条提出：“我们认为可持续发展需要长远的眼光和各个层面广泛地参与政策制定、决策和执行。作为社会伙伴我们将继续努力与各个主要群体形成稳定的伙伴关系，并尊重每个群体的独立性和重要作用。”

西方国家在海洋管理过程中，公众享有比较广泛的参与性权利。在各国的海洋空间规划组织阶段和规划阶段，都特别注重组织尽可能多的利益相关者参与其中，充分收集信息，广泛了解相关海域承载的期望、机会以及存在的冲突或问题。在制定海洋空间规划的过程中，美国的马萨诸塞州前后组织了18次听证会，广泛征求了各类利益相关者的意见和看法（听证会基本上完全开放，所有有兴趣的人员均可参加）。比利时在制定北海地区

---

① 如：《清洁空气法》第304条；《清洁水法》第505条；《资源保育与回收法》第401条；《濒危物种法》第11条；《应急规划与社区知情权法》（the Emergency Planning and Community Right-to know Act）第326条；《综合环境反应、赔偿与责任法》（Comprehensive Environmental Response，Compensation，and Liability Act of 1980；又名《超级基金法》）；《海洋功能保护、研究与庇护所法》（Marine Protection，Research and Sanctuaries Act）第105条；《深海港口法》（Deepwater Port Act）第16条；《边缘大陆架法》（Outer Continental Shelf Land Act）第24条；《能源与政策保护法》（Energy Policy and Conservation Act）第335条；《预防船舶污染法》（The Act to Prevent Pollution of Ship）第1910条；《公共土地法》（Public Lands Act）第1349条；《深海海底硬矿物》（Deep Seabed Hard Mineral Resources Act）第117条；《海洋热能保护法》（Ocean Thermal Energy Conservation Act）第114条；《能源资源开发法》（Energy Sources Development Act）第210条。引自：王曦，张岩．论美国环境公民诉讼制度［J］．交大法学，2015（4）．

总体规划过程中，启动为期6个月的不间断会议和采访，对象覆盖不同部门和利益群体，收集到丰富的空间数据和信息，充分了解各个部门或领域的期望和机会。德国和荷兰都要求将海洋空间规划草案提供给公众查阅，并邀请公众对相关的空间管理措施做出评价，这个周期阶段通常需要3~6个月时间。[①] 2008年，欧洲最大的围填海工程“Maasvlakte 2”开始在荷兰鹿特丹港动工，在动工之前，该项目经过了长期的规划、研究和决策过程，政府、鹿特丹港务局、环保组织和公众之间进行交流，最终协调了各方利益。[②]

我国将可持续发展作为基本国策。党的十九大报告指出：要加快生态文明体制改革，建设美丽中国。“构建政府为主导、企业为主体、社会组织和公众共同参与的环境治理体系。”《中华人民共和国宪法》第一章第二条规定：“人民依照法律规定，通过各种途径和形式，管理国家事务，管理经济和文化事业，管理社会事务。”这为公众参与国家和地方层面的海岸带管理提供了宪法根据。《国务院关于环境保护若干问题的决定》中规定：“建立公众参与机制，发挥社会团体的作用，鼓励公众参与环境保护工作，检举和揭发各种违反环境保护法律法规的行为。”《中华人民共和国海洋环境保护法》第四条规定：“一切单位和个人都有保护海洋环境的义务，并有权对污染损害海洋环境的单位和个人，以及海洋环境监督管理人员的违法失职行为进行监督和检举。”2015年7月，环境保护部出台了《环境保护公众参与办法》。为加大海洋工程环评公众参与力度，加强海洋工程建设项目环评公示工作，国家海洋局于2013年2月发布了《关于加强海洋工程建设项目环境影响评价公示工作的通知》。2014年5月，国家海洋局又印发了《海岸工程建设项目环境影响报告书征求意见办理程序》，以规范海岸工程建设项目环境影响报告书征求意见办理工作。2017年通过的《广东省海岸带综合保护与利用总体规划》中提出“要完善规划实施的公众参与、科学决策和民主监督机制，所有用海项目海域使用论证、海洋环境影响评价需在公开媒体或部门网站上公示，各级海洋主管部门及时对外公开海洋行政审批、海洋违法处罚决定结果信息，主动接受社会监督”。公众参与海岸带管理，在实践中受到了越来越多的重视。

二、公众参与的主体

随着环境危机的加剧，全球环保浪潮日益高涨。各国的经验表明，公众参与极大地促进了环境管理事业的发展，公众参与已从个别国家实践逐渐发展成为公认的环境管理准则。海岸带管理的目的是通过对主体行为的规范、引导和约束，实现可持续发展，公众的广泛参与，至关重要。

---

① 许莉．国外海洋空间规划编制技术方法对海洋功能区划的启示［J］．海洋开发与管理，2015（9）．

② 中国海洋可持续发展的生态环境问题与政策研究课题组．中国海洋可持续发展的生态环境问题与政策研究［M］．北京：中国环境出版社，2013．

"公众"的外延和内涵具有不确定性，常常因人们使用的时间和地点的不同而有不同的含义。虽然"公众"往往是作为普通生活用语来使用，但随着政治经济的不断发展和社会生活的多样化，"公众"一词的适用范围也在不断扩大。① 在海岸带综合管理语境中，公众参与的主体是公众，可以是公民，也可以是不具有一国公民资格的人，还可以是法人，只要涉及的问题与公众利益相关，利益可能受到海岸带综合管理影响的相关方都可以参与。

1. 民众

海岸带包括海陆相接地带的陆地区域、海滩和近岸海域，世代居住于此的居民自古以来就对海岸带区域的山、林、海涂和浅海进行开发利用。② 随着人口、经济向海岸带区域的集聚，资源利用方式日益多样，引发了矛盾和冲突。在日益严重的环境危机面前，作为利益相关方，出于对自身生存环境的关注，民众的环境意识开始觉醒，参与意识不断提高。事实证明，"利益相关方参与环境保护和管理项目的立项与实施过程是行之有效的措施"。③

公众环境意识的提高和环境保护热情的高涨，为实现公众参与海岸带管理奠定了良好的社会基础。当人们对环境恶化产生的抱怨越来越多和对环境质量提出的要求越来越高时，其保护环境的愿望和参与环保活动的热情在不断增强，对政府环境政策施加压力和影响的积极性也明显高涨，突出表现为人们积极通过政治投票、政治选举、合作活动和个别接触等多种方式，对环境政策和环境管理施加影响。

红树林自然保护区和乡民利益②

竹塔村隶属于福建省漳州市云霄县东厦镇，地处漳江下游，靠近入海口的南岸。为了保护区域生态环境，地方政府设立了福建漳江口红树林国家级自然保护区。竹塔村的村民却存在两难心态。

首先，村民们认为红树林是自己本村祖先留下的宝贵遗产，是竹塔村特有的资源，理应得到保护。在竹塔村大面积围垦海岸带之前，当地的滩涂上早就生长了大片红树林。村民先辈们为了保护村庄不受海潮侵袭，也曾经沿着海堤大量种植红树林。保护区建立之前，村民们与红树林为伴，广泛开展了各类开发和利用活动。

其次，村民们认为地方各级政府打着保护红树林的幌子，实际上侵害了村庄的相关权益。早年保护建设红树林保护区的时候，政府曾下拨化肥、水泥等生产资料支持红塔村。成立红树林管理局后，政府对农药、化肥等物资，不再下拨村民。来自世界各地的研究考察者，也使得竹塔村不堪其扰。

---

① 卓光俊．我国环境保护中的公众参与制度研究［D］．重庆：重庆大学，2012.

② 吴振南．海岸带资源开发与乡民社会变迁——以竹塔村为中心的生态人类学研究［M］．北京：中国社会科学出版社，2014.

③ ［菲］蔡程瑛．海岸带综合管理的原动力——东亚海域海岸带可持续发展的实践应用［M］．周秋麟等译．北京：海洋出版社，2010.

最后，保护红树林带来了野生动物与村民之间的矛盾，损害了村民利益。村民们原来可以随意进入红树林采集鸟蛋、捕捉蛇类。红树林保护区成立后，随意进入红树林从事上述活动将承担相应的法律责任。红树林里栖息了大量的野生鸟类，在农作物成熟季节，这些鸟类会对将要上市的农作物造成相当程度的破坏。

传统上属于自己的生产活动空间不得继续进入，其中的野生动物又屡屡对农作物造成破坏。自然保护区的受益对象是整个社会，其管理和运作过程中，究竟将本地村民视而不见，还是把本地民众看作是整体生态系统中不可或缺的一个组成部分？值得我们反思。

2. 社会组织

1998 年，欧洲经济部长会议在丹麦奥胡斯签订的《在环境问题上获得信息、公众参与决策和诉诸法律的公约》第二条第四项规定：“公众是指一个或一个以上的自然人或者法人，根据各国立法和实践还包括他们的协会、组织或者团体。”[①] 环境保护民间组织，即环保非政府组织，是以保护生态环境为特定目标而组织起来的社会团体，它们作为政府、企业之外的新角色，广泛参与环保领域的社会活动。由于环境问题引发的后果往往具有区域性与集体性，因此能为环境保护公众参与提供自下而上组织途径的环保非政府组织，就成为公民维护自身环境权益的代言人以及公民参与环境保护的重要途径。20 世纪 60 年代始，维护弱势群体利益的观念和可持续发展的思想得到了普遍认同。作为公众利益代言人的环保组织，非政府组织在各国大量涌现。这些环境保护的民间组织在环境保护公众参与中发挥着中介与桥梁作用。在环境保护方面，这些非政府组织具有政府组织不可替代的作用。一些西方国家环境保护公众参与制度的良好运行，是与众多环境保护社会团体的积极活动分不开的。

3. 国际组织

海水具有流动性，全球海洋是一个相互连通、相互影响的整体。要解决诸如海洋污染、生境破坏、过度捕捞、海洋濒危物种保护、气候变化和海平面上升等具有全球影响规模或者国家地区间冲突等环境问题，需要建立国家、地区间的协调机制。解决全球层面的海岸带管理冲突、采取共同行动，需要国际组织发挥积极作用。

在政府间组织中，联合国对全球的环境保护发挥着关键性作用。联合国 1972 年在斯德哥尔摩召开的“人类环境会议”，第一次把环境问题正式提升到全球议程的高度。1992 年在里约热内卢举行的联合国环境与发展大会通过《21 世纪议程》，呼吁“沿海国承诺对在其国家管辖内的沿海区和海洋环境进行综合管理和可持续发展”，标志着国际社会对海

① 王琪，闫玮玮. 公众参与海洋环境管理的实现条件分析［J］. 中国海洋大学学报（社会科学版），2010（5）.

洋管理问题的关注进入新阶段。联合国的下属机构，如联合国环境规划署、世界环境与发展委员会、联合国开发计划署、联合国粮食及农业组织、人与生物圈计划等，纷纷在国际合作方面增加了海洋管理的内容，形成了一些基本的国际环境行为。这些原则与规范，对于指导海岸带管理的国际合作具有普遍意义。

东亚海岸带综合管理的启动①

在1972年美国启动海岸带综合管理后不久，东南亚国家就承接了海岸带管理的概念。1985年，美国国际开发署对东盟区域项目开始提供援助，东南亚的文莱、印度尼西亚、马来西亚、菲律宾、泰国和新加坡六个国家开展了海岸带综合管理的区域项目，并于1992年完成。

在其他捐赠机构及亚洲开发银行和世界银行等多边银行机构的帮助下，东南亚各国又开始了一系列的海岸带资源管理项目，其中，最具典型意义的是东盟和澳大利亚合作的海岸带生物资源项目（ASEAN/Australia Project on Living Coastal Resources）及东盟和加拿大海洋科学合作项目（ASEAN/Canada Cooperative Programme on Marine Sciences）。这两个项目为东南亚海岸带和海洋资源管理奠定了科学基础。

国际环境非政府组织也大量涌现，它们各自建立起自己的地区性和跨国性的网络和联盟，围绕着环境议题积极开展活动，发展迅速，成为协调、解决全球性环境问题的重要力量。特别是国际自然资源保护同盟、绿色和平组织、地球之友等具有重大影响力的国际性环境非政府组织，积极沟通社会各界就环境议题采取集体行动，致力于促进环境保护包括海洋管理方面的国际合作，鼓励和支持当地民众在解决环境问题上实行自我设计与管理。海岸带管理中的公众参与主体归为四种类型，即受到影响的公众、专家学者、感兴趣团体和新闻媒体，各个类型又有细分，他们之间的关系见图7.1。②

在实践中，确定利益相关方是一个复杂的过程。以海域使用管理为例，海域管理属于公共治理的范畴，具有复杂性、多元性、动态性等特点。近年来，我国加快了海洋开发的力度，海洋活动范围不断扩大，政府面临的海域管理问题也日趋复杂，涉及利益群体范围日益扩大。公众参与海域管理是一个集思广益、凝聚智慧的过程，可以弥补传统海洋管理工作中可能出现的目标偏差或因信息收集不充分而发生的疏忽或遗漏。让公众积极参与到海洋功能区划的编制、修改过程，有利于海洋功能区划制度的顺利实施。《中华人民共和

① ［菲］蔡程瑛. 海岸带综合管理的原动力——东亚海域海岸带可持续发展的实践应用［M］. 周秋麟等译. 北京：海洋出版社，2010.

② 曲格平. 环境保护知识读本［M］. 北京：红旗出版社，1999.

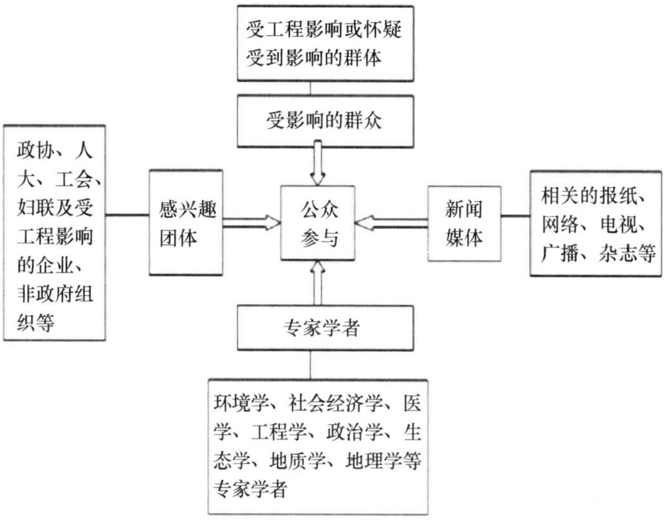

图 7.1　公众参与主体关系

国海域使用管理法》确立了海洋功能区划制度。[①] "为了规范海洋功能区划编制、审批、修改和实施工作，提高海洋功能区划的科学性"，2007 年 7 月国家海洋局印发了《海洋功能区划管理规定》。《海洋功能区划管理规定》中明确要求在区划的编制和修改过程中建立公众参与机制，还规定区划编制完成后应该及时公示，广泛征求公众的意见。[②]

公众参与区划的编制能够提高区划的科学性。长期生活在沿海地区的公众对当地情况比较了解，能为功能区的划分提供有价值的信息，提高区划的科学性。作为一种监督方式，公众参与机制可以有效避免政府决策的随意性。公众参与海洋功能区划的编制和修改，可以使区划反映大多数人的意志，可以更好地平衡各种利益关系，增加公众对区划的认同和信任，从而有利于海洋功能区划的顺利实施。[③] 然而，用海项目的利益相关者的界定过程比较复杂。首先应摸清项目用海区及论证范围内海域开发利用现状；其次，要科学确定用海项目可能产生的污染物对海域影响的边界；再次，确定拟议用海可能影响到的其他用海活动；最后，确定用海活动的隶属单位，界定出利益相关者和需要协调的涉海部门[④]。总体而言，用海项目利益相关者包括用海项目附近的居民、与海洋资源管理有间接利益的当地社区、非项目所在地的海洋资源使用者、负责海洋管理的相关政府部门、各相关组织、媒体和学术机构、用海项目产品的最终消费者等，非常广泛。

① 《中华人民共和国海域使用管理法》第四条规定：国家实行海洋功能区划制度。海域使用必须符合海洋功能区划。

② 《海洋功能区划管理规定》第六条规定：编制和修改海洋功能区划应当建立公众参与、科学决策的机制。

③ 任一平，李升，徐宾铎，等．我国海洋功能区划中的公众参与及其效果评价［J］．中国海洋大学学报（社会科学版），2009（1）．

④ 郝春玲，于文琪，李克，等．浅析海域使用论证中的利益相关者界定［J］．海洋信息，2014（3）．

第二节　公众参与海岸带综合管理的必要性

公众参与就是公众及其代表根据国家法律法规赋予的权利参与海岸带综合管理的决策和过程。相对于行政规制、市场手段而言，公众参与机制强调通过非政府、非盈利性民间组织和社会大众对政府有关部门海岸带综合管理活动的广泛参与，协调各方利益。公众参与有利于决策者进行协商以达成共识，促进海岸带管理的科学性，实现最佳的管理效果。[①]

一、公众参与是海岸带管理有效性的重要保障

海洋管理具有复杂性、多元性、动态性等特点，公众参与海洋管理是一个集思广益、凝聚智慧的过程，可以弥补传统海洋管理工作中可能出现的目标偏差或因信息收集不充分而发生的疏忽或遗漏，从而提高海洋管理决策的科学性和有效性。公众参与海洋管理决策，有利于制约国家公权力的行使，防止政府在海岸带管理过程中可能出现的行政不作为以及乱作为现象，确保执行信息反馈的科学完整性。21 世纪以来，我国加快了海洋开发的力度，海洋活动范围不断扩大，政府面临的海洋管理问题也日趋复杂，涉及利益群体范围逐渐扩大，单纯依靠政府的知识、权威、经验等进行海洋管理已不适应现代海洋管理的新要求，必须要广泛听取公众的意见及建议。

政府颁布的有关海岸带管理的规则制度、制定的管理规划，只有得到有效实施才能完成从“本本”向实践的转化。环境保护制度的变迁是内生的，即社会对环境保护制度变迁的需求是推动制度变迁的主要力量，表现为利益主体之间的利益博弈和利益均衡，政府颁布的环境政策法律制度，必须处理好环境冲突中的利益关系。利益相关者的参与有助于海岸带管理决策部门了解各方利益主体的诉求及不同诉求之间的复杂关系。随着市场经济导致的利益多元化格局的出现，利益也日益多元化，管理者在决策过程中，有责任居中协调衡量不同主体之间的利益冲突。

当前，许多沿海发达国家已充分认识到了公众参与海洋综合管理的重要性。澳大利亚大堡礁海洋公园进行分区规划时，将公众参与视为一项关键性任务，把它纳入到设立海洋保护区的过程中。瑞典有明确法律依据并广泛动员公民积极参与海洋管理，将生态环境建设与保护规划落在实处。为了科学制定和有效实施区域规划，在制定各层次区域规划时，管理部门动员广大公民积极参与，广泛地听取公民的意见。英国的《社区参与说明》作为法定文件已成为详细列举公众参与每个具体的地方法规建设的具体方式的主要依据。各国都开始重视公众参与海洋综合管理的事务，因为它不仅能提高公共决策的社会认可度，而

① ［美］罗伯特·凯，杰奎琳·奥德．海岸带规划与管理［M］．高健等译．上海：上海财经大学出版社，2010.

且可以减少公共决策在实施过程中所遇到的阻力，使政府能够更好地执行公共决策，提高行政效率，降低监督成本。

二、公众参与有利于提高海岸带管理科学性

海洋综合管理是否科学有效离不开公众的监督与评价。党中央一再强调，要努力"保障人民的知情权、参与权、表达权和监督权"。公众参与海洋综合管理这一公共事务，在一定程度上改变了自上而下的决策模式，增加了利益相关者对政策的影响，代表了大多数人的利益，反映出了广大群众的意见和愿望。在政府制定政策的过程中，就会充分考虑和重视相关群众的疾苦、利益和愿望，以此减少管理决策的盲目性、提高管理的合法性、减少政策执行时遇见的困难，有利于决策的有效执行。公众参与增进了涉海公众与决策者之间的沟通交流，为决策者提供了一个处理和解决有分歧的观点和立场的机会，有利于减少冲突、增强决策的社会可接受性，同时也降低了政府的管理成本。如果决策者在海洋管理过程中仅限于对现有法律和政策的机械运用而忽略了公众参与的重要性，则很容易引起公众对管理行为的排斥和抵触情绪。因此，公民参与海洋管理是公众和政府共同治理事关大多数人共同利益的必然选择。[①]

海岸带综合管理的提出，是国家针对海岸带发展过程中出现的问题的一种积极应对。当前无序、过度的海洋开发压力对海洋环境和资源的不良影响不断加重，自然灾害防御能力不足，海岸带区域问题频发，迫切需要加强海岸带管理能力。作为一种公共的资源，海岸带不仅关系到资源开发、利用者的私益，更关系到海洋生态系统的健康与子孙后代的需求。海岸带综合管理面对的是极度复杂的综合性问题，在解决的过程中需要协调多方利益。公众的利益也是海洋综合管理的重要利益，只有广泛听取公众的意见，才能处理好各种关系，处理好海洋相关事务，保证海洋的可持续发展。公众参与到海洋综合管理的过程中，可以利用自身的知识储备和相关专业技能，采取更加切合实际的方式解决日趋复杂的海洋问题，为海洋可持续发展贡献力量。

三、公众参与是海岸带管理公共性的必然要求

海岸带资源是一种公共资源。海岸带资源的公共性要求管理部门应当以公共利益的满足为目标，以广大民众的拥护和支持为评价尺度，要最大限度满足多数人的诉求，保护少数人的合法权益。公共资源总是处于过度利用的危险之中，其典型例子是"公有地悲剧"，形象地展示了传统所有制结构不严密致使环境资源权利滥用所导致的恶果。传统民法关于

① 李百齐．论海洋管理中的公民参与［J］．浙江海洋学院学报（人文科学版），2010，27（1）．

所有权的理论认为，物是指存在于人身之外的能够为民事主体所配或实际控制并能满足其社会需要的物质资料。那些“取之不尽、用之不竭”的自由财产或无主物，如空气、海洋、自然资源等，并不属于物的范畴，任何人也可以对这种自有财产随意无偿使用或实行先占，因而向河流、海洋排放污染物的行为也就有了合法依据。环境的公共财产理论认为，环境问题的根源或环境污染之所以日益严重，其最根本的原因就在于传统民法所规定的人们使用的环境资源所有权和使用权不够严密和周全。1960 年，美国密执安大学的萨克斯教授针对公民有权在适宜的环境中生活的法律依据提出了环境公共财产理论和公众信托理论，该理论认为有些环境要素就像空气、阳光、水等是人类所不可或缺的，不能再像传统理论视为自由财产，而应将其视为所有权的客体。萨克斯教授指出，政府的主要目的就是满足社会公共利益，满足公众的需求，公共物也不能为了私人利益将其从可以广泛的、一般使用的状态中予以限制或改变分配形式。我们应将环境要素视为全社会的共同财产，从而使任何个体都不能随意对环境要素滥用。海岸带属于公共资源，这一公共性决定了公众作为利益相关者，可以参与海岸带综合管理过程。

海岸带综合管理属于公共事务。对于公共事务，公共治理理论强调以政府为主导的多元化治理主体（政府组织或非政府组织以及公民个人等）及其组成的网络化行动结构，通过公众参与以及协商合作对社会公共事务进行协调式管理。① 公共治理理论主张：政府并不是公共管理的唯一主体，政府、公民个人、非政府组织等都可以成为公共服务的主体，它们在共同的目标下参与式地决定公共政策和提供公共服务，共同承担公共事务治理的责任。有效的公共治理要求尽量实现决策参与主体的多元化、决策规则的民主性和科学性、决策过程的透明性和效率性、决策方式的规范性和决策结果的公正性。其核心就是在公共决策过程中，切实扩大公众参与，充分考虑社会各方面的利益需求，广泛听取各利益相关方的意见。因此，作为公共事务管理，公共参与机制下的海岸带管理依赖的组织基础不再仅仅是政府，而是平行发展的、互动的多元化的社会组织。

四、公众参与是实现环境公平的重要途径

环境公平是指在环境资源的使用和保护上所有主体一律平等，即享有同等的权利，负有同等的义务，“一是主张在分配环境利益方面当代人之间的公平；二是主张代际之间尤其是今天的人类与未来的人类之间的公平。”② 具体来说，一是任何主体的环境权利都有可靠保障，当其环境权利受到侵害时，都能得到及时有效的补偿；二是任何主体从事对环境有影响的活动时，都负有防止对环境的损害并尽力改善环境的责任；三是任何违反环境

① 王文革．环境知情权保护立法研究［M］．北京：中国法制出版社，2012.
② 常纪文．陈明剑．环境法总论［M］．北京：中国时代经济出版社，2003.

义务的行为都将被及时纠正和受到相应处罚。① 当一项事关公共事务的决策或项目被决定时，往往仅由权威一方单方制定和决策，这直接导致相关方受到利益的损害却得不到救济，没有表达诉求的有效渠道，公众参与制度在这样的需求下应运而生。公众参与制度让每一位与决策相关的个人及群体都有属于自己的发言权，并且保障了他们的平等参与权，从决策制定的基础、可行性、对环境影响的程度以及未来所能发挥的正、负面作用，都可以提出代表自己群体利益的看法与意见，从而有效发挥自身能动性，影响决策的最终形成。当社会公众能有效参与到海岸带综合管理决策过程时，符合多数人利益的最终决策才能得以有效制定。公众参与机制为广大民众和相关群体在海岸带管理决策和规划过程中，面临不同群体间利益冲突时，提供了有效的表达途径和参与机制，使自己的主张和意见能够得到有效的关注和重视，实现不同主体间利益冲突的有效解决。

海岸带综合管理不仅是政府的职能和责任，也是全社会的事业，需要公众的广泛、充分参与，需要全社会的一起行动。公众参与制度能够保证不同阶层、不同利益诉求的主体在政府决策时享有发言权，即有表达意见的权利，不论其代表何方利益群体，均享有不受侵犯的参与性权利。在环境公平的实现过程中，政府、专家、学者、公民都是重要的参与者和践行者。环境公平理念要求实现公众参与，公众参与制度有效保障了环境公平的实现。沿海居民虽然缺乏相关的专业知识，却能够为决策提供第一手资料。他们对海岸带区域内各类问题的切身体验使得他们参与综合管理的积极性普遍较高。政府有义务提供法律保障，发挥公众的力量和作用，拓宽公众参与的渠道，使公众能在海岸带综合管理中贡献更大的力量。实践证明，公众参与海岸带综合管理有利于解决和处理广泛、复杂的管理问题，促进海岸带的可持续发展。

在泰晤士河口管理规划中所使用的协商一致过程②

在制定泰晤士河口管理规划过程中，信息是通过 10 篇专题文章收集的，每篇文章都在课题小组的指导下，由来自具有专业知识的组织的从业人员完成（例如，有关渔业的文章由环境管理局完成）。然后，专题文章被整合到可用于多种用途的泰晤士河口管理规划中。

有太多的人关注这个规划过程，但是，把所有的观点都整合到规划中，难度很大。特别是非政府组织，他们认为，当其他一些利益相关者的谈判能力和资金权重受到质疑时，他们的观点将不会被考虑。为了减轻这种担忧和解决这个问题，我们需要采取以下步骤。

---

① 卓光俊．我国环境保护中的公众参与制度研究［D］．重庆：重庆大学，2012.

② ［美］罗伯特·凯，杰奎琳·奥德．海岸带规划与管理［M］．高健等译．上海：上海财经大学出版社，2010.

(1) 成立一个小组。该小组详细审查“习惯性冲突”清单，并且确认在项目参与者可能采取的每一个不同习惯情况下所出现的不同情景。从这项工作中就可以形成获得批准的指导性原则，其中的每一个原则都是旨在消除一个或多个具有负面影响的习惯性冲突。

(2) 向项目筹划小组公布指导性原则。这将引起小组内部激烈的讨论（例如，谁善于谈判？存在冲突的事实如何得到承认？妥协是否是最佳选择?)，规划小组将通过这个受到尊重的指导性原则开展工作。这样可以创造一个更加公平的氛围，同时，也可以防止项目管理者滥用这个过程。

(3) 为了整合专题文章，该项目需要经过长时间的充分辩论。

第三节　马鞍列岛海洋特别保护区管理公众参与实践

海洋保护区（Marine Protected Area，MPA）作为一种基于生态系统的海洋管理的具体措施得到了国际社会的认可和提倡，在国外被广泛应用于海洋生物资源管理，并取得了一定的成效，被认为是最有效、最直接的基于生态系统的海洋生物资源管理措施之一。马鞍列岛海洋特别保护区建设过程中，公众广泛参与对于保护区管理发挥了重要的推动作用。

一、马鞍列岛海洋特别保护区的概况

马鞍列岛隶属于浙江省嵊泗县，是舟山群岛最北端的岛群，位于长江口外东南，泗礁岛东北部，地处长三角国际航道咽喉，港口发达，交通运输便利，下辖有菜园、嵊山、枸杞、花鸟四个乡镇。马鞍列岛海洋特别保护区（以下简称保护区）由花鸟山、东绿华岛、西绿华岛等130多个岛礁组成，总面积549平方千米，其中岛礁面积20.45平方千米，最高点为花鸟山。保护区内的岛屿中，有居民岛10个，无居民岛126个（具体位置见图7.2）。岛群分布邻近大陆，是天然的国防屏障，最外缘海礁是我国领海基线，具有重要的政治、经济及国防价值。

马鞍列岛地处南北洋流交汇处，位于舟山渔场中心位置。这里海域辽阔，海洋资源种类繁多，构成了以丰富的海洋生物资源、独特的岛礁自然地貌和潮间带湿地为主体的岛群海洋生态系统，具有极大的开发研究和保护价值。但是，长期的过度捕捞使马鞍列岛海域的渔业资源量呈现明显下降。2005年，经国家海洋局批准建立了马鞍列岛海洋特别保护区，它是浙江省继乐清西门岛后的第二个国家海洋特别保护区。

根据《嵊泗县马鞍列岛海洋生态特别保护区建区总体规划》，保护区规划为以下几个

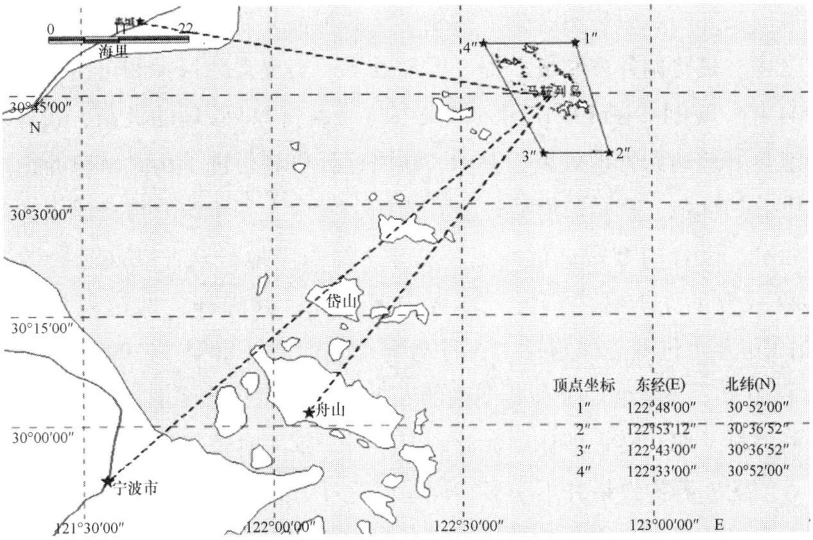

图 7.2　马鞍列岛海洋特别保护区位置

区域。

（1）马鞍列岛海洋生态特别保护区。保护区范围即为整个马鞍列岛。面积为 5.49 万公顷（549 平方千米）。保护对象为马鞍列岛内所有的生物资源和非生物资源，包括马鞍列岛海域内所有的鱼类、甲壳类，潮间带的贝类、藻类资源以及周围生态环境。

（2）重点保护区。包括：①马鞍列岛厚壳贻贝种质资源、羊栖菜保护和养殖区。保护区范围为马鞍列岛 135 个岛礁的大潮高潮线以下至低潮线岩礁外的 30 米底床，保护对象为厚壳贻贝种质资源、羊栖菜和周围生态环境，面积约 12.5 平方千米。②绿华岛、枸杞岛抗风浪深水网箱养殖区。绿化岛深水网箱养殖于 2001 年引进试养，目前共放养深水网箱 81 只，48 米周长圆柱形网箱 76 只，8 米×8 米×8 米全金属日本网箱 2 只，目前养殖面积 800 亩（1 亩≈666.7 平方米）。规划区域主要是绿华岛和枸杞岛附近海域，总面积 210 公顷（2.1 平方千米）。绿华岛深水网箱养殖区面积为 110 公顷（1.1 平方千米），主要分布在西绿华岛的馒头岛附近海域；枸杞岛西南海域深水网箱养殖区面积约 100 公顷（1.0 平方千米）。③马鞍列岛人工鱼礁建设和增殖放流特别保护区。规划区域主要有马鞍列岛东库山求子山周围海域及黄礁以南海域建设休闲生态型人工鱼礁，面积为 470 公顷（4.7 平方千米）。花鸟以东海域建设资源增殖型和资源保护型人工鱼礁，面积 8.0 平方千米。④休闲渔业垂钓区。在东库山求子山周围海域及黄礁附近海域建设休闲渔业垂钓区，发展休闲渔业，开展垂钓旅游，该区域面积 21 平方千米。

二、公众参与马鞍列岛海洋特别保护区管理的形式

海洋特别保护区是保护海洋资源的一种有效手段。保护区管理活动涉及的利益错综复

杂，仅仅依靠行政部门难以理清并处理盘根错节的利益关系，将公共参与引入海洋特别保护区的管理之中，是协调各方利益、提升管理效果、实现管理目标和可持续发展战略的必然选择。2004 年，嵊泗县在嵊山镇引入渔民参与岛礁资源①管理的机制，较好地保护了当地资源。为能更好地达到管理效果，保护区参照这种机制引进了岛礁承包养护。

所谓岛礁养护承包，就是政府通过公开招标，使个人和单位取得岛礁资源的养护和利用的排他性权利，以合同方式进行确定、引导、组织当地群众开展岛礁资源的养护和利用。嵊泗县政府为了保护海洋资源，辖区内壁下岛、嵊山岛、枸杞岛分别于 2007 年、2008 年、2010 年开始包礁工程招标。这种岛礁承包的方法最早于 1999 年出现在黄龙岛，2004 年引入嵊山镇。当时由 4 个岛范围内的 6 个村共同组建的嵊山镇六方岛礁养护有限公司，由 6 个村的村干部共同管理岛礁资源。但因村干部平时忙于管理村内的大小事务，加上资金短缺等问题，养护效果并不明显。但是以这种方式养护岛礁资源的理念在嵊山镇和枸杞乡逐步扎下根基，当地群众纷纷效仿。② 当地渔民成立了以岛礁养护为主的民间组织，配合政府管理部门直接参与岛礁资源的管理。当地渔民直接管理当地岛礁资源，弥补了政府部门管理力量的不足，同时渔民群众比政府执法人员更熟悉环境情况和偷捕作业行为、管理方式方法，对问题的处理会更加灵活有效。

虽然保护区确定了这种公众参与模式，但在实际应用中，各地也结合了当地特色采取了不同的管理模式。嵊山镇和枸杞乡虽然都引进了岛礁养护承包机制，但却存在明显不同。

（1）在嵊山镇，参与岛礁资源管理的渔民组成一个公司，由公司与政府管理部门签署协议，以公司的形式开展管理。管理的对象主要是岛礁资源。为有效实施监督管理，公司制定了内部规章制度，其内容主要包括：限制采捕品种、采捕规格和采捕时间；每年 6~8 月为休渔期，禁止采捕；对违法采捕者，可采取惩罚措施；公司成员的收益以最终采捕的渔获物利润进行分配。公司员工的收益是以最终采捕的渔获物的利润多少进行分红，所以平时员工巡视岛礁的次数比较多，管理效果也比较好，岛礁资源的恢复较为明显。这种基于工作团队和规章制度的岛礁管理方式，在管理上较为系统化和规模化，同时又把公司及个人的收益与平时管理的效果联系在一起，激发了公司员工的工作热情，使他们在管理过程中比较认真负责。公司的规章规定了对偷捕者的惩罚措施，在一定程度上起到了威慑作用。但是，由于公司承包的岛礁范围较广，管理人数上的不足尤为明显，而且公司没有巡视船只，在管理上的漏洞也就更加突出。②

（2）枸杞乡渔民参与岛礁资源管理并非由一家公司全部承包，而是将该乡辖区内的岛礁分成 6 个部分，再由有意向承包的组织或个人通过公开招标的方式取得岛礁资源的养护和利

① 岛礁资源是指生长在岩礁上的贝类、藻类、头足类、节肢类和棘皮类等底栖海洋生物。

② 李鑫．海洋特别保护区渔业管理问题——马鞍列岛海洋特别保护区实证研究［D］．上海：上海海洋大学，2012.

用权，并与政府签署相关合同。承包期为 5 年，期满后，根据岛礁资源养护的情况，确定承包方是否享有继续承包的优先权。岛礁资源的最后收益由承包人共同拥有。这些渔民组织规模较小，一般只有 5~6 个人，没有内部规章制度，平时的管理完全依靠成员的自觉性。

这种少数人的组织承包岛礁，对岛礁资源进行养护和开发的方式，在管理上较为方便，因为承包范围较小，巡视比较方便。6 个民间组织为了能够取得继续承包的优先权，他们之间也存在竞争的趋势，各个组织都加强对自己承包范围内岛礁的巡视力度，做好养护岛礁资源的工作。这种承包方式也存在缺点，缺乏系统的规章制度，对内无法约束管理人员的行为，对外不足以使被管理者信服。当遇到有偷捕的现象，若不依靠当地的势力，也无法对偷捕者进行处罚。①

三、公众参与海洋特别保护区实践的特点

1. 政府推动公众参与制度的实行

从公众参与马鞍列岛海洋特别保护区管理这一案例中，我们可以看到政府部门已经意识到仅仅依靠行政管理部门的力量难以实现海岸带综合管理的目标，只有引导公众参与管理，发挥公众积极性，才能保障管理的效果。岛礁承包养护机制，有利于引导当地居民参与到岛礁管理，实现管理目标。政府在推进这一项目时，并没有对其进行严格的限定，各地可根据自己的实际情况开展符合当地特色的岛礁养护管理，如嵊山镇以公司为主体的公共参与以及枸杞乡多个承包方分区承包的方式。两种截然不同的方式各有优劣，政府均予以支持，在实践中检验并摸索出一条真正适合岛礁资源养护的办法。由于我国公众参与多是在政府主导下实行的，因此只有政府有所作为，积极推动公众参与制度的实施，公众参与才能有效实行。

2. 公众参与呈现组织性，但受政府影响大

公众是单独的个体，在面临海岸带综合管理这一具体的复杂的事件时，由于其自身知识、能力的匮乏，往往力不从心，不知如何有效参与其中。当前公众参与也多是以组织的形式进行活动，组织中的专业人员为参与提供必备知识，组织为有意参与海岸带综合管理的人员提供支持。如马鞍列岛案例中岛礁承包养护的均为组织机构。组织的建立离不开政府的支持，政府在一定程度上主导着组织的工作，组织工作的开展受政府影响很大。如果政府不再支持岛礁承包养护机制，组织由于缺乏自主性，将会解散。

3. 公众参与的意识增强、行动不断增加

公众参与马鞍列岛海洋特别保护区管理，体现了公众对当地海洋环境及资源关注程度

① 李鑫，唐议．马鞍列岛海洋特别保护区管理的公共参与问题［J］．上海海洋大学学报，2012，21（4）．

的提高，这应该得益于当地政府对岛礁养护承包机制的推动。但从多数实际情况来看，我国公民海洋意识仍然薄弱。首先，教育与宣传有利于公民海洋意识的提高，这方面我国还有待加强。在我国，公民海洋意识薄弱还体现在对海洋的价值认识单一以及海权意识的薄弱。很多人只认识到传统的捕捞和交通带来的海洋价值，而忽略了其在政治、经济、军事等方面的巨大价值。对海洋价值的不全面认识，只会让公众对其漠不关心。“渔权”即“海权”①，公民对海洋知识的缺乏，将会导致海权意识的薄弱，在与外界存在海洋争端时，公众必然不能有效参与其中，这是不利于我国海洋事业发展的。

虽然公共参与环境管理得到政府的支持和群众的广泛好评，但是其法律地位仍然受到质疑。对于马鞍列岛海洋特别保护区而言，无论是从海洋生物资源养护和环境保护的角度出发，还是从和谐社会建设的角度考虑，都需要制定专门的管理法规。2016 年 12 月 1 日，浙江省第十二届人大常委会第三十五次会议审议批准的《舟山市国家级海洋特别保护区管理条例》第七条规定：“保护区管理机构应当建立公众参与机制，为公民、法人以及其他组织参与和监督保护区管理活动提供便利。保护区所在地县（区）人民政府应当鼓励、支持和引导保护区内的群众建立自治组织，参与保护区的保护、建设和管理。”这为公众参与马鞍列岛海洋特别保护区管理提供了坚实的法律依据。

四、马鞍列岛海洋特别保护区公众参与机制的反思

公众参与马鞍列岛海洋特别保护区管理，是我国海岸带综合管理参与机制的典型案例。在政府的引导之下，公众结合自身情况，积极参与保护区的综合管理。这种岛礁承包养护具有一定的创新性，也能较好的维护岛礁资源，但其在实践的过程中也会面临诸多问题。嵊泗公众参与海岸带管理实践表明，公众参与主要面临诸多问题，如公众对参与海岸带综合管理的理解和认知意识有待加强；公众法律意识有待提高；公众自觉参与意识薄弱；等等。

1. 公众对参与海岸带综合管理的理解和认知意识有待加强

按照发起、组织参与主体不同，可以将公众参与自然资源管理的具体模式分为政府主导型参与、非政府主导型参与和公众自觉型参与。② 海岸带综合管理属于物理上具有大尺度特征、关系国家和区域经济发展的大型管理活动，政府主导的色彩更为浓厚。①在政府主

① 此处，海权既包括沿海国在其管辖海域范围内的主权、主权权利、管制权、管辖权和利益等，也包括在公海、国际海底区域等国家管辖范围外享有的海洋权利和利益。渔权是一个泛指的概念。在内海和领海，渔权指国家对海洋生物资源的专属管辖权；在专属经济区和大陆架，渔权指国家对海洋生物资源以勘探、开发、养护和管理为目的的主权权利；在公海海域，渔权指国家享有的、由其国民在公海捕鱼的权利，包括国家对悬挂其旗帜的渔船的管辖权。渔权也包括国家依据国际法在他国水域的入渔权和传统捕鱼权。参见：黄硕琳．渔权即是海权［J］．中国法学，2012（6）．

② 卢小丽，赵奥，王晓岭．公众参与自然资源管理的实践模式——基于国内外典型案例的对比研究［J］．中国人口·资源与环境，2012，22（7）．

导发起型参与阶段，公众对参与自然资源管理的理解和认知意识相对较弱，政府在这个阶段担当引导参与、鼓励参与、监督参与的角色。在前文的福建省漳州市云霄县竹塔村红树林保护区、浙江省嵊泗海洋特别保护区的管理过程中，当地村民（渔民、居民）均存在对海岸带综合管理的理解明显不足、对管理目标认同度不高等问题。红塔村村民甚至对保护区的设立与管理存在一定的抵触①，马鞍列岛海洋特别保护区的建设中一些渔民也不关心海洋特别保护区建立状况，无视管理规划和要求，依然大肆捕捞。②

马鞍列岛海洋特别保护区管理公众参与机制的问题

公众参与虽然得到当地渔民的欢迎，但是在实施的时候还是会遇到很多实际问题，根据实地调查，这些问题可以归结为两个方面：一是承包方与采捕渔民之间的问题；二是承包方自身管理的积极性。实际上，在承包方对岛礁资源的管理中，均禁止外人采捕一切岛礁资源，而且对于雇佣外人进行岛礁管理的组织或个人也会取消其岛礁的承包权。这些排外性的规定都加剧了承包方与外地采捕者之间的矛盾。虽然岛礁被承包以后，大多数当地渔民自行约束自己的采捕行为，但也有少数人仍进行偷捕，或者采捕不符合管理规定的资源品种。这就产生了承包方与当地采捕者之间的矛盾。公共参与对资源环境保护的积极作用是肯定的，但是马鞍列岛海洋特别保护区公共参与所存在的问题也不容忽视，如何解决和协调这些问题，是当前我国实施公共参与海岸带综合管理急需解决的普遍性问题。

提高公众对海岸带综合管理的理解和认知意识，是构建共识、推动公众广泛参与海岸带管理的前提条件，对于海岸带综合管理的成败具有至关重要的影响。各级政府应从海岸带区域内各方主体的切身利益出发，制定适合当地实际的管理规划、充分公开有关管理信息、建立交流机制、构建协商平台，促进各方通过意见交换凝聚共识，普及公众对参与海岸带综合管理的理解和认知意识，提高海岸带综合管理规划、措施的科学性，充分调动公众参与海岸带综合管理的积极性。

2. 公众法律意识有待提高

要实现海岸带的可持续发展，仅靠政府力量是不够的。公众的广泛参与对于海岸带综合管理具有积极的推动作用。建立长效的公共参与机制是实现海岸带综合管理目标的有效方式。公众参与海岸带综合管理的方式很多，可以通过民间组织对海洋资源和环境管理进行直接参与，也可以通过监督政府的具体管理活动进行间接参与。无论是直接参与还是间

① 吴振南．海岸带资源开发与乡民社会变迁——以竹塔村为中心的生态人类学研究［M］．北京：中国社会科学出版社，2014.

② 李鑫，唐议．马鞍列岛海洋特别保护区管理的公共参与问题［J］．上海海洋大学学报，2012，21（4）.

接参与，公众在参与过程中充分表达诉求的实体和程序性权利都应该得到法律的保障。

《中华人民共和国宪法》第一章第二条明确规定：“人民依照法律规定，通过各种途径和形式，管理国家事务，管理经济和文化事业，管理社会事务。”海岸带综合管理属于公共事务，依照宪法公民，当然也有权参与其中。《中华人民共和国环境保护法》第五条规定：“环境保护坚持……公众参与……的原则。”《中华人民共和国海洋环境保护法》第六条规定：“环境保护行政主管部门、海洋行政主管部门和其他行使海洋环境监督管理权的部门，根据职责分工依法公开海洋环境相关信息；相关排污单位应当依法公开排污信息。”2003 年制定的《中华人民共和国环境影响评价法》直接规定了公众参与制度：“政府机关对可能造成的不良环境影响并直接涉及公众环境权益的专项规划，应当在该规划审批之前，举行论证会或听证会，征求有关专家、单位和公众的意见。”《中华人民共和国行政许可法》第四十六条规定：“法律、法规、规章规定实施行政许可应当听证的事项，或者行政机关认为需要听证的其他涉及公共利益的重大行政许可事项，行政机关应当向社会公告，并举行听证。”

嵊泗的公众参与实践表明，公众的法律意识仍有待提高。在岛礁承包过程中，承包方和外地采挖渔民之间的矛盾尤为突出，承包方的一些行为超出了法律界限。例如，对于本地居民以外的主体从事偷捕行为的，承包方往往会没收渔获、暂时扣留船只，等待执法人员的处理。若是偷捕者不服从承包方管理的，承包方可通过渔业执法大队对其进行处罚。行政处罚权属于国家公权力，《中华人民共和国行政处罚法》第十五条规定：“行政处罚由具有行政处罚权的行政机关在法定职权范围内实施。”岛礁承包方并不属于作出处罚决定的合格主体。

为保障公民、法人和其他组织获取环境信息、参与和监督环境保护的权利，畅通参与渠道，促进环境保护公众参与依法有序发展，环境保护部于 2015 年 7 月 13 日制定发布了《环境保护公众参与办法》。为进一步规范和理顺海洋工程建设项目环境影响报告书公众参与，切实落实建设单位公众参与主体责任，2017 年 1 月 3 日，国家海洋局发布了《关于海洋工程建设项目环境影响评价报告书公众参与有关问题的通知》（以下简称《通知》）。《通知》要求建设单位“做好三个阶段的公众参与工作：在环评初期阶段，通过电视、报纸、网络等媒体公开环境影响评价信息，广泛征求公众意见；在报告书编制过程中，通过座谈会、听证会、专家论证会、问卷调查等方式充分听取公众意见；在报送海洋部门审查前，全文公开海洋环境影响报告书与公众参与说明（涉及国家秘密、商业秘密等事项除外），征求公众意见。建设单位应当对公众意见进行整理归纳分析和反馈，认真吸纳公众意见”。上述法律法规为我国公众参与海岸带综合管理提供了具有可操作性的法律依据。公众应依法行使自己的权利，按照法定方式、法定程序参与法定范围内的海岸带管理事务。在参与过程中，应规范行使权利，不得侵害其他主体的合法权利。

3. 公众自觉参与意识薄弱

海岸带综合管理是由管理部门主导并推动的公共事务，公众参与大多数在政府倡导下进行，具有“自上而下”的特点。“自上而下”形式的公众参与，因为没有充分调动公众参与的积极性，公众参与不够热情，公众往往不会主动表达自己的环境诉求。海岸带综合管理公众参与的主体是利益可能受到影响的个人、企业和其他社会组织。这些利益相关者主要包括专家学者、沿岸地区的居民、土生土长的受教育程度低的依海作业工人、渔民以及海岸带区域的社会团体、协会、社区部门等。他们中的大多数人对海洋缺乏全面了解，意识不到海洋面临的巨大生态危机。由于缺乏专业的知识，他们一般难以理解海岸带综合管理的意义，也不能理解某些涉海项目对其利益的影响，不能主动、及时、有效地参与海岸带管理活动，往往是在损害已经造成之后才开始关注涉海事务。虽然公众参与的主体也包括专家、学者和海洋环保组织，但专家学者的意见多是从理论角度进行讨论，很少顾及利益相关者的实际情况。当前，我国海洋环保组织也较少参与政府规划和涉海项目的监督，力量有限，不能有效地组织公众参与其中。

因此，实施公众参与海岸带综合管理，首先应加强海岸带管理公众参与机制的教育和宣传。[①]《中华人民共和国环境保护法》第九条规定：“各级人民政府应当加强环境保护宣传和普及工作，鼓励基层群众性自治组织、社会组织、环境保护志愿者开展环境保护法律法规和环境保护知识的宣传，营造保护环境的良好风气。”海岸带管理相关主管部门首先应通过各种方式如在网络平台发布信息，在社区、公共场所开设专题讲堂，发放手册，张贴宣传海报等，提高公众参与海岸带管理的认知水平和参与责任感。其次，应鼓励包括非政府组织在内的各种社会组织主导发起下的公众参与行为，为参与途径的拓宽、参与行为的有效性提供保障；此外，应逐渐弱化政府主导对公众参与海岸带管理的模块化、僵硬化影响，吸纳非政府组织团体、企业乃至社区公众成为主导发起者，提升参与效率。最后，要拓宽参与途径，改变单一模式下的讨论、听证模式，逐渐将管理委员会、行业协会等模式应用于公众参与海岸带综合管理中，实现海岸带的可持续发展。[②]

4. 公众获取信息渠道有限

海岸带综合管理属于公共事务。在公众参与过程中，要保证多数人选择的正确、多数人的意志符合客观规律，就需要公众能够充分地了解海岸带以及海岸带管理的有关情况。即让公众能通过有效途径获取政府文件、知晓有关情报（或称公众信息）。此类权利因此被称为“知的权利”“了解权”或者“知情权”（the right to know）等。信息是现代社会具有战略性价值的资源，据统计，全社会 80%的有价值的信息掌握在政府手中。《中华人

① 钱水苗．公众参与环境执法机制研究——以嘉兴市实践为锲点［J］．环境保护，2014，42（14）．

② 卢小丽，赵奥，王晓岭．公众参与自然资源管理的实践模式——基于国内外典型案例的对比研究［J］．中国人口·资源与环境，2012，22（7）．

民共和国环境保护法》第五十三条规定："各级人民政府环境保护主管部门和其他负有环境保护监督管理职责的部门，应当依法公开环境信息、完善公众参与程序，为公民、法人和其他组织参与和监督环境保护提供便利。"为了保障公民、法人和其他组织依法获取海洋管理信息，国家海洋局于 2016 年 9 月 13 日发布了《国家海洋局政府信息公开实施办法（试行）》（以下简称《试行办法》）。《试行办法》将国家海洋局的政府信息分为主动公开、依申请公开和不予公开三种形式。[①] 虽然我国政府信息公开制度建设成就斐然，但还是有大量信息政府部门没有公开。[②] 此外，政府部门在对外征求公众意见时，由于精力和时间的限制，很难简化项目信息，项目复杂难懂，使得公众不能有效参与其中。公众获取信息能力有限、信息专业性过强都限制了公众参与海岸带综合管理。

海岸带综合管理是海岸带资源利用方式日益多元化、区域生态状况堪忧的内在要求，也是实现海岸带可持续发展的必然选择。海岸带管理涉及不同层次和团体的利益，包括但不限于政府、渔民、旅游者、商人等。鼓励所有利益相关者共同参与海岸带管理，有利于保证海岸带管理目标能够最大限度地符合各相关者的利益。此外，海岸带综合管理需要运用最可靠的科学知识（社会、经济和生态）作为决策基础，这就要求跨学科的科学家积极参与、集思广益。当前我国在海岸带管理的公众参与方面，已经初步建立了长效、兼具实体性和程序性的法律机制，相关实践和试点也表明，公众参与对于实现海岸带的科学管理具有显著的推动作用。当前，我国海岸带综合管理公众参与主要存在以下几个方面的问题：一是公众对参与海岸带综合管理的理解和认知意识有待加强；二是公众法律意识有待提高；三是公众自觉参与意识薄弱。此外，实践中针对环境污染和破坏发生后的公众投诉、举报、直接参与环境执法机关的执法活动以及对建设项目环境影响评价书发表意见，本质上都属于末端参与。[③] 海岸带管理遵循的"预防为主""谨慎原则"原则，应特别强调公众对海岸带管理决策环节的参与，如管理规划、相关法律法规的制定过程等。

---

① 《国家海洋局政府信息公开实施办法（试行）》第七条：国家海洋局政府信息分为主动公开、依申请公开和不予公开三种形式。

② 王琪，吴金鑫．海洋智库参与决策咨询的困境及破解之道［J］．中国海洋大学学报（社会科学版），2016（1）．

③ 钱水苗．公众参与环境执法机制研究——以嘉兴市实践为锲点［J］．环境保护，2014，42（14）．

第八章 我国厦门海岸带综合管理

海岸带综合管理是一种自然资源和环境管理的架构，它采用的是综合性和整体性的方法，是一个在解决海岸地区复杂管理问题时，交互决策、规划和实施的过程，且这个过程遵循一定的循环周期。①

海岸带综合管理对世界范围内的海洋环境和海洋经济都意义重大。20 世纪 70 年代，随着环境的恶化和可持续发展理念的深入，美国率先探索海岸带综合管理。之后，欧洲、亚洲、拉丁美洲等地区的沿海国纷纷从立法与改制等方面进行海岸管理的革新。迄今，经过不断的管理实践，综合管理的理论研究已渐趋成熟，基于生态系统的管理理念深入人心。

海岸管理的成熟对我国海洋事业的发展至关重要。我国各海域长期以来在管理海域范围的界定、法律与体制的支持与指导、海洋经济的协调发展、海洋科技的提升等方面的作为均不到位。自 1994 年以来，厦门已进行了 20 余年的综合管理，旨在协调经济发展与海洋污染的矛盾。第一轮计划为海岸管理提供了基础机制和体制，挖掘了主要问题，并经过数年的实施和总结，确定了未来发展的方向。可以说为厦门海岸管理日后的走向树立了有力的纲领性的框架。第二轮和第三轮从体制、法治、科技等方面对第一轮遗留问题做出了解决和弥补，确定每个时期的主要矛盾和问题优先级，并在实践中不断总结和反思，其间痼疾有之、困境也当道，但厦门海岸带综合管理的成就有目共睹。

通过查阅、分析各项数据资料，在梳理厦门海岸带管理概况的前提下，总结所得经验和教训，并为我国的海岸带综合管理提供适当建议。

一、我国海岸带综合管理概况

我国海岸线漫长，从北到南跨越了温带、亚热带、热带三大气候带共 30 个纬度。我国沿海省市由北向南分别是辽宁、河北、天津、山东、江苏、上海、浙江、福建、广东、香港、澳门、广西壮族自治区、台湾、海南，14 个省市蜿蜒的边缘使得我国的海岸线呈现出“S”形。地质特征上，杭州湾以北以泥沙海岸主，以南则以基岩海岸为主。在此大特征下，沙海岸、淤泥海岸、基岩海岸在各段海岸相间分布。另一方面，我国海岸带囊括矿产资源、能源资源、滨海旅游资源、海岛与港口资源、陆地水资源、海水化学资源、海

① PEMSEA 秘书处. 海岸带综合管理读本［M］. 张朝晖，傅明珠，王守强等译. 北京：海洋出版社，2013.

洋生物资源，总体来看，海岸资源较为丰富，海洋资源较陆地资源开发潜力大。

1949—1964 年，在海洋渔业、海洋运输业、海盐业等方面实现了陆地行业管理到海洋行业管理的转变。

1964 年，国家海洋局的成立标志着我国海洋行政管理的形成。1965 年 3 月 18 日，国务院批准国家海洋局分别在青岛设立北海分局、宁波设立东海分局，广州设立南海分局，作为各海区的海洋行政主管机构，主要职责是在各海区组织开展海洋行政管理、执法监督和公益服务等工作。[①] 至此，我国海洋行政管理体系初具规模。1966—1976 年期间，海洋管理的发展基本处于停滞阶段。直至 20 世纪 70 年代，美国开启海岸带综合管理的先河，将海岸带综合管理的概念引向世界。我国随即在 20 世纪 80 年代开展了为期 6 年的“海岸带综合调查和海涂资源综合考察”，为海洋管理体制的优化和海岸带综合管理奠定了基础。几乎在同一时期，辽宁、山东、江苏、上海等沿海省市纷纷通过撤销及合并涉海管理机构等方式对各自的海洋管理体系进行整合，逐渐形成了地方海洋行政管理体系，弥补了国家海洋行政管理的不足。

1994 年开始，我国参与东亚海域污染防治和管理地区计划，建立厦门海岸带综合管理示范区。由此，我国开始由海洋行政管理向海洋综合管理模式转变。1996 年，出台了《中国海洋 21 世纪议程》，确定了我国海洋综合管理的方向。1999 年，各海区分别成立海监总队进行海洋执法。2002 年，我国颁布了《中华人民共和国海域使用管理法》。2004 年，国务院通过《山东省海洋功能区划》，这也是我国首部获批的省级海洋功能区划。

自东亚海域污染防治和管理地区计划实施以来，我国厦门、渤海等地陆续被确立为该计划的示范区。对渤海进行海岸带综合管理后，从立法、制定规划、治理海洋污染等方面进行管理，虽努力采取一系列行动如“碧海蓝天行动计划”等，但海洋污染问题并未得到解决，反而在一定程度上持续恶化。与国际合作的渤海海岸带综合管理以失败告终，但对渤海的管理仍在不断反思并改进。

近十余年来，山东半岛的海岸带综合管理水平总体提升。其中，青岛和威海市处于领先水平。青岛在海洋行政管理体制、立法、海域使用管理、海洋污染治理等方面已取得骄人成就。威海也已初步构建了海岸管理框架，综合管理水平在稳步上升。近年来，国家重视黄河三角洲经济区与山东半岛蓝黄经济区的发展，并予以政策支持，山东的海岸带综合管理还有很大的发展空间。

总体来看，我国的海岸带综合管理能力和水平还非常有限，要在全国海域范围内协调经济发展与海洋生境的矛盾，最终实现可持续发展还需长期的总结和努力。

---

① 仲雯雯．我国海洋管理体制的演进分析（1949—2009）［J］．理论月刊，2013（2）．

二、厦门的海岸带综合管理

厦门地处福建省厦、漳、泉闽南金三角以及上海、广州中心带，北面与泉州市的南安市、安溪县为邻，西面与漳州市长泰县、龙海市相接，南面与龙海市招银开发区、东面与金门县的大小金门岛和大担诸岛隔海相望。[①] 这样极具优势的地理位置，使厦门自古就成为我国的重要通商港口。尤其是中华人民共和国成立以来，厦门享受了港口优惠政策，被划为经济特区后，更是成为了对外开放的前沿阵地。另外，厦门具有丰富的海洋生物、港口、滨海旅游、矿产、海上能源等资源，更是助益了厦门的经济发展。然而，经济的长期飞速发展给厦门带来了严重的环境破坏和海岸管理问题。围海造地、过度捕捞、盲目发展水产养殖、城市排污等人类活动造成海洋生境破坏、海洋水质下降、海洋生物种类和数量减少等环境问题。除此之外，海洋资源开发无序、涉海法律法规不健全、海洋管理体制不完善等问题突出。

综合这些情况，直到20世纪90年代，海岸带综合管理的意识在世界范围内的推进，《中国海洋21世纪议程》对海岸管理做出要求和指示，厦门政府对筼筜湖为期10年的综合治理成绩卓著使对海岸带的可持续综合管理充满希望，再加上成为经济特区以来社会经济的迅猛发展使厦门的海岸带生境面临着越来越大的压力。来自这几个方面的推力使厦门进行海岸带综合管理成为大势所趋，厦门随即加入了东亚海域污染防治和管理地区计划，成为该计划第一批海岸带综合管理示范区之一，并在第一轮计划（1994—1998年）实施期满之际，因管理成效显著，各方赞誉不断。

（一）第一轮战略行动计划

1. 第一轮计划概况

厦门以东亚海域污染防治和管理地区计划的试点身份开始第一轮海岸带综合管理。该轮计划实施时间为1994—1998年，周期性较为明显。第一轮计划实施前夕，厦门的海洋管理从体制、法律到具体海岸问题的处理，都极缺乏系统性。所以，第一轮计划给厦门的海岸带管理重置体制和协调机制，将立法、财政、规划、公众、监测、评价等要素糅合并向综合管理靠拢，实际上是开拓先河，树立海岸带综合管理框架的雏形，以使厦门海岸带后期的管理进入正轨，自然而然地进行衔接。以下是第一轮计划不同阶段的具体行动。

（1）准备阶段。以海岸带剖面及海岸带污染预防和管理战略计划为载体从厦门海岸带地理、生态等特征、经济、海岸资源开发与利用、海洋环境现状、现有海岸管理机制等方面对厦门海岸带进行综合分析和总结，为下一步海岸带管理进程提供资料基础。

---

① 洪华生，薛雄志．厦门海岸带综合管理十年回眸［M］．厦门：厦门大学出版社，2006．

（2）启动阶段。确定亟待解决问题的优先级：确定建立海洋管理机制、解决海岸管理法律问题、制定合理的海洋使用规划、治理海洋污染、建立完整的财政支持系统是海岸带管理的首要任务；确定了海岸带示范区的范围（厦门市的行政管辖边界）；制定《东亚海域海洋污染预防与管理厦门示范计划》；需对现有的包括各部门所掌握的海岸数据和信息进行分析，以便各海岸管理子项目的制定；广集利益相关者意见；利用宣传教材、媒体、海洋知识竞赛等活动提高群众的海洋环境保护意识。

（3）制定阶段。成立研究项目《厦门海岸带经济发展的生态与社会经济影响评价》，该项目对经济发展对海产品安全、海洋生境质量等的环境影响进行了风险评价，以便确定治理海洋污染的问题解决顺序；从防治污染、海域空间规划、海洋环境检测等方面制定系统性计划，并针对污染治理按区域和污染类型进一步细分出专项计划。

（4）批准阶段。提供体制保障，确定各计划的负责机构并成立专家咨询委员会；提供制度保障，在项目《中国厦门市海洋法律制度的建立》的研究成果推动下，出台了《厦门市海域使用管理规定》《厦门市环境保护条例》等地方性法律规章，并进一步制定了与《厦门市海域使用管理规定》相适应的《厦门市海洋经济发展规划》；努力为各项目的实施提供资金保障，着手财政机制建立的研究。

（5）实施阶段。为建立综合性海洋环境监测系统进行研究，并确定海洋环境监测方案与计划、培训监测工作人员、积极进行技术研发、初探监测质量监督机制等，从而成功开展厦门海洋环境综合监测工作，并使海洋监测部门形成海洋环境监测任务协议书；尝试建立地理信息系统以用于海域管理。

2. 试点成效

（1）海洋环境与生态的改善。海岸带管理计划实施以来，西海域等各海域的水质有所改善；已对杏林曾营、东屿湾等地的红树林进行部分修复；建立自然保护区，海洋珍稀动物得到有效保护；对入侵物种互花米草进行治理；海面石油污染显著减少。

（2）形成了持续性的管理体制和协调机制。形成了以厦门海洋综合管理协调领导小组和海洋管理办公室为主体的管理架构，其指挥和协调作用为海岸带管理的有效运作和持续性提供了保障。

（3）管理依靠科学。海洋专家组的专设和参与管理，为海岸管理提供技术咨询和支持，使海岸管理决策科学，在信息收集与分析、海洋功能区划、地理信息系统建立等方面起重要作用。

（4）加强海洋立法和海上执法。已围绕海岸开发利用和海洋环境保护两个方面，完成《厦门市海域使用管理规定》《厦门市环保条例》《厦门市白海豚管理规定》等多部法律的制定，初步形成了地方性法律框架；加强海上执法和监督执法机制的建立。

3. 第一轮行动计划尚未解决的问题

①虽然已形成的海岸带综合管理机制较为系统，但管理体制中较频繁的机构和人员变

动在一定程度上阻碍了海岸带管理的进程，并且许多海洋管理人员仍旧缺少相关专业能力，对管理人员的培训仍需加强。②法律系统仍不完备，缺乏综合管理所涉领域（海域空间使用、海洋资源和各种生态系统的保护等）的各项法律。③虽已初步对海洋功能区做出新的规划并实施，但总体用海方式仍不合理，再加上没有有效控制开发力度，加速了海洋环境的污染和退化。④针对海洋生态环境的破坏尤其是跨区域生境日益恶化的情况，并未启动系统性计划对海洋生境进行保护和恢复。⑤海岸管理所需的科学技术仍旧薄弱，进而导致无法制定海洋濒危动物保护等项目。⑥总体上厦门海域的污染物（无机氮、磷、铅等）仍然超标，并且海洋生态环境监测系统仍处起步阶段，在数据共享等方面还需长期完善。⑦因用海、捕捞方式的转变、海洋生境的退化、渔业资源减少、现代海洋经济的发展、渔民自身教育水平的限制等原因而导致的渔民失业和专业问题显著，尚未得到有效处理。⑧海岸带管理财政支持机制缺乏持续性，环境投资来源方较单一。⑨公众参与工作仍不到位，缺乏推进公众参与的工作经验。

由此，第一轮海岸带综合管理计划实施所遗留的诸多问题成为第二轮综合管理计划所要达成目标的依据。从总体来看，第一轮厦门海岸带综合管理的起步性质决定了第一轮所面临的主要问题与第二轮、第三轮有所区别，第一轮计划困难重重又卓有成就的探索为接下来的两轮打下了非常坚实的基础，使得后两轮计划的实施和目标具有明显的承接性和连续性。

（二）第二轮战略行动计划

1. 第二轮计划概况

第一轮海岸带综合管理计划结束后，针对海岸带管理的整体现状和存在的问题，确定了第二轮计划的优先级和具体目标，由厦门市海洋与渔业局和厦门市政府海洋管理办公室等机构为主导，进行第二轮管理计划的制订和实施。与国际合作的第二轮管理计划实施的时间节点为2001—2006年，与我国“十一五”“十二五”规划相适应。第二轮计划的预期成效分为近期和长期成效，分别以2010年和2020年为时间节点。

第二轮计划的总体目标是完善海岸带综合管理体系与机制，促进各种海洋产业协调有序地发展，保证科学合理地开发和可持续地利用厦门海岸带的各种资源，使各海域功能区的功能得到正常发挥，有效监控厦门海域的海洋生态系统和污染物总量，建立海洋灾害预警预报机制，实现海洋功能区环境质量全面达标，海洋生态环境得到修复，海洋生态系统得以良性循环。[①]

截至2010年，第二轮行动计划主要围绕完善海岸管理体制和立法、进行海洋生境保护和建立海洋环境监测系统、优化海岸用途、推进涉海领域科技项目的研究等方面开展。

---

① 周鲁闽，卢昌义．厦门第二轮海岸带综合管理战略行动计划研究［J］．应用海洋学学报，2006，25（2）．

具体规划如下。

（1）在改进海岸带综合管理协调机制方面，2005 年对海洋管理办公室和厦门市政府海洋管理协调小组进行调整，完善相关例会制度，明确各岗位管理人员及其责任，注重吸收陆域管理等部门的工作人员，以规范海洋管理工作使其高度制度化和科学化，同时达到协调陆海管理的目的；加强区域海洋管理，通过建立厦门漳州海洋管理协调委员会和厦漳泉城市联盟海洋与渔业局长联席会制度加强厦门与漳州区域海洋管理协作，争取于 2010 年对九龙江进行综合治理；加强综合执法力度，优化执法装备，提高队伍的巡航、应变、救灾能力。

（2）继续完善涉海岸带管理的地方性法律体系，实现包括海洋渔业资源保护、海洋生境保护、海岸带使用三方面共 8 部法规和规章的制定，计划 2010 年以前完成其中 4 部，其余于 2020 年前制定完成。

（3）改善海域使用管理，使海域使用科学化、环保化。2006 年之前修订海洋功能区划，并分别编订西海域、同安湾等海域的使用规划；全面推行海域使用权证和有偿使用制度，各类用海项目实现 100%登记；对现有水产养殖方式进行规范并使部分海域退出水产养殖；对无居民海岛进行生态保护和利用；在实现海洋资源管理资产化的大目标下，2004 年发起调研，此后依次从海域使用费用征收、使用权招标、征用补偿三方面制定管理办法。

（4）海洋环境方面的计划主要涉及近岸生境的保护和监督。为改善近岸海域污染，对污水进行大规模截留，对筼筜湖、九龙湾和马銮湾进行包括清淤、治污在内的综合整治；对生物多样性、红树林和滩涂等生态系统进行修复；于 2005—2007 年集中制订生态修复、海岛保护、珍稀海洋生物等方面的保护计划并加以实施。2005 年制定《厦门市海洋环境保护规划》，并以此为指导进行海洋环境监测、赤潮监控和海洋污染的监测与防治、监督海洋与海岸工程的实施、控制污染物排量。

（5）增强科技实力。2005 年对“厦门市海洋功能区划地理信息系统”进行升级，2006 年建立“厦门市海洋综合管理信息系统”，以实现各类海洋数据的储存和共享，进而为渔业管理、执法、海域使用等活动的自动化和信息化提供科技支撑；继续发挥海洋专家组的优势，2005 年完成小组成员的调整工作，并改善其工作环境；制定海洋发展规划，重点囊括海洋经济的可持续发展、海洋科技的研究方向与陆海统筹原则的体现；为实现科技兴海的目标，推进生态修复技术、各产业高新技术等科技的研究和产业化；2010 年之前将赤潮发生机制、海堤工程、建设海洋生态型城市等作为重点方向，精细设计并坚定推进各科研项目的研究。2005 年，继续参与东亚海域污染防治和管理地区计划并争取国际力量的支持。

（6）大力推进公众参与海洋管理。2005—2010 年期间，通过电视、报纸等媒体渠道进行一系列的海洋知识宣传教育；通过举办咨询、听证会的方式就海岸带综合管理向各媒体、利益相关者、政府人大代表、各地居民等收集意见和建议；巧用世界环境日、海洋日等主题，组织活动以引起群众认识、保护海洋的共鸣；同时注重专家对各政府官员的教育作用，通过专家讲座、培训等方式提高海洋管理官员的责任意识和海洋意识；与国际海岸带综合管理接轨，安排海岸管理工作人员接受国际水平的培训；通过提供补偿金、就业方向，进行技术培训等方式妥善安排转业渔民。

（7）建立海岸管理的财政系统，为海岸带综合管理争取更多的资金支持。2005—2010年，为建立自给自足且稳健的财政机制，将所征收的海域使用金全数用于海岸管理和保护项目的建设，并将海岸生态修复和海洋环境保护列入环境投资项目，以吸引社会企业资金；2008年为海洋环境保护设立专项基金；广泛争取各位金融机构的资金支持。

2. 第二轮行动计划的成效

（1）海洋管理体制的创新。改善、补充海洋管理领导小组的成员并具体调整其职权，同时注重强化海洋管理办公室的职能以充分体现综合管理的原则；秉承海洋区域管理的原则，为实现对厦门湾、九龙江的有效治理和中华豚等珍稀海洋生物的保护以推进海洋区域管理进程，坚持并加强厦漳泉联合管理和厦门、金门合作机制。

（2）加强海上执法。海洋与渔业局协助各涉海规定和执法措施的制定、规范和宣传工作，加强海上巡航并依法制止海上违规行为，充分保障厦金航线的畅通，对无居民海岛、岛礁等特殊地区进行专项检查，着重清淤和依法组织水产养殖退海，定期确定水产品安全，将渔船监管和规范捕捞作业作为重点，严惩电鱼等违法活动，严查“三无”船只，真正做到执法行动覆盖多方，充分体现综合管理的原则。联合执法力度明显增强，积极配合省级联合执法行动，同时与农业局、派出所等陆域部门合作执法检查。进行海岸带执法的单位较为多元，环保局负责各污水处理厂的排污监控和检查，海事局注重海上油污事件处理，权责相对分明。

（3）海洋生境保护。首先通过与各方协调，已从海洋生物保护、海洋经济、优化空间使用等方面补充制定了多部涉海规定，使海岸开发与使用更为合理；截至2010年已进行多次增殖放流活动，对无居民海岛的保护也已初见成效；积极进行沙滩修复和保护，并初步形成指导和数据资料体系；继续开展清淤工作，以便海堤开口工作的推进；放流中华鲟，组织中华白海豚保护科研项目的研究，并于2010年成立中华白海豚保护专项基金。

（4）环境监测网络建设。已对监测所用设备进行了更新和维护；已在同安湾、西海域等地建立赤潮监测及预报系统，防治赤潮工作在继续推进通过增加站位、跟踪监视、完善指标等方式提高海水水质监测水平；至2010年，创新性地完成海洋环境质量公报的编制工作。

（5）渔业管理方面，已于2007年开始对水产品质量安全进行全面整治，并形成规模化的周期性的专项整治行动，另通过举办分析报告会等辅以管理。

（6）促进海洋经济发展。通过做强港口运输业、做大临海工业、做实游艇经济业、做活滨海旅游业（如2007年发展休闲渔业项目等）、做优海洋高新产业等举措，实现海洋产业多元化新格局。

（7）公众参与工作卓有成效，市民海洋文化活动参与度有所提高，海洋保护意识也普遍加强。

3. 第二轮行动计划尚未解决的问题

（1）2010年以前完成原计划中4部专项法律制定的目标并未完成，以致许多新开发的项目施行没有可依据的专设法律，比如《厦门市休闲渔业开发策略》已于2007年出台并实施，但相对应的《厦门市休闲渔业管理办法》并没有如期修订，导致休闲渔业的管理工作只能根据渔业、环境保护、船舶管理等相关领域的条例和法规来进行。

（2）有缺漏的综合管理机制阻碍了综合管理进程。例如，厦门市海洋产业分散于各涉海部门，各自为政，由于缺乏对海洋产业统一协调的部门，海洋综合统计力度不够，缺乏专门的扶持政策措施，从而导致对促进海洋经济发展的综合引导、统筹协调力度不够，海洋经济发展在一定程度上受阻。

（3）海洋环境的生物多样性修复（例如对外来生物入侵进行包括风险评估在内的全面防治）和各种生态系统恢复行动（对红树林、湿地等的修复计划）并不到位。2005年前后赤潮发生的频率虽有所缓和，但发生条件依旧顽固，每年5~8月，赤潮仍旧频发，甚至有些年份冬季也会出现赤潮，说明海水营养物质依旧超标，海水污染还需加大力度进行改善。海洋环境污染的综合控制任务艰巨。严格控制陆源污染物入海，尤其是来自于九龙江流域氮、磷污染和海漂垃圾问题依然突出，任务艰巨。所观测中华白海豚出现频次仍然较低，珍稀动物保护方面仍需加大力度；截至2010年，环筼筜湖二期截污与清淤工作有所进展，但进展缓慢，筼筜湖湖水发臭、赤潮暴发等问题依旧显著。

（4）海洋战略性新兴产业发展较慢。对海洋空间资源利用的产业，如港口航运、滨海旅游和临海工业发展较快，但对海洋资源深度利用的战略性新兴产业如海洋生物医药、海水利用、海洋能等产业化进程较为缓慢，海洋生产性服务业发展滞后，外海、深海和海岛等大海洋的战略性开发思路尚缺乏，有待于采取措施加快发展。①

（5）海洋科技方面，厦门海洋科研实力雄厚，但没有充分发挥。科技力量较为分散，缺乏集中机制，再加上科技投入不够，导致整体科技优势不能充足体现。科研成果形成产业进程缓慢，科技原材料、先进教育资源、高端服务类平台等较为缺乏。

（三）第三轮海岸带综合管理战略行动计划

1. 第三轮计划概况

第三轮计划是第二轮计划的延续和发展，旨在实现海陆一体化的环境管理和基于海洋

① 参见《厦门市海洋经济发展“十二五”专项规划》。

生态系统的海洋管理。至2010年，海岸自各方面的管理都已具有一定规模，皆有所指引和规范。自进入“十二五”期间，除了基于生态系统的管理更为强化，厦门有一个比较显著的特点是海洋经济和海洋科技的进步迅速，从而距离经济与环境的和谐更进了一步。

（1）海洋环境的监管。致力于从源头遏制污染，严格追踪污染源，同时对陆地和海洋的污染物排放量进行控制与监测，将污染物排海权市场化；加大海洋污染监督和执法力度，依法追究重大环境污染事件责任方的责任；加强对涉海项目的监管，精准环境影响评价，严格实施流程，落实海域有偿使用；重点治理九龙江流域，加强区域合作以推进上下游生态补偿机制，最大限度地减少九龙江污染对厦门海域的影响，升级海洋环境监测系统，提升实时监测和动态评估能力，完善环境污染的应急机制；以指示生物等指标对包括滨海电厂在内的用海建设项目对海域产生的影响程度进行跟踪。

（2）生态建设。优化海岛、海岸、滩涂的功能划分，建立海岸带生态经济示范区，从水生生物、沿岸湿地等方面加强海洋保护区管理和建设。继续对红树林、白兔屿海岛等生态系统进行修复，计划修建下潭尾湿地公园，继续进行生物多样性修复和举行人工放流活动。另外，还需对生物链进行修复；大力推进厦门珍稀海洋物种国家级自然保护区建设，仍将观测和救助中华白海豚、监督涉海工程建设作为重点，进一步落实保护中华白海豚的各项举措，并同时注重其他濒危动物的保护；促进海洋珍稀动物科学研究基地和厦门珍稀海洋动植物研究中心的建设；无居民海岛的基础设施仍需完善，各海岛生态修复也需加强。

（3）加强海洋减灾防灾工作。对海岸开发进行严格的环境影响评价，并完善和升级环境监测系统；控制围填海强度，通过数值模拟等方法科学确定环境所能容纳的围填海面积和程度，尽可能降低围填海活动对生境的损坏；通过完善预警、防控、应急、保障体系，防止和减少海洋灾害的发生，尤其要重视台风、赤潮等自然灾害的监测和预警工作。

（4）加大海岸带治理力度。优化海洋功能区的划分，继续明确旅游、航运、港口等模块的用海范围，致力解决因海域有限、用海矛盾突出导致的海岸资源破坏问题；由政府主导有计划地对海岸资源进行储存，落实有偿使用制度，从而杜绝对海岸资源的无节制索取和利用；资源用在“刀刃”上，保留特定地区的海岸线，以用于定向使用，同时增加沿岸植被面积，严惩非法采砂。

（5）完善和创新管理体制。对海洋资源开发、协调海洋经济发展、海洋公益服务等方面进行管理体制创新，资源利用合理化仍是重要内容，坚持政府管理与市场调节相结合，规范开发主体对海岛、港口等资源进行有偿、有序使用；依旧重视海洋领导小组的统筹管理作用，以满足海洋经济发展需求为前提，完善行政管理机制、海洋重大项目监督机制等；探索生态补偿机制，追究生态损害行为主体的责任，并使赔偿标准、金额、程序等细化明确。

（6）加大科技研发，提高科技实力。为厦门国家海洋研究中心的建设做筹备，以凝聚科学实力，贯彻科技兴海；秉承创新理念，通过自主研发使基础性和高新技术迈向新台阶，促进海洋生物业、高端制造业等新兴产业的集群和增长；整合现有海洋技术，调动各方科研力量，进行重大海洋科技的研究和创新，以最大限度地推动经济与环境的协调发展。

（7）扩大投资来源，政府增加资金支持。促进并加大海洋投资的优惠政策的落实，继续吸引各种社会资金投入海洋事业，同时争取国内、国际金融组织贷款，推进招商引资，以期通过这些手段使海洋管理投资多元化。

（8）加强海洋教育，培养海洋人才。为重要科研项目建设海洋实验室等技术研发平台，加大海洋高校、科研院所、海洋科技园区等的财政与政策支持，以强化海洋教育，培养高素质的海洋人才。

（9）提高公众参与程度，继续增强群众海洋意识。建立将公众参与科学支持和政府决策相结合的海洋决策机制，提高群众献计献策的海洋管理积极性，并强化公众对海洋决策和管理的监督作用。提高大众的海洋意识仍是一项非常重要的任务，继续通过广播、报刊等媒体渠道向人民群众普及海洋知识，并建立科普教育基地，引导社会关注海洋。

2. 第三轮行动计划的成效

（1）加大海上执法力度，各部门积极开展联合执法。截止 2015 年，已着手修订《厦门市海域使用管理规定》和《厦门市海洋环境保护若干规定》，为修订《厦门市游艇管理规定》和《厦门市休闲渔船管理办法》展开调研。

（2）海洋环境监测系统对海洋环境的治理和保护的助益作用凸显，通过监测与评价结果、发布海洋环境质量公报，为制定海洋环境战略指明方向；海洋环境质量大有改善：比较 2011—2014 年中国海洋环境质量公报得出，厦门海域海洋环境质量总体稳定，清洁及较清洁海域面积比例总体上升，有机碳、硫化物、重金属等大部分沉积物均达到第一类海洋沉积物质量标准，各生物群落结构总体稳定，自然保护区内文昌鱼平均栖息密度和平均生物量均有所提高，所观测中华白海豚出现频次稳定；滨海旅游度假区和海水浴场水质等环境状况保持良好；近几年间，海漂垃圾总量有所浮动，但截至 2014 年，垃圾总量呈下降趋势；赤潮发生频次有所减少且呈稳定水平。

（3）海洋科技力量日益雄厚。各新兴产业飞速发展，如已利用海洋信息技术建立“海域使用动态监视监测系统”，海洋生物医药、海水淡化装备等技术得到长足发展。值得一提的是，已于 2012 年成立南方海洋研究中心，一方面是厦门雄厚海洋科技力量的体现，另一方面推动了厦门海岸带管理和海洋经济发展。

（4）海洋经济发展保持优势增长。第三轮计划实施之后，截至 2014 年，厦门经济增长基本与“十二五”规划计划增长值吻合，高新技术产业比重不断增大，也使海洋产业结构得到升级。

（5）公众海洋环境保护、生态文明建设意识增强。经过多年的公众参与工作的推进，厦门民众已形成了广泛的监督和爱护海洋的认知。

（6）渔业方面，“十二五”期间水产品种苗、创新渔业产业、休闲渔业稳步发展，并着力建设远洋渔业。

（7）加强国际交流与合作，推进中国-东盟海洋合作基地建设，举办数届国际海洋周，以促进国际技术、人才交流。

3. 第三轮行动计划尚未解决的问题

（1）海洋立法几乎处于止步状态，计划中的法律制定项目并未施行，各专项法规的制定仍需加强。

（2）由历年中国海洋环境公报可以看出，2011—2014 年，同安湾、西海域、东部和南部海域、马銮湾等海域水质仍然富营养化，其中马銮湾海域污染最严重，截至 2014 年污染情况仍未显著好转，且九龙江入海污染物居高不下，2014 年厦门市海洋环境质量公告仍然强调要对其加强治理；尽管部分排污口综合评价均达标，但重点排污口无机氮、磷等物质仍然超标。由此在治理陆源污染入海方面能总结出两点不足：一是在后续的工作中需重点提升脱氧脱磷技术，以促进各排污口污水排放达标；二是急需建立海陆一体化的入海污染物总量控制制度，通过加快市政管网和污水处理设施建设，开展农村面源污染整治及小流域污染整治，减少陆源污染物入海。

（3）海洋功能区划仍需不断优化。厦门海域面积相对较小，近几年包括滨海旅游业发展在内的海洋经济活动对海滩等生态环境的压力还是较为显著，如何在保护生态系统的前提下，充分满足各类用海需求，是发展海洋经济定会面临的问题。

（4）公众参与方面，公众的海洋意识提高显著，但社会公益组织的海岸保护和参与管理方面需要加强。

三、厦门海岸带综合管理的经验与教训

（一）厦门海岸带的管理体制探索和宏观协调机制的建立

1. 海岸带综合管理体制的创新和发展

第一轮计划执行结束后，所建立的厦门市人民政府海洋管理办公室在海岸带管理中起到了宏观管理的作用，与海洋专家组一道，承担涉海管理事务，综合管理已具雏形。第二轮计划制订之初，将厦门市海洋管理办公室与市水产局合并，成立厦门市海洋与渔业局（厦门海岸带管理体制如图 8.1 所示）。而厦门市海洋与渔业局发展至今，其职能也趋于健全。所涉海洋政务包括海域管理、海洋经济、渔业管理、海洋科技、海洋法制建设与综合执法、资源环保等模块，以宏观统筹的角色基本总揽了海洋事务，实现了海洋的综合管理。

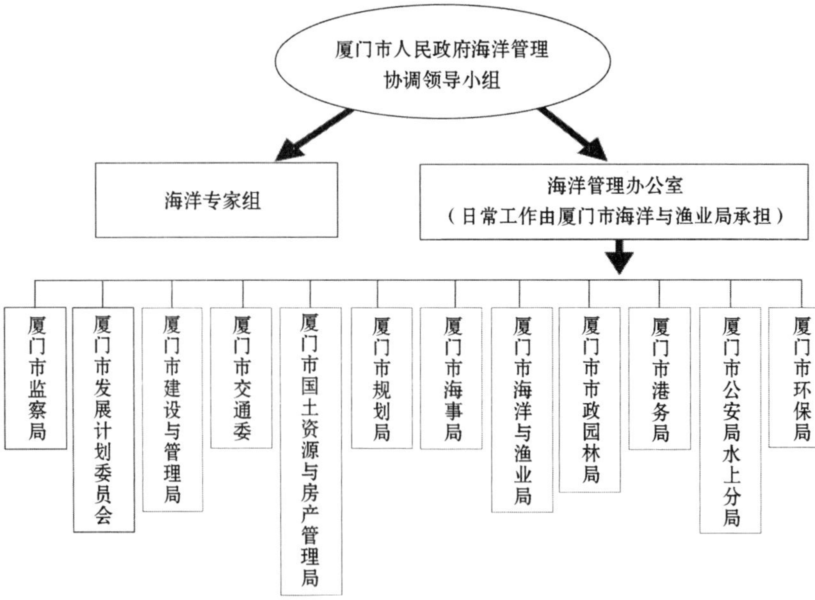

图 8.1　厦门海岸带管理体制

厦门市海洋与渔业局成立之际，各界担忧海洋管理办公室的职能会被弱化从而违背海岸带综合管理的宗旨。海洋与渔业局经过多年的运作，成为海岸带管理主导的同时，也在各规划中突出海管办的指导与监督作用。目前来看，这一管理体制运作良好，配合密切。

我国海洋管理体制曾长期处于分散状态，各部门职权分布存在真空或重叠的双重矛盾，管理缺乏协调。2013 年，国家对海洋管理体制进行改革，整合海关、渔政、海监、海警四个部门，统一隶属国家海洋局管辖（见图 8.2），其中，海域综合管理司作为国家海洋局下设机构综合管理海岸带事务。但总体来看，改制至今，海洋管理混乱局面没有显著改善，体制运作如何还需时间验证。建立符合国情、切实高效的海洋管理体制将是长期探索的课题。2018 年 3 月的国务院机构重大改革，在很多方面涉及我国海洋管理体制，新组建了自然资源部（国家海洋局），原国家海洋局管理的中国海警局也整体转隶武警部队。同时将原国家海洋局承担的海洋环境保护职责，整合入新成立的生态环境部。机制改革对我国海岸带综合管理的影响，有待于时间检验。

2. 各方协调机制的完善

厦门经过二十余年的海岸带管理，海洋事务各方面的协调机制也处于不断探索之中。其中，海洋执法机制、海洋产业协调机制、信息共享机制、规划管理与协调机制等都不够完善。

海陆管理的协调机制。由于第一轮的管理范围仅止于厦门行政管辖区的海域，但海岸带所涉海水污染、海域使用等多项内容均与陆域管理密切相关，最初的管理体制虽然囊括了陆域部门，但相互协调力度不够，海岸综合管理工作难免因此受阻。第二轮计划加强了

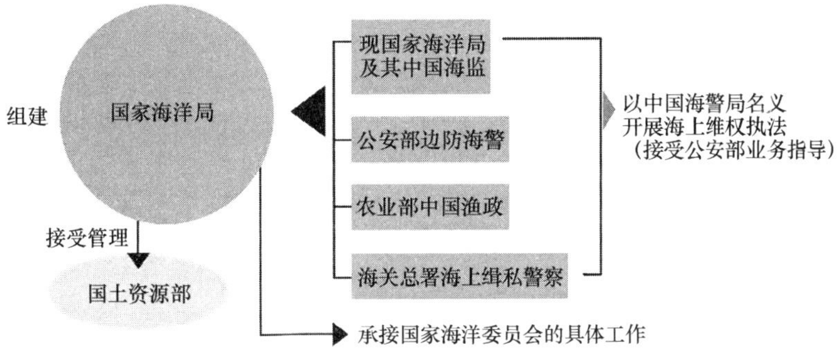

图 8.2　我国现行海洋管理体制示意

与环保、交通、市政园林等陆地部门的合作，但由陆源污染等造成的海洋污染问题依旧突出，所以还要促进海陆一体化协调机制的完善，陆海合作，加大力度，以共同推进海岸带综合管理。

海洋产业协调机制。厦门市海洋产业分散于各涉海部门，各自为政，由于没有专设机构对海洋产业的发展进行统筹和协调管理，造成海洋综合统计力度不够和专门的扶持政策措施缺失，进而导致对促进海洋经济发展的综合引导、统筹协调力度不够，海洋经济发展在一定程度上受阻。

规划管理与协调机制。在厦门海岸带综合管理规划制定与实施过程中，由于海岸带海陆管理权的分离，海岸带开发利用的各种规划，如城市建设总体规划、海洋功能区划、港口发展规划、水产养殖规划、旅游发展规划、公路建设规划、园林规划、环境保护规划等在编制过程中还存在相互独立，各自为政，缺乏统一的管理和协调机制，从而可能出现不相一致，甚至相互矛盾的情况。① 目前厦门乃至全国秩序不够的用海方式都在掣肘综合管理的进程，所以要在全国范围内建立目标统一、职能明确且互不交叉的规划框架，同时辅以分工同样清晰的协调系统。

（二）地方性涉海法制建设

第一轮计划进行期间，厦门已在海洋环境保护和海洋资源开发利用方面出台了多部法律法规，初步形成了地方性海洋管理法律框架。但第二轮计划中计划截至 2020 年要完成制定的 10 部法律，截至 2014 年，仅出台了《厦门市水产品批发市场管理规定》一部。由此看来，要实现 2020 年完成 10 部专项法律的制定的目标，任重而道远。

针对重要港区、景点、海滨浴场、湿地、红树林分布区、珍稀海洋物种自然保护区制定管理规划、法定图则，通过立法形式加以确定，以杜绝规划的随意性、短期性。尤其是厦门采取修复红树林、海岛等生态系统，建立自然保护区等措施，没有相关法律的支持很

① 郑承忠．建立完善的厦门市海岸带综合管理与协调机制［J］．海洋开发与管理，2004（6）．

容易造成管理和计划实施上的混乱。法律体系的完善是整个海岸带综合管理有序、合法进行的保障，所以仍要坚持完善立法。另一方面由于涉海法律的制定均要求在国家海洋法律体系内，故也要不断加强我国海洋法律的制定，以促进全国各海域的海洋管理进程。

自1979年提出制定“海岸带管理法”以来，我国陆续出台了大量的海岸带有关法律，如《中华人民共和国渔业法》《中华人民共和国海洋环境法》《中华人民共和国海域使用管理法》等，但这些法律之间规定或重叠或遗漏，总体来看并不系统，容易使所涉部门之间的权限交叉，以致管理发生矛盾或责任推诿。尽管已有制定专门的海岸带管理法的举动，在经过多年的起草与修稿，仍未取得成功。所以，我们仍需克服辖区重叠，资源、矿产利用开发的优先级不明确等问题，才能制定完善、独立、综合的海岸带管理法系。

（三）基于生态系统的海岸带综合管理

1. 海岸带管理划界问题

为解决海岸资源利用矛盾与海洋污染问题，厦门海岸带管理边界最初只限于厦门行政管辖的海域。这种将完整生态系统分割的划分方式给海岸管理带来两个方面的问题：一是忽略了陆地活动和陆地污染对海岸生态系统造成的影响；二是没有考虑到厦门所辖海域与周边地区的联系紧密。这就导致最初的资源利用矛盾和环境污染问题并不能得到有效解决。认识到管理范围划分的不科学，厦门随即在保持生态系统完整的基础上以区域海洋管理和海陆一体化的方式，开展了红树林、海岸滩涂修复、陆源污染治理等项目，尽管还没有彻底解决环境问题，但所做努力已是卓有成效。从我国海岸带管理现状来看，多数海域海岸带边界的划定仍不科学，成为掣肘综合管理的一个因素，所以我国的海岸带管理还需向生态系统管理方向上靠拢。

2. 区域海洋管理模式

厦门自第二轮海岸带管理计划开始构建区域海洋管理框架。厦门的区域海洋管理是在生态系统的基础上，跨行政区地与周边市、县行政区合作管理共同的生态系统区域和进行海洋管理事务上的交流和磋商，以期达到双赢。

区域的地理边界以及拟实施计划的内容要有有关政府确定，其中要考虑到各种根据生物地理因素、法律结构、政治优先因素和统计因子等确定的标准。[①] 但第一轮计划所确定的管理边界仅止于厦门市行政区，没有充分考虑到边界划分所要考虑的因素，在海岸带综合管理计划实施数年后，这种海岸带管理范围划分的弊端逐渐显露。特定生态系统的边界并不以人类的行政管辖范围为转移，九龙江穿过龙岩、漳州经厦门入海，这种特殊的地理位置使得厦门九龙江段陆源污染物聚集的现象尤为严重，已成为痼疾。而要从根本上治理

① 周鲁闽．区域海洋管理框架模式研究—厦门新一轮海岸带综合管理的理论与实践［D］．厦门：厦门大学，2006.

九龙江污染，厦门就必须取得与沿岸城市的合作。所以，在制订第二轮管理计划时，厦门开始对海洋进行区域管理。

厦门区域海洋管理模式主要问题包括：①需与漳州、龙岩协力解决九龙江污染问题；②厦门湾南岸隶属漳州，北岸归厦门管辖，两行政区需协商解决港口开发等用海问题；③安海湾隶属泉州管辖，但该海域的污染会对厦门所辖海域造成影响；④由于栖息地分属不同的市辖区，中华白海豚和红树林的保护需与漳州、泉州、金门政府进行合作；⑤受两岸关系的影响，厦门与金门县的合作阻碍较大。

针对这些问题，厦门通过厦漳泉城市联盟机制以及厦金合作机制，共同制定相关法律条例、环保规划、中华豚专项保护计划等对九龙江流域、厦门湾、安海湾等海域进行管理。其中，在区域海洋环境保护方面，厦泉漳海洋部门通过制定“一个纲领，两个制度”，即《厦泉漳海洋管理联合行动纲领》《厦泉漳市海洋与渔业局长联席会议制度》《厦泉漳市海洋与渔业执法支队长联席会议制度》，采用市长联席会议的方式，建立完善的区域海洋管理合作框架，对三市附近的海域生态进行共同治理和维护。①

在这种合作管理机制的引导下，厦门海域污染问题得到有效遏制，中华白海豚等珍稀动物的保护工作也卓有成效。我国许多海域缺乏这种管理经验，厦门区域海洋管理模式是一个成功的典范，给全国其他海域管理以指导作用。

（四）科学技术的助益作用

1. 科学决策支撑体系的形成

目前，厦门的海岸带管理中，海洋功能区划、海洋执法、海洋环境保护、渔业管理的进行实际也是高度信息和自动化的过程，无一不需要科学技术的支撑。如环境监测网络的建设，从选取监测点到数据的收集分析，都需要计算机技术、遥感、现代通信技术等的综合运用，而环境监测系统所得的数据对海岸带管理决策又有着至关重要的作用。比如，从由海洋环境监测数据生成的海洋环境质量公报可以得到，九龙江与马銮湾海域污染状况连续多年较为严重，根据每年度赤潮发生情况、污水入海情况的监测，能得出无机氮磷超标是痼疾，进而做出要进一步研发脱磷脱氮技术的决策等。所以科技能够帮助确定问题的优先级，从而助益相关部门制定新的管理战略。

另一方面，信息收集与共享对各项目的实施与评估和全国海岸带综合管理也极为重要。现代通信技术、计算机技术、多媒体及虚拟仿真技术和由遥感（RS）、全球定位系统（GPS）、地理信息系统（GIS）集成的3S技术已经在海岸带动态监控、资源开发、工程建设、生态环境保护等方面展现出了变革性的巨大作用。在我国，地理信息系统技术也已得

① 王琪，邵志刚. 关于我国区域海洋管理现状及发展对策的思考［J］. 海洋信息，2012（2）.

到广泛应用，但多技术交叉和集成应用还有待进一步加强。[①] 所以，我国应该将海洋科技的发展放在重点位置，以建设更为完整和强大的海岸带综合管理科学决策体系。

2. 科技对海洋经济的推动作用

2005年以前，厦门的支撑产业是临海工业（包括石化、船舶修造业、港口火力发电等）、滨海旅游业、港口航运业、海洋渔业四大产业体系，对海洋资源深度开发的内涵式产业很少，海洋生物技术与制药、海水直接利用、海洋化工、海洋服务等新兴产业未能形成规模。[②] 经过近10年的各方位海洋科技的研究与发展，不仅提升了原优势产业的科技水平，以海洋生物、高端装备制造、高技术服务为内容的战略性新兴产业的科研水平也得到长足的发展。其中，高端装备制造产业（船舶制造、游艇设计、材料研发等）已经发展成为新的产业优势。使得厦门在保证原有支撑产业大幅增长的同时，注重海洋新兴产业的发展，双管齐下，共同助益了厦门海洋经济的飞速发展。

但厦门以海洋生物产业为代表的战略性新兴产业发展还不足，总体来看，还需从三个方向努力：一是海洋生物方面要充分发挥厦门的科技优势，建立海洋生物园区以促进海洋生物产业链的形成，同时以高水平海洋生物企业为载体，加快研发海洋药物和海洋生物产品，重点栽培实力企业以加速海洋生物科技产业化；二是高端装备制造产业方面，维持并稳步提升高端船舶制造水平，在优势产业依旧领先的前提下，制造更有国际市场的高科技船舶，并提高相关海洋船舶技术的研发和促进研究成果向产业转化的进程；三是为科技服务创造条件，通过创建海洋生物资源库等手段提供海洋科技服务，广用先进卫星技术以保证信息服务链的畅通和完善，提供金融服务，以征收海域使用费等方式进行融资。

进行海岸带管理归根结底是为经济发展服务，而提升科技力量在帮助治理污染、环境保护的同时，更是促进海洋经济发展的利器。整体来看，我国在科技成果自主研发、高科技发展、科研成果产业化方面都有所欠缺，应通过加大科研投入，严格科研秩序，避免重复研发，集中发展海洋高科技产业，培养海洋科技人才等方面来提高我国科技力量。

3. 厦门南方海洋研究中心的建立

厦门市海洋经济发展“十二五”专项规划中指出，要通过厦门国家海洋研究中心的成立，大幅增强科技创新实力，集中海洋科技的研发以支撑海西海洋战略的落实和海洋经济的可持续发展，致力打造出集高科技产业技术和海洋管理科学为一体的高水平研究中心。

2012年，厦门南方海洋中心正式揭牌成立，厦门凭借雄厚的科技力量从上海、深圳、广州等实力城市中脱颖而出，一举成为了这个国家级海洋研究中心的建设点。作为我国发展海洋科技重要举措，厦门南方海洋研究中心旨在统筹福建省乃至我国南方的科技力量，各方合作组织覆盖广阔的涉海科研项目，建设海洋产业集群，最终促进海西的海洋经济增

① 王宝，高峰，王金平．海岸带综合管理研究新趋势及其对我国的启示［J］．世界科技研究与发展，2015，37（1）．

② 参见《厦门市海洋经济发展“十一五”专项规划》。

长，并努力将厦门南方海洋研究中心打造成为水平一流的国际海洋平台。

总的来说，南方海洋研究中心的运作有以下创新和值得借鉴之处：一是该研究中心是国家海洋局、教育部、福建省海洋事务相关部门、研究院和高校力量等合作成立，各方共同支持和管理，值得一提的是，社会力量也在其中扮演着管理者角色，这在现有的国家水平研究机构中比较少见，这种综合多方力量参与科技管理的方式能够帮助确定科技的发展方向和更好地体现综合管理的原则。二是研究中心内的海洋产业公共服务平台提供了一个科技资源共享的平台，该平台的主要服务包括：①发现整合福建省内各涉海研究机构的仪器设备，秉着共享和合作的精神，构建共同仪器平台；②为政府配置、引进仪器设备提供参考和进行导向，也为企业和科研院所、大专院校提供使用和采购指南；③将厦门市闲置仪器调整到有需要的地方，减少资源浪费；④已实现动态管理，提供专门的仪器信息数据平台，各用户均可通过浏览和登录网页、微信获取信息和服务。由此可以看出，通过对全省有关海洋科技的仪器资源统一整合后，再均衡配置，各单位、企业按需索取，交流共享，以实现共同进步。这是一个完善的科技信息共享平台，有助于推动海洋科技成果转化，加速海洋产业转型，最终建设高科技产业集群。

厦门南方海洋研究中心的建立是我国发展海洋科技力量的重要举措，应致力发挥研究中心的凝聚和共享力量，以将我国的海洋环境保护、海洋产业发展等事业的发展推上新台阶。

4. 海洋科技人才的培养

厦门市海洋科技人才云集，也一直在支持海洋高校、海洋研究院所等海洋人才培养基地的发展。而我国海洋科技人才地域结构不合理，山东、天津、江苏、上海等省市是涉海高校和海洋科技人才的主要聚集地，其他地域海洋科技人才相对较少。[①] 要从全局提高我国海岸带管理水平，就要加大力度培养高素质专业海洋科技人才，并且合理配置人才资源，做到不仅能保证领先海洋地区的科技资源，也要给海洋欠发达地区提供人才支持。

四、小结

纵观厦门海岸带综合管理历程，我们得到一些启示，健康的海岸带管理需要良好的法律环境和持续的管理体制作为保障。我国仍没有制定海岸带管理的专项法律，现有法律系统对海岸带管理多有遗漏。国家方面制定的法律对地方海域的海岸带管理有着极其重要的指导作用，因此，完善立法仍是我国海岸带管理需要长期努力的方向。由于我国海洋管理体制不够合理，地方海洋机构在与国家海洋行政管理机构协调的同时，还要考量当地经济建设现状，其间的困难可想而知。近几年，我国的海洋管理虽在进行改制，但目前管理仍

① 谭骏．海洋人才现状分析及评价体系研究［D］．青岛：中国海洋大学，2008.

较为混乱，前景及成效如何还有待观察。

总体来看，我国海洋生态系统损坏是海洋污染的重要体现，在完整生态系统的范畴内进行海岸管理乃大势所趋。厦门实践所得的基于生态系统的海岸管理经验值得借鉴，以实现治污海陆一体化、推进生态修复、珍稀动物保护等工作进程。借鉴厦、漳、泉区域海洋管理模式，在全国范围内推进基于生态系统的海洋环境保护、执法、产业优化等方面的共同发展。同时，要注重发展科技，致力自主研发、完成研发成果向产业的转化，以科技为支撑进行决策、防止污染、促进海洋经济发展。另外，国家需加大投入进行海洋科技人才的培养，以充实我国海洋发展的后备力量。要完善海岸带综合管理，还需要深入推进公众参与工作，解决海洋经济的不断发展与海洋生态的矛盾等问题，从而实现经济发展与海洋环境的双赢。

附录一　海岸线保护与利用管理办法

第一章　总则

第一条　为贯彻落实中共中央、国务院《关于加快推进生态文明建设的意见》、《关于印发〈生态文明体制改革总体方案〉的通知》和国务院《关于印发水污染防治行动计划的通知》要求，优先保护海洋生态环境，加强海岸线保护与利用管理，实现自然岸线保有率管控目标，构建科学合理的自然岸线格局，制定本办法。

第二条　我国大陆海岸线的保护、利用与整治修复，适用本办法。

本办法所称自然岸线是指由海陆相互作用形成的海岸线，包括砂质岸线、淤泥质岸线、基岩岸线、生物岸线等原生岸线。

整治修复后具有自然海岸形态特征和生态功能的海岸线纳入自然岸线管控目标管理。

第三条　海岸线保护与利用管理应遵循保护优先、节约利用、陆海统筹、科学整治、绿色共享、军民融合原则，严格保护自然岸线，整治修复受损岸线，拓展公众亲海空间，与近岸海域、沿海陆域环境管理相衔接，实现海岸线保护与利用的经济效益、社会效益、生态效益与军事效益相统一。

第四条　国家海洋局牵头负责全国海岸线保护与利用工作的指导、协调和监督管理。国务院有关部门按照职责分工做好海岸线保护与利用管理相关工作。

国家海洋局会同军委联合参谋部、国防动员部建立海岸线保护利用协调机制，统筹军事安全与开发利用，协调做好军事设施利用海岸线的保护工作。

沿海省级人民政府负责本行政区域内海岸线保护与利用的监督管理，落实自然岸线保有率管控目标，建立自然岸线保有率管控目标责任制，合理确定考核指标，将自然岸线保护纳入沿海地方人民政府政绩考核。

第五条　建立自然岸线保有率控制制度。到 2020 年，全国自然岸线保有率不低于 35%（不包括海岛岸线）。

第六条　国家海洋局制定海岸线调查统计规范，沿海省级海洋行政主管部门组织实施海岸线资源调查、自然岸线认定和保有率统计工作。

第七条　国家海洋局统一组织海岸线修测工作。省级海洋行政主管部门会同有关部门开展海岸线修测工作，修测成果经国家海洋局审查，由省级人民政府批准后公布。

第二章　岸线分类保护

第八条　国家对海岸线实施分类保护与利用。根据海岸线自然资源条件和开发程度，分为严格保护、限制开发和优化利用三个类别。

军队管理使用的海岸线，其保护利用纳入国家海岸线保护与利用范围。

第九条　自然形态保持完好、生态功能与资源价值显著的自然岸线应划为严格保护岸线，主要包括优质沙滩、典型地质地貌景观、重要滨海湿地、红树林、珊瑚礁等所在海岸线。

严格保护岸线按生态保护红线有关要求划定，由省级人民政府发布本行政区域内严格保护岸段名录，明确保护边界，设立保护标识。

除国防安全需要外，禁止在严格保护岸线的保护范围内构建永久性建筑物、围填海、开采海砂、设置排污口等损害海岸地形地貌和生态环境的活动。

第十条　自然形态保持基本完整、生态功能与资源价值较好、开发利用程度较低的海岸线应划为限制开发岸线。

限制开发岸线严格控制改变海岸自然形态和影响海岸生态功能的开发利用活动，预留未来发展空间，严格海域使用审批。

第十一条　人工化程度较高、海岸防护与开发利用条件较好的海岸线应划为优化利用岸线，主要包括工业与城镇、港口航运设施等所在岸线。

优化利用岸线应集中布局确需占用海岸线的建设项目，严格控制占用岸线长度，提高投资强度和利用效率，优化海岸线开发利用格局。

第十二条　国家海洋局会同有关部门制定海岸线保护与利用规划技术规范，指导监督省级海岸线保护与利用规划编制工作。

省级海洋行政主管部门会同有关部门组织编制海岸线保护与利用规划，报省、自治区、直辖市人民政府批准后实施。编制海岸线保护与利用规划应开展规划环境影响评价；涉及军事设施利用海岸线的，应当征求有关军事机关的意见。

土地利用总体规划、城乡规划、港口规划、流域综合规划、防洪规划、河口整治规划等涉及海岸线保护与利用的相关规划，应落实自然岸线保有率的管理要求。

第三章　岸线节约利用

第十三条　省级海洋行政主管部门应当根据海岸线保护与利用规划、海岸线开发利用现状和本省自然岸线保有率管控目标，制定自然岸线保护与控制的年度计划，并分解落实。

第十四条　严格限制建设项目占用自然岸线，确需占用自然岸线的建设项目应严格进行论证和审批。海域使用论证报告应明确提出占用自然岸线的必要性与合理性结论。

不能满足自然岸线保有率管控目标和要求的建设项目用海不予批准。

第十五条　占用人工岸线的建设项目应按照集约节约利用的原则，严格执行建设项目用海控制标准，提高人工岸线利用效率。

第十六条　占用海岸线的建设项目应优先采取人工岛、多突堤、区块组团等布局方式，增加岸线长度，减少对水动力条件和冲淤环境的影响。新形成的岸线应当进行生态建设，营造植被景观，促进海岸线自然化和生态化。

第十七条　沿海地方人民政府应合理布局生产、生活和生态等岸线。除生产岸线、特殊利用岸线以及相关法律法规另有规定的岸线区域外，均应以适当方式向公众开放。

海洋休闲娱乐区、滨海风景名胜区、沙滩浴场、海洋公园等公共利用区域内的岸线，应由沿海地方人民政府向社会公布，未经批准不得改变公益用途。

第四章　岸线整治修复

第十八条　国家海洋局负责编制全国海岸线整治修复五年规划及年度计划，建立全国海岸线整治修复项目库；省级海洋行政主管部门负责编制本行政区域内的五年规划及年度计划，提出项目清单，纳入全国海岸线整治修复项目库。

第十九条　国家海洋局制定海岸线整治修复技术标准，海岸线整治修复项目重点安排沙滩修复养护、近岸构筑物清理与清淤疏浚整治、滨海湿地植被种植与恢复、海岸生态廊道建设等工程。

第二十条　中央财政海岛和海域保护专项资金支持开展海岸线整治修复。

沿海地方各级人民政府应当完善海岸线整治修复资金投入机制，开展海岸线整治修复，并积极引入社会资本参与。

第五章　监督管理

第二十一条　国家海洋局组织开展海岸线动态监视监测，及时掌握全国海岸线保护与利用动态信息。

省级海洋行政主管部门应定期组织开展海岸线保护与利用情况现场巡查，及时核查上报违法占用海岸线情况。

第二十二条　国家海洋局定期组织海岸线保护与利用专项执法检查，严肃查处占用海岸线的违法用海行为，对违法用海占用、破坏自然岸线等重大案件挂牌督办。

第二十三条　国家海洋局组织开展对沿海地方各级人民政府海岸线保护与利用情况督

察，对地方海岸线保护与利用等监督管理职责履行不到位的，督促限期整改，对整改落实不力的，进行警示约谈。

第二十四条 将自然岸线保护纳入沿海地方政府政绩考核，对违规审批占用自然岸线用海项目、未完成自然岸线保有率管控目标的，进行通报批评、限期整改，并依法依规追究相关人员责任。

第二十五条 对自然岸线保有率不达标的地区，依照法律规定，实施项目限批，暂停受理和审批该区域新增占用自然岸线的用海项目。

第六章　附则

第二十六条 本办法自印发之日起施行。

附表　沿海省、自治区、直辖市自然岸线保有率管控目标（2020年）

省份	辽宁	河北	天津	山东	江苏	上海	浙江	福建	广东	广西	海南
保有率	≥30%	≥35%	≥5%	≥40%	≥35%	≥12%	≥35%	≥37%	≥35%	≥35%	≥55%

附录二　福建省海岸带保护与利用管理条例

（2017 年 9 月 30 日福建省第十二届
人民代表大会常务委员会第三十一次会议通过）

第一章　总则

第一条　为了加强海岸带管理，有效保护海岸带生态环境，合理利用海岸带资源，充分发挥海岸带在经济、社会、文化及生态文明建设中的重要作用，根据国家有关法律法规，结合本省实际，制定本条例。

第二条　在本省行政区域及毗邻海域从事海岸带保护、利用及其他活动的单位和个人，应当遵守本条例。

本条例所称海岸带，是指海洋与陆地交汇地带，包括海岸线向陆域侧延伸至临海乡镇、街道行政区划范围内的滨海陆地和向海域侧延伸至领海基线的近岸海域。海岸带具体界线范围由省人民政府批准并公布。

海岸线是指平均大潮高潮时水陆分界的痕迹线。

自然岸线是指由海陆相互作用形成的海岸线，包括砂质岸线、淤泥质岸线、基岩岸线、生物岸线等原生岸线。

第三条　海岸带的保护与利用遵循陆海统筹、以海定陆、保护优先、合理利用、科学管理、军民融合、可持续发展的原则。

第四条　省人民政府及沿海设区的市、县（市、区）人民政府应当加强对海岸带保护与利用管理工作的统一领导，将海岸带保护与利用纳入本行政区域国民经济和社会发展规划，建立海岸带综合管理联席会议制度，协调和解决海岸带保护与利用工作中的重大问题，联席会议的日常工作由同级人民政府海洋与渔业行政主管部门承担。

第五条　省人民政府及沿海设区的市人民政府发展和改革行政主管部门会同海洋与渔业等行政主管部门编制海岸带保护与利用规划。

省人民政府及沿海设区的市、县（市、区）人民政府有关部门按照下列规定履行有关海岸带保护与利用管理职责：

（一）发展和改革行政主管部门负责海岸带范围内基本建设项目的审查及立项工作；

（二）海洋与渔业行政主管部门负责海岸带保护与利用的综合协调工作以及海岸线向海一侧的海岸带保护与利用的监督管理，并会同军事部门协调做好军事设施利用海岸线的保护工作；

（三）住房和城乡建设（规划）行政主管部门负责城乡规划建设用地范围内海岸带的建设规划和监督管理；

（四）国土资源行政主管部门负责海岸线向陆一侧海岸带涉及国土资源保护与利用的监督管理；

（五）环境保护行政主管部门负责海岸工程建设项目的环境保护工作，规范入海排污口设置，防治陆源污染物对海洋污染的损害；

（六）林业行政主管部门负责沿海防护林体系的建设、保护和管理，对海岸带范围内湿地保护进行组织、指导和监督，对涉及林地保护利用规划和使用林地的项目进行审查；

财政、科技、交通运输、水利、旅游、海事、文物管理以及其他有关部门应当按照各自职责，密切配合，做好海岸带保护与利用的管理工作。

第六条 省人民政府及沿海设区的市、县（市、区）人民政府应当统筹各类财政预算资金，加大海岸带生态保护投入力度。

第七条 广播、电视、报刊、网络等媒体应当开展海岸带保护宣传教育，提高全社会海岸带保护意识。

任何单位和个人都有保护海岸带资源的义务，有权对海岸带保护与利用管理活动中的违法行为进行举报。

鼓励公民、法人和其他组织以志愿服务、捐赠、投资等形式参与海岸带保护。对在保护与利用海岸带工作中作出突出贡献的单位和个人，省人民政府及沿海设区的市、县（市、区）人民政府按规定予以表彰和奖励。

第二章　规划

第八条 省人民政府发展和改革以及海洋与渔业行政主管部门应当会同国土资源、环境保护、住房和城乡建设、交通运输、林业、水利、旅游、海事、文物管理以及其他有关部门编制全省海岸带保护与利用规划，报省人民政府批准并公布。

沿海设区的市人民政府发展和改革以及海洋与渔业行政主管部门应当会同国土资源、环境保护、规划、住房和城乡建设、交通运输、林业、水利、旅游、海事、文物管理以及其他有关部门根据全省海岸带保护与利用规划编制本辖区的海岸带保护与利用规划，经设区的市人民政府批准并公布后，报省人民政府发展和改革以及海洋与渔业行政主管部门备案。

经批准的海岸带保护与利用规划不得擅自修改；确需修改的，应当按照原编制批准程序执行。

第九条 编制海岸带保护与利用规划应当根据生态环境和资源承载力，结合各设区的市实际情况，将海岸带划分为严格保护区域、限制开发区域和优化利用区域，实行分类保护利用。

第十条　编制海岸带保护与利用规划应当按照海岸带的自然属性，保持湿地、江河入海口、半封闭海湾、沙滩及其他滨海独立生境单元的完整性，并根据经济社会发展的需要，统筹兼顾，合理布局，达到生态效益、经济效益和社会效益的统一。

第十一条　海岸带保护与利用规划应当符合主体功能区规划、生态保护红线、海洋功能区划、土地利用总体规划，并与城乡规划、环境保护规划、湿地保护规划、沿海防护林规划、港口规划、旅游规划、综合交通规划、矿产资源规划等相互衔接，促进多规合一。

第十二条　城市、镇总体规划应当明确海岸带保护与利用的总体格局及海岸带管控措施；控制性详细规划应当将海岸带的保护要求纳入规划控制指标体系；沿海村庄规划应当注重与海岸带自然景观的协调。

第十三条　省人民政府及沿海设区的市、县（市、区）人民政府应当加强海岸带保护与利用规划实施管理，保障规划落实。

海岸带范围内的开发利用活动，应当符合海岸带保护与利用规划。

第三章　保护

第十四条　在海岸带范围内，具有下列情形之一的区域，列为严格保护区域：

（一）各类自然保护区、风景名胜区的核心景区以及饮用水水源一级保护区；

（二）沙（泥）岸基干林带、红树林、造礁珊瑚等生态敏感区；

（三）生物物种高度丰富的区域，或者珍稀、濒危生物物种的天然集中分布区域，水产种质资源保护区的核心区；

（四）具有特殊保护价值的海域、海岸、入海河口和海湾，重要滨海湿地、典型地质地貌景观、优质沙滩等；

（五）具有重大科学文化价值的自然遗迹和文物保护单位保护范围；

（六）其他应当严格保护的区域。

第十五条　严格保护区域禁止从事与保护无关的各类建设活动。

省人民政府应当组织有关部门编制严格保护区域名录，明确保护范围的边界。沿海设区的市、县（市、区）人民政府应当根据严格保护区域名录设立保护标识，加强管理。严格保护区域名录应当在本条例施行后六个月内向社会公布。

第十六条　在海岸带范围内，具有下列情形之一的区域，列为限制开发区域：

（一）产卵场、索饵场、越冬场、洄游通道等重要渔业水域；

（二）除沙（泥）岸基干林带以外的重点生态公益林、文物遗址；

（三）滨海城市生态廊道；

（四）深水岸线；

（五）重要基岩岸线、一般砂质岸线和砂源保护岸带；

（六）海岸侵蚀岸段和生态脆弱自然岸段；

（七）其他应当限制开发的区域。

第十七条 限制开发区域的利用应当坚持保护为主，兼顾社会经济建设和军事需要，严禁从事下列行为：

（一）设立开发区、工业园区；

（二）排放污水，倾倒废弃物和垃圾，投放有毒有害物质；

（三）挖砂、取土、采石、开采矿产、炸礁；

（四）与海岸带保护无关的围堤建设以及其他围海填海行为；

（五）法律、法规规定的其他禁止行为。

第十八条 在海岸带范围内，开发利用程度较高、资源环境承载能力较强、发展潜力较大的区域，列为优化利用区域。

优化利用区域的开发利用，应当采取有效的保护措施，集约节约利用海岸带资源，保持海岸线的自然形态、长度和邻近海域底质类型的稳定。

第十九条 限制开发区域与优化利用区域应当合理设置建筑后退线。未建成区建筑后退线为沿平均大潮高潮线起向陆域延伸不少于200米，经省人民政府或者沿海设区的市人民政府认定，属于自然因素所造成的特殊情况除外；已建成区的建筑后退线由沿海各设区的市人民政府确定并公布。

建筑后退线范围内，除国家重点建设项目、规划范围内的港口项目以及防灾减灾项目建设需要外，不得新建、改建、扩建其他建筑物、构筑物。已有的建筑物、构筑物应当逐步优化调整至建筑后退线外。

临海建筑物的建设应当遵循低建筑容积率、低建筑密度、高绿化率的原则，严格控制高层建筑。

第二十条 省人民政府应当落实本省大陆自然岸线总体保有率管控目标，确定沿海各设区的市自然岸线保有率目标任务，并纳入政府绩效考核体系，确保自然岸线保有率高于国家要求。

省人民政府及沿海设区的市、县（市、区）人民政府应当组织相关部门监测自然岸线保护情况，每年开展一次自然岸线保有率统计，并向社会公布统计结果。

沿海设区的市人民政府海洋与渔业行政主管部门应当划定自然岸线保护范围，经设区的市人民政府批准后向社会公布。任何单位和个人不得破坏自然岸线保护范围内的地形地貌和景观，不得改变自然岸线保护范围内的自然岸线属性。

第二十一条 围海填海应当严格落实生态保护红线的管控要求。海岸带范围内纳入生态保护红线的区域禁止实施围海填海；生态脆弱敏感区、自净能力差的海域一般不实施围海填海。

围海填海项目应当符合国家产业结构调整指导目录和国防安全要求。禁止限制类、淘汰类和高污染项目用海；严格限制高耗能、高排放产业项目用海。

第二十二条　省人民政府海洋与渔业行政主管部门应当会同发展和改革行政主管部门，根据国家确定的围海填海适宜区域和总量控制目标，在与土地利用总体规划衔接的基础上，确定本省围海填海总量控制目标，严格控制围海填海项目和规模。

省人民政府应当严格依照法定程序和权限审批项目用海，严禁将建设项目拆分审批。

第二十三条　产业建设项目用海的投资强度和效用指标，由省人民政府海洋与渔业行政主管部门会同发展和改革行政主管部门制定，报省人民政府批准后施行。

围海填海项目应当依法编制海域使用论证报告和海洋环境影响报告。严格控制沿岸平推、截弯取直、连岛工程等方式围海填海，严格控制海湾内围海填海，严格控制单体项目围海填海面积和占用岸线长度。

省人民政府及沿海设区的市、县（市、区）人民政府海洋与渔业行政主管部门及相关部门应当开展围海填海现场巡查，及时掌握各地围海填海项目情况。

第二十四条　单位和个人开采海砂应当依法取得海砂采矿许可证和海域使用权证书，并在指定的区域开采，严禁超许可总量开采。省人民政府及沿海设区的市、县（市、区）人民政府及其国土资源、海洋与渔业等行政主管部门应当加强对海砂开采的监督管理。

第二十五条　任何单位和个人不得圈占沙滩，不得非法限制他人正常通行，不得在沙滩上堆放和排放污染物。临海度假区和房地产项目应当与沙滩保持合理距离，不得破坏沙滩自然环境。法律、法规另有规定的，从其规定。

在沙滩从事临时性的娱乐等活动的，应当及时清理废弃物，防止沙滩污染。

省人民政府及沿海设区的市、县（市、区）人民政府海洋与渔业行政主管部门应当会同同级国土资源、环境保护等行政主管部门加强对公共沙滩使用的监督管理。

第二十六条　沿海设区的市、县（市、区）人民政府有关部门应当按照各自职责建立生物物种入侵风险评估制度，控制外来物种入侵，防治有害生物，保护海岸带特有生物种质资源和重要经济生物物种。

第二十七条　省人民政府及沿海设区的市、县（市、区）人民政府应当建立以海湾为单元的跨区域海洋环境保护协调机制，按照海湾环境承载力和主要污染物排海总量控制指标，逐步削减入海污染负荷，控制陆源污染排放量，严格限制海湾内污染排放。

省人民政府环境保护行政主管部门应当会同海洋与渔业行政主管部门建立入海排污口信息系统，监测、监视有关陆源污染物排海情况。

第二十八条　任何单位和个人在海岸带范围内从事生产经营活动，应当符合所在区域的环境标准和有关法律、法规的规定，达标排放，防止污染，保护生态环境。

沿海设区的市、县（市、区）环境保护行政主管部门应当加强重点海域陆源污染治理，发现企业违法排污的，应当及时查处并向社会公布违法排污企业名单。

第二十九条 省人民政府海洋与渔业行政主管部门应当制定有关海水养殖的技术规范，合理确定养殖布局和养殖密度等，并向社会公布。

沿海设区的市、县（市、区）人民政府海洋与渔业行政主管部门应当编制海岸带内水域养殖规划，明确养殖区、临时养殖区和禁养区，并报同级人民政府批准后公布。沿海设区的市、县（市、区）人民政府应当依法向养殖企业和个人发放海域使用权证、养殖证。对不符合水域养殖规划以及养殖密度要求的养殖场所，应当根据水域自然条件及养殖生物对环境的要求等因素进行调整。

省人民政府及沿海设区的市、县（市、区）人民政府及其渔业行政主管部门，应当采取生态工程等有效措施，保护渔业资源，并指导和督促海水养殖污染防治工作。

第三十条 省人民政府及沿海设区的市、县（市、区）人民政府应当制定海岸带生态修复年度计划，组织对海岸侵蚀、海水入侵、海滩污染等生态严重破坏或者功能退化区域进行综合治理和生态修复，加强沙滩整治修复养护、海岸生态廊道建设及海漂垃圾治理等。整治修复后具有自然海岸形态特征和生态功能的海岸线纳入自然岸线保有率统计。鼓励建立海岸带综合治理、生态修复项目多元化投资机制。

第三十一条 省人民政府及沿海设区的市、县（市、区）人民政府应当采取以下防灾减灾措施：

（一）建立台风、风暴潮、海啸等自然灾害预警预防体系；

（二）建设防波堤、护岸、沿海防护林等防护设施，减少海浪、风暴潮对海岸的侵蚀；

（三）建设沿海验潮站、气象观测场等防灾减灾观测设施和渔港、避风港、避风锚地等海岸带防灾减灾设施以及避灾避险场所；

（四）建立海上溢油、有害有毒物质及化学危险品泄漏污染事故应急处置机制。

第四章　利用

第三十二条 省人民政府及沿海设区的市、县（市、区）人民政府应当按照陆海统筹的原则，主导海岸带土地和海域开发利用，依法有序供应土地和海域资源。

省人民政府有关行政主管部门应当优化海岸带范围内的建设项目布局，制定并公布鼓励类、限制类和淘汰类产业目录，规范产业用地、用海管理，禁止污染严重、破坏性强、超出生态环境承载能力的项目建设。海岸带工程项目及围海填海项目不得使用污染环境和影响生态的填充物。

第三十三条 规划用于旅游开发的海岸带，应当按照国家和省滨海旅游发展总体格局，发展滨海生态旅游业，建设海洋公园、海洋文化旅游基地和海洋生态文明示范区。

滨海旅游项目开发应当保护海岸带自然环境，突出特色，保护海滩、沙丘及植被等景观资源，旅游配套设施应当向海岸线陆地一侧布局。

鼓励建设景观优美、具有休闲旅游与公众游憩功能、集生态保护与旅游开发为一体的海湾和海岸带。

第三十四条　确需在海岸带范围内建设产业园区的，省人民政府及沿海设区的市、县（市、区）人民政府应当进行规划。新批建的临港工业项目应当全部进入园区。海岸带产业园区应当集约节约用地，设定单位土地面积投资强度和效用指标，提高土地利用效率。

第三十五条　海岸工程建设项目实行环境影响评价制度，海洋工程建设项目实行海洋环境影响评价制度，严格控制建设项目占用海岸线长度。

开发利用海岸带资源可能对海岸带生态环境产生影响的项目，应当将海岸带生态修复方案纳入项目环境影响报告书或者海洋环境影响报告书内容，并落实预算，按期完成生态修复工程。

第五章　监督管理

第三十六条　省人民政府及沿海设区的市、县（市、区）人民政府及其有关部门应当加强对海岸带土地和海域资源的使用管理。经批准使用的海岸带土地和海域未依法开发利用的，由有权机关依法处置。

第三十七条　省人民政府及沿海设区的市、县（市、区）人民政府应当组织有关部门制定本辖区海岸带监督管理年度计划，并按照计划组织开展工作，建立执法联合联动机制。

第三十八条　沿海设区的市、县（市、区）人民政府应当组织有关部门加强海岸带巡查，按照各自职责开展日常工作。

沿海乡镇人民政府、街道办事处应当加强海岸带基层管理队伍建设，做好海岸带保护与利用管理相关工作，并指导村（居）民委员会配合做好海岸带管理工作。

第三十九条　省人民政府及沿海设区的市、县（市、区）人民政府有关部门应当按照法定权限和程序对海岸带的保护与利用进行监督检查。有关单位和个人对检查工作应当予以配合，如实反映情况，提供有关文件和资料等，不得拒绝或者阻碍检查工作。

省人民政府及沿海设区的市、县（市、区）人民政府有关部门依法履行监督检查职责，有权要求被检查单位和个人就海岸带保护与利用的有关问题作出说明，提供海岸带保护与利用的有关文件和资料；有权进入被检查单位和个人所利用的海岸带实施现场检查。

第四十条　省人民政府海洋与渔业行政主管部门应当会同环境保护行政主管部门以及其他相关部门建立全省统一的海岸带环境及海洋灾害监测监视系统，加强海岸带环境、海水上溯、土壤盐渍化及海洋灾害监测预报。

省人民政府及沿海设区的市、县（市、区）人民政府海洋与渔业行政主管部门应当依据国家有关标准和规范，定期组织对海岸带范围内的海洋环境、海洋生态进行监测、调查与评价，并按照规定发布相关公报或者专项通报。

省人民政府及沿海设区的市、县（市、区）人民政府国土资源、环境保护、住房和城乡建设（规划）、交通运输、林业、水利、海事等行政主管部门应当加强监视监测网络建设，提高在线自动监测能力，对海岸带范围内的规划建设、污染物排放、沙滩使用、土地利用、湿地、船舶等进行动态监视监测。

第四十一条 省人民政府及沿海设区的市、县（市、区）人民政府有关部门接到咨询、投诉、举报时，对属于本部门职责的，应当受理，并及时进行答复、核实、处理；对不属于本部门职责的，应当及时通知并移交有关部门处理。有关部门应当及时处理，不得推诿。

第四十二条 省人民政府及沿海设区的市、县（市、区）人民政府应当建立公民、社会团体及新闻媒体共同参与的海岸带管理公众监督机制。涉及民生及生态敏感区的重大项目，应当实行听证制度。

省人民政府海洋与渔业行政主管部门应当会同环境保护行政主管部门以及其他有关部门定期向社会公布主要海水养殖区环境质量状况和主要海滨浴场海水环境质量状况，并会同有关部门定期向社会公布沿海和海湾污染物排放容量。

第四十三条 因海岸带保护需要，对相关权利人的合法权益造成损失的，政府应当给予补偿，并对其生产、生活作出妥善安排。因海岸带开发利用项目对相关权利人造成损害的，项目单位应当给予赔偿。

第六章　法律责任

第四十四条 违反本条例规定，省人民政府有关部门和沿海设区的市、县（市、区）人民政府及其有关部门有下列行为之一的，由上级主管机关或者监察机关责令改正，并对直接负责的主管人员和其他直接责任人员依法给予处分；构成犯罪的，依法追究刑事责任：

（一）擅自修改海岸带保护与利用规划；

（二）在严格保护区域内，擅自批准有关禁止从事的活动，或者在限制开发区域内设立开发区、工业园区；

（三）在限制开发区域与优化利用区域建筑后退线范围内，擅自批准新建、改建、扩建其他建筑物、构筑物；

（四）未落实自然岸线保有率目标责任；

（五）未按照法定程序和权限审批项目用海；

（六）接到咨询、投诉、举报，不及时答复、核实、处理；

（七）其他滥用职权、玩忽职守、徇私舞弊的行为。

第四十五条　违反本条例第十五条、第十七条第二项至第四项、第十九条、第三十二条第二款规定，由省人民政府及沿海设区的市、县（市、区）人民政府海洋与渔业行政主管部门或者其他有关部门按照各自职责责令停止违法行为，并依照有关法律、法规予以处罚；对海岸带生态造成破坏的，应当责令开展生态修复。

第四十六条　违反本条例第二十条第三款规定，破坏自然岸线保护范围内的地形地貌和景观，改变自然岸线保护范围内的自然岸线属性的，由省人民政府及沿海设区的市、县（市、区）人民政府海洋与渔业行政主管部门或者其他有关部门按照各自职责责令停止违法行为，限期修复地形地貌和景观，恢复自然岸线属性，并依照有关法律、法规予以处罚。

第四十七条　违反本条例第二十四条规定，无证采砂、未在指定的区域开采或者超许可总量开采的，由省人民政府及沿海设区的市、县（市、区）人民政府海洋与渔业、国土资源行政主管部门按照各自职责，依照《中华人民共和国海域使用管理法》《中华人民共和国矿产资源法》等法律、法规予以处罚。

第四十八条　违反本条例第二十五条规定，非法圈占沙滩、在沙滩上堆放和排放污染物或者在沙滩从事临时性的娱乐等活动造成沙滩污染的，由省人民政府及沿海设区的市、县（市、区）人民政府海洋与渔业、国土资源、环境保护等行政主管部门按照各自职责责令停止违法行为，限期恢复原状，并依照有关法律、法规予以处罚；构成犯罪的，依法追究刑事责任。

第七章　附则

第四十九条　县级以上地方人民政府驻地海岛内的海岸带保护与利用管理，按照本条例有关规定执行。

第五十条　本条例自 2018 年 1 月 1 日起施行。

附录三　海南经济特区海岸带保护与开发管理规定

（2013年3月30日海南省第五届人民代表大会常务委员会第一次会议通过）

第一条　为加强海岸带的综合管理，有效保护和合理开发海岸带，保障海岸带的可持续利用，根据有关法律法规，结合本经济特区实际，制定本规定。

第二条　凡在本经济特区海岸带范围内从事保护治理、开发利用及其他活动的单位和个人，应当遵守本规定。

第三条　本规定所称海岸带，是指海洋与陆地交汇地带，包括海岸线向陆地侧延伸的滨海陆地与向海洋侧延伸的近岸海域。

海岸带的具体界线范围由省人民政府依据海岸带保护治理与开发利用的实际，结合地形地貌具体划定，并向社会公布。

第四条　海岸带保护治理与开发利用应当遵循陆海统筹、科学规划、生态优先、合理开发、综合管理、协调发展的原则。

第五条　省人民政府和沿海市、县、自治县人民政府应当加强对海岸带保护与开发管理工作的统一领导和组织、协调，建立健全海岸带保护与开发管理工作机制。

省和沿海市、县、自治县人民政府发展与改革、规划、国土资源、环境保护、海洋、渔业、建设、旅游、交通运输、水务、林业、农业等有关主管部门应当加强沟通，密切配合，按照各自职责分工，依法行使职权，协同做好海岸带保护治理与开发利用的管理工作。

第六条　省人民政府和沿海市、县、自治县人民政府应当将海岸带的保护治理与开发利用纳入本行政区域国民经济和社会发展规划。

第七条　省人民政府城乡规划行政主管部门应当会同本级人民政府发展与改革、国土资源、环境保护、海洋、渔业、旅游、交通运输、水务、林业、农业等行政主管部门编制本经济特区海岸带总体规划，报省人民政府审批。

沿海市、县、自治县人民政府城乡规划行政主管部门应当会同本级人民政府发展与改革、国土资源、环境保护、海洋、渔业、建设、旅游、交通运输、水务、林业、农业等行政主管部门和沿海乡镇人民政府、沿海国有农（林）场依据海岸带总体规划编制本行政区域的海岸带规划，经市、县、自治县人民政府审批后，报省城乡规划行政主管部门备案。

本规定对与海岸带相关的规划编制和审批未作规定、其他法律法规有规定的，从其规定。

第八条　海岸带总体规划及沿海市、县、自治县海岸带规划应当符合城乡规划、土地利用总体规划、海洋功能区划，并与旅游规划、环境保护规划、沿海防护林规划、综合交通规划等相关专项规划相衔接。

第九条　省人民政府和沿海市、县、自治县人民政府应当按照海岸带环境容量和资源承载力，对开发强度、时序实施分类指导和严格控制。

第十条　沿海区域自平均大潮高潮线起向陆地延伸最少200米范围内、特殊岸段100米范围内，不得新建、扩建、改建建筑物，具体界线由省人民政府确定；因重大建设项目需要新建、扩建、改建建筑物的，应当报省人民政府审批。

第十一条　沿海市、县、自治县人民政府应当保护海滩、沙丘、沙坝、河口、基岩海岸等海岸带范围内特殊性地形地貌及自然景观，控制围堤建设。

严格控制在海岸带范围内开挖山体、开采矿产、围填海等改变地形地貌和海域自然属性的活动。

第十二条　省人民政府应当依照有关法律法规和本省有关规定将海岸带范围内生态敏感区和有特殊保护价值的区域划为保护地带，标明界区并发布公告，采取措施予以保护。

第十三条　任何单位和个人不得违反有关法律法规的规定向海岸带范围内的湿地、河口、潟湖、半封闭海湾等生态敏感区排放污水、倾倒废弃物和垃圾。

第十四条　省人民政府和沿海市、县、自治县人民政府应当依照本省相关规划和有关规定组织建设海岸防波堤、沿海防护林等海岸带防护设施，防止海浪、风暴潮对海岸的侵蚀。

第十五条　省人民政府和沿海市、县、自治县人民政府应当组织对海岸侵蚀、海水入侵、严重污染、生态严重破坏等海岸带受损或者功能退化区域进行综合治理和修复。

第十六条　省人民政府和沿海市、县、自治县人民政府应当主导海岸带土地一级市场开发，依据相关规划，依法有序供应土地。

第十七条　海岸带范围内规划用于旅游开发的滨海优质土地资源，应当依照国家和本省规定用于滨海度假区和酒店及旅游配套服务设施建设。

海岸带范围内规划用于临港经济区建设的土地资源，应当坚持大产业布局、大企业进入、大项目带动，实施海岸带土地资源的高效开发。

第十八条　滨海旅游项目开发应当保护海岸带自然环境、保持文化和社会多样性，进行差异化开发，突出特色，保护海滩、沙丘及植被等景观资源，旅游配套设施应当向海岸线陆地一侧布局。

第十九条　面临海岸的建筑物的规划建设应当遵循低建筑容积率、低建筑密度、高绿化率的原则，严格控制高层建筑。

第二十条　沿海市、县、自治县人民政府及有关行政主管部门应当规范养殖用地、用海管理，严格控制海岸线向陆地一侧近海的规模化养殖项目和海岸线向海洋一侧近岸的养殖项目。

养殖项目不得违反国家和本省有关规定超标排放污染物。

第二十一条 海岸带土地成片开发应当依法编制土地成片开发总体规划和土地成片开发控制性详细规划，经省人民政府批准实施。

沿海市、县、自治县人民政府不得违反本省有关规定与企业签订或变相签订海岸带土地成片开发协议。

第二十二条 省人民政府应当加强对围填海造地的管理，严格控制围填海造地规模。围填海造地年度计划应当与土地利用年度计划相衔接。

第二十三条 在海岸带范围内进行围填海造地应当依照国家和本省有关规定进行海域使用论证和海洋工程环境影响评价。

严格禁止污染严重、破坏性强、超出工程区承载能力的围填海造地项目建设，防止对近岸海域生态环境的破坏。

围填海工程竣工验收后所形成的土地，应当依照国家和本省规定办理土地供应手续。

第二十四条 省人民政府和沿海市、县、自治县人民政府及有关部门应当加强对海岸带土地和海域资源的使用管理，对违反法律和有关规定造成海岸带范围内的土地和海域资源闲置的行为，应当依照法律和有关规定进行处置。

第二十五条 任何单位和个人不得非法圈占海滩，不得非法限制他人正常通行。法律法规另有规定的，从其规定。

第二十六条 鼓励对海岸带保护治理与开发利用活动中的违法行为进行举报。

省和沿海市、县、自治县人民政府有关行政主管部门在接到涉及海岸带违法开发利用行为的举报后，应当做好记录，并立即赶往现场进行调查处理；如果发现违法行为不属于本部门的职权范围，应当立即通知有权调查处理的部门到场处置，并现场移交，不得以非本部门管理职责为由而不受理举报。

省和沿海市、县、自治县人民政府有关行政主管部门对涉及海岸带违法开发利用行为的举报进行调查处理后，应当向举报人反馈调查处理结果。举报经查证属实的，对举报人给予表彰、奖励，并依法保护其合法权益。

第二十七条 违反本规定的行为，本规定未设定处罚，但其他法律法规设定处罚的，依照其规定处罚。

第二十八条 省人民政府有关部门和沿海市、县、自治县人民政府及有关行政主管部门有下列情形之一的，由省人民政府或者上级主管机关责令改正；情节严重的，对省人民政府有关部门和市、县、自治县主要负责人、直接责任人给予处分；构成犯罪的，依法追究刑事责任：

（一）超越权限或者违反法定程序批准改变海岸带总体规划及市、县、自治县海岸带规划的；

（二）超越权限批准围填海的；

（三）超越权限或者违反法定程序与企业签订或变相签订海岸带土地成片开发协议的；

（四）土地成片开发控制性详细规划未编制完成，不采取有效措施阻止开发的；

（五）未按照本省相关规划和有关规定组织建设海岸防波堤、沿海防护林等海岸带防护设施的；

（六）对海岸带受侵蚀的岸段不进行综合治理的；

（七）海岸带范围内的湿地、河口、潟湖、半封闭海湾等生态敏感区的环境遭受破坏，未采取生态修复措施的；

（八）接到涉及海岸带保护管理违法行为的举报，不及时调查处理或者移交处理的；

（九）其他违反海岸带保护治理与开发利用管理规定的情形。

第二十九条　本规定具体应用中的问题由省人民政府负责解释。

第三十条　本规定自 2013 年 5 月 1 日起施行。

附录四　海南经济特区海岸带保护与开发管理实施细则

海南省人民政府

2016 年 8 月 31 日

第一条　为加强海岸带环境资源的保护，规范海岸带开发利用管理，根据《海南经济特区海岸带保护与开发管理规定》，结合本经济特区海岸带管理工作实际，制定本细则。

第二条　凡在本经济特区海岸带范围内从事保护治理、开发利用及其他活动的单位和个人，应当遵守《海南经济特区海岸带保护与开发管理规定》和本细则的规定。

第三条　海岸带是指海洋与陆地交汇地带，包括以海岸线为基线向陆地侧延伸的滨海陆地与向海洋侧延伸的近岸海域。海岸带具体范围根据《海南省人民政府关于印发海南经济特区海岸带范围和海南经济特区海岸带土地利用总体规划（2013—2020 年）的通知》确定。

海岸线是指平均大潮高潮线。海岸线具体界线由省海洋部门会同省测绘部门依据国家海岸线修测技术标准和规范，结合我省海岸带保护与开发管理实际和岸线变化情况进行划定，报省政府批准后向社会公布。

省海洋部门会同省测绘部门应当每年对海岸带变化情况进行动态监测，每 5 年组织对海岸线进行修测，报省政府批准。

第四条　海岸带保护与开发应当遵循陆海统筹、科学规划、保护优先、合理开发、分类管控、协调发展的原则；对海岸带生态环境损害实行权责一致、终身追究的原则。

第五条　省政府和沿海市县政府应当加强对海岸带保护与开发管理工作的统一领导和组织、协调。省政府负责海岸带保护与开发的统筹规划、政策制定和监督管理。沿海市县政府是海岸带保护与开发管理的责任主体，负责海岸带保护与开发管理的组织领导和监督管理，严格海岸带开发利用的审批监管，加强海岸带环境资源修复和保护，建立健全海岸带保护与开发管理长效机制。

省政府和沿海市县政府发展与改革、规划、国土资源、环境保护、海洋、渔业、建设、旅游、交通运输、水务、林业、农业等有关主管部门按照职责分工，依法行使职权，落实海岸带保护与开发管控要求，加强海岸带保护与开发的监督管理。

第六条　省政府和沿海市县政府应当将海岸带的保护与开发纳入海南省总体规划和沿海市县总体规划（以下简称省和市县总体规划），按照海岸带环境总量和资源承载力，划定海岸带生态保护红线，严格限定开发边界，优化海岸带保护开发布局。

沿海区域自平均大潮最高潮线向陆地延伸最少200米（以下简称海岸带陆域200米）范围内的重点生态功能区、生态环境敏感区和脆弱区等区域，以及沿海区域自平均大潮高潮线起向海洋延伸海岸带范围内的重点生态功能区、生态环境敏感区和脆弱区等区域，依法划入生态保护红线区。

第七条　县级以上人民政府及其相关部门应当按照《海南经济特区海岸带保护与开发管理规定》等规定，对划入生态保护红线区的海岸带实行严格管控和保护。

海岸带陆域200米范围内的Ⅰ类生态保护红线区，禁止与保护无关的各类开发建设活动。海岸带陆域200米范围内的Ⅱ类生态保护红线区，禁止工业生产、矿产资源开发、商品房建设、规模化养殖等开发建设活动。在海岸带陆域200米生态保护红线区范围内，因国家和省重大基础设施、重大民生项目以及法律法规规定的情形，选址无法避开已划定的生态保护红线区的，由项目所在地市县政府上报省政府审批，并附具确需在海岸带陆域200米范围内建设的项目可行性论证报告。

沿海区域自平均大潮高潮线起向海洋延伸海岸带的海域部分生态保护红线区，按照国家和本省海洋环境保护和海域使用分级分类管理要求，严格控制围填海、污染物排放和其他改变或影响近岸海域自然属性和生态环境的开发活动。

第八条　海岸带陆域200米生态保护红线区范围内，已有建设活动由县级以上人民政府按照下列规定处理：

（一）已经依法批准并建设对生态环境有不利影响的建设项目，应当引导项目退出，或者鼓励进行产业转型升级、调整为与生态环境不相抵触的适宜用途；

（二）已经依法批准并建设与生态环境保护不相抵触的建设项目，应当严格监管其开发用途和开发强度，不得对生态环境造成破坏。同时，也鼓励其逐步退出生态保护红线区；

（三）已经依法批准但尚未开工的建设项目，应当通过依法收回土地、处置闲置土地、土地置换等方式促使项目退出生态保护红线区；

（四）已有村庄及农（林）场场部（队）居民点建设应当控制在土地利用现状建设用地范围内，不得扩大。建立生态保护红线区生态移民机制，逐步引导居民退出生态保护红线区。

第九条　在海岸带陆域200米非生态保护红线区范围内新建、改建、扩建建筑物的，应当符合省和市县总体规划。

除下列情形以外，省和市县总体规划在海岸带陆域200米非生态保护红线区范围内，不再规划新建建设项目。

（一）港口、码头、滨海机场、桥梁、道路及海岸防护工程、污染物处理处置排海工程等基础设施和民生项目；

（二）造船厂、修船厂；

（三）滨海电站、滨海石油勘探开发、海洋海水淡化等能源设施项目；

（四）滨海军事设施项目；

（五）滨海科研项目；

（六）村庄及农（林）场场部（队）居民点生产生活设施；

（七）省政府确定的其他重大、特殊建设项目（需要省政府确定的建设项目应当提交省政府“两重一大”会议审定）。

第十条 省和市县总体规划应当科学划定河口、潟湖、半封闭海湾的开发边界和规模，对非生态保护红线区范围内的河口、潟湖、半封闭海湾，依据控制性详细规划进行项目建设，不适用本细则第九条第二款的有关规定。

河口、潟湖、半封闭海湾等海岸带生态环境敏感区的范围和界线在划定海岸线具体界线后予以确定。

第十一条 省和市县总体规划应当结合建设现状和需求，合理划定村庄及农（林）场场部（队）居民点建设边界。海岸带陆域200米范围内的村庄及农（林）场场部（队）居民点建设应当控制在规划确定的建设用地范围内，并按照《中华人民共和国土地管理法》等有关法律法规办理手续。

第十二条 在海岸带陆域200米非生态保护红线区范围内，省政府已经批准同意进行项目建设的，按照省政府原批准文件继续执行。

第十三条 在海岸带陆域200米非生态保护红线区范围内新建、改建、扩建建筑物，对符合省和市县总体规划的，由县级以上人民政府及其有关部门依法办理建设项目审批手续。对不符合省和市县总体规划的，县级以上人民政府及其有关部门不得批准建设项目规划、立项、用地预审、农用地转用、占用林地、供地、建设、环评等审批手续。

建设项目离海岸线的距离，由建设项目所在市县政府核定。

第十四条 海岸带临时建筑应当按照《中华人民共和国城乡规划法》等规定，报城乡规划主管部门批准。海岸带临时用地应当按照《中华人民共和国土地管理法》、《中华人民共和国森林法实施条例》等规定，报土地、林地主管部门批准。

第十五条 在海岸带范围内进行围填海造地应当按照国家和本省有关规定报有批准权限的政府批准。

填海造地形成新的海岸线和土地按照省和市县总体规划确定的用途依法开发利用，不适用本细则第六条、第七条、第八条和第九条关于海岸带陆域200米的有关规定。

第十六条 沿海市县政府有关部门组织编制水产养殖和畜禽养殖产业发展规划，报本市县政府批准实施。

水产养殖和畜禽养殖产业发展规划应当结合省和市县总体规划要求，对海岸带水产养殖和畜禽养殖进行合理布局和管控，科学划定水产养殖和规模化畜禽养殖的禁养区和限养区。

水产养殖和规模化畜禽养殖禁养区禁止各类水产和规模化畜禽养殖项目，已建成的由所在地市县政府依法关停、搬迁或转产；限养区限定养殖种类、数量和规模，禁止新建、扩建水产和规模化畜禽养殖项目。

第十七条　沿海市县政府及有关部门应当依照法律法规规定，对海岸带范围内的土地和海域资源闲置行为进行处置。

对海岸带陆域200米范围内的闲置土地不符合省和市县总体规划的，应当采取收回土地使用权、土地置换、调整土地用途等方式进行处置，不得采取延期开发方式进行处置。

第十八条　沿海市县政府应当在海岸带陆域200米范围以及海岸带生态保护红线区标明界区、建立标识并发布公告，采取措施严格保护，禁止任何单位和个人擅自占用。

第十九条　沿海市县政府应当划定和保护公共休闲海滩，建设配套基础设施和公共服务设施。任何单位和个人不得非法圈占海滩，不得超越土地使用权界线占用海滩，不得非法限制他人正常通行。

第二十条　严格控制海岸带污染物排放。任何单位和个人不得违反有关法律法规规定，超标准排放污染物，向海岸带生态保护红线区排放污水、倾倒废弃物和垃圾，在海岸带生态保护红线区范围内新建入海排污口。

第二十一条　省政府和沿海市县政府应当按照林地保护利用规划等有关规划，组织对损毁的沿海防护林和海岸带防波堤等海岸防护设施进行修复，对生态环境破坏和生态功能退化区域进行综合治理，恢复海岸带生态环境和生态功能。

第二十二条　沿海各市县政府应当整合各部门执法力量，建立健全海岸带保护与开发管理日常巡查制度，加大日常巡查力度，及时发现、制止并依法查处侵占破坏海岸带的行为。

第二十三条　实行海岸带生态环境损害责任终身追究制。对违反本细则规定，超越权限或者违反法定程序和条件批准在海岸带陆域200米范围内新建、改建、扩建建筑物，造成海岸带生态环境和资源严重破坏的，责任人无论是否已调离、提拔或者退休，均严格追究责任。

第二十四条　省政府有关部门和沿海市县政府及有关行政主管部门有下列情形之一的，由省政府或者上级主管机关责令改正；情节严重的，对省政府有关部门和市县政府主要负责人、直接责任人按照有关规定追究责任；构成犯罪的，依法追究刑事责任：

（一）超越权限或者违反法定程序和条件批准在海岸带陆域200米范围内新建、改建、扩建建筑物的；

（二）制定的规定、批准的规划或者采取的措施与海岸带保护与开发法律法规相违背，造成海岸带生态环境资源严重破坏的；

（三）超越权限或者违反法定程序和条件批准围填海的；

（四）违法批准设置入海排污口的；

（五）违反规定在海岸带水产养殖和规模化畜禽养殖禁养区和限养区批准建设水产养殖和规模化畜禽养殖项目的；

（六）未按照本省相关规划和有关规定组织建设海岸防波堤、沿海防护林等海岸带防护设施，组织对生态环境破坏和生态功能退化区域进行生态修复和综合治理的；

（七）未按照规定或者违反规定程序和方式对海岸带闲置土地进行处置的；

（八）未按照规定建立健全海岸带保护与开发管理巡查制度的；

（九）发现海岸带违法行为不依法查处或者接到涉及海岸带违法行为的举报，不及时调查处理或者移交处理的；

（十）法律法规规定的其他情形。

第二十五条 在海岸带范围内违法占用土地、违法用海、违法建设以及污染海岸带环境等违法违规行为，按照有关法律法规进行处罚。

第二十六条 本细则自印发之日起施行。

附录五　青岛市海岸带规划管理规定

（1995年5月26日市十一届人大常委会第十七次会议通过
根据1999年11月19日市十二届人大常委会第十二次会议
通过的关于修改《青岛市海岸带规划管理规定》的决定修正）

第一章　总则

第一条　为了加强青岛市海岸带规划管理，合理开发、利用海岸带资源，保护生态环境，根据有关法律、法规规定，结合本市实际情况，制定本规定。

第二条　本规定所称海岸带，是指胶州湾及青岛市其他近岸海域和毗连的相关陆域、岛屿。其控制范围自海岸线量起：海域至十海里等距线；陆域未建成区一般至一公里等距线，胶州湾西岸和北岸以环胶州湾公路为界（包括盐场）；陆域建成区一般以临海第一条城市主要道路为界，海泊河以北以铁路为界；特殊区域以青岛市人民政府批准的海岸带规划控制范围为准。

第三条　在海岸带范围内从事开发利用和其他活动，必须遵守本规定。

第四条　编制和实施海岸带规划及功能区划，必须从海岸带的自然环境与自然资源现状出发，根据青岛市经济与社会发展的需要，统筹兼顾，综合部署，达到经济效益、社会效益和环境效益的统一。

第五条　海岸带规划及功能区划应当和青岛市城市总体规划、国土规划、土地利用总体规划、海洋功能区划相协调。

第六条　海岸带资源属于国家所有，法律另有规定的除外。

第七条　一切单位和个人均有权对违反海岸带规划及功能区划的行为进行检举和控告。

第二章　机构与职责

第八条　海岸带的规划管理，实行集中协调与专业分工、部门负责相结合的管理体制。

第九条　成立青岛市海岸带规划管理委员会（以下简称市海管委），负责审议和协调海岸带规划及功能区划编制以及海岸带开发、利用、保护等重大事项和工作，并为青岛市人民政府决策提出意见和建议。

青岛市人民政府聘请有关专家组成青岛市海岸带规划咨询委员会（以下简称市海咨委），负责对海岸带规划及功能区划的编制以及海岸带开发、利用、保护提供咨询、评估意见。

青岛市规划管理部门（以下称市规划管理部门）负责全市海岸带的规划管理工作，并负责市海管委和市海咨委的日常工作。

第十条 市规划管理部门是海岸带规划管理的行政主管部门，其主要职责：

（一）贯彻执行有关法律、法规；

（二）组织编制、修改海岸带规划及功能区划；

（三）审查涉海部门、沿海区（市）的专业规划和区域规划，并按规定程序报批；

（四）按规定的管理权限负责海岸带开发利用项目的选址、定点及规划方案的审批；

（五）按规定的管理权限核发海岸带规划许可证；

（六）按规定的管理权限负责海岸带建设项目的规划管理验收，并参与竣工验收；

（七）法律、法规规定的其他职责。

第十一条 沿海各区（市）人民政府及其规划管理部门，应当按照青岛市人民政府规定的管理权限，做好本行政区域内海岸带的规划管理和协调工作。

第十二条 计划、经济、建设、海洋、海监、港口、旅游、工商、渔业、盐务、交通、水利、环境保护、土地等行政管理部门，按照各自的法定职责权限分工，依据海岸带规划及功能区划，做好海岸带的有关管理工作。

第三章　规划的制定

第十三条 市规划管理部门组织编制海岸带规划及功能区划，应当依据有关法律、法规规定和本市实际情况以及发展要求，进行充分论证，保证编制的海岸带规划及功能区划的科学性和可行性。

第十四条 海岸带规划及功能区划由青岛市人民政府批准发布。

第十五条 青岛市人民政府有关部门和沿海各区（市）人民政府，应当依据海岸带规划及功能区划，编制和调整本行业、本地区的专业规划、区域规划，经市规划管理部门批准，报青岛市人民政府备案。

第十六条 根据青岛市经济和社会发展，需要对海岸带规划及功能区划进行局部调整的，应当按照规定程序报批。

第四章　规划的实施

第十七条 凡在海岸带范围内进行开发利用活动，必须符合海岸带规划及功能区划。

规划管理部门应当加强对海岸带规划及功能区划实施的管理，保证海岸带规划及功能区划的实现。

第十八条　对海岸带海域的使用，实行规划许可证制度和按照《青岛市海域使用条例》的规定实行有偿使用制度（法律法规另有规定的除外）。

对海岸带陆域的使用，按照《中华人民共和国城市规划法》、《中华人民共和国土地管理法》等有关法律、法规规定执行。

经规划确认用于养殖业的滩涂和海域，还应当按照《中华人民共和国渔业法》办理有关手续。

第十九条　在海岸带海域内进行各类开发利用项目（规划用于养殖业的除外），项目申请单位必须持项目批准文件和其他必要的文书资料，向有审批权的规划管理部门提交选址申请报告；批准后，持规划管理部门的选址意见书，按照规定办理其他有关手续。重大开发利用项目必须报市规划管理部门审批。

第二十条　项目申请单位提交的选址申请报告，应当包括下列内容：

（一）选址理由；

（二）选址地点的资源、自然条件、环境状况及项目性质、规模、内容、工程概况；

（三）对海岸带规划及功能区划已确定的开发利用项目的不利影响及对策；

（四）对海岸带环境的影响及对策；

（五）其他有关内容。

第二十一条　在海岸带海域进行开发利用的项目申请单位，必须持有关该项目的证明文件，向有审批权的规划管理部门申请领取规划许可证。规划管理部门根据项目的性质、规模等，按照海岸带规划及功能区划的要求和有关规定，确定项目使用海域的位置、界限和期限，核发规划许可证。项目申请单位领取规划许可证后，应当持有关证明文件到海洋行政主管部门办理海域使用审批手续。

前款所列的开发利用项目属建设工程项目的，项目申请单位还应当按照有关法律、法规的规定，办理建设项目的审批手续。

第二十二条　在海岸带范围内的建设工程项目竣工后，建设单位应当按规定期限报请规划管理部门进行规划管理验收。

第二十三条　本规定生效前，已经使用海岸带的（规划用于养殖业的除外），应当按规定期限向规划管理部门申请办理登记备案手续。经审查符合规划及功能区划的，由规划管理部门核发规划许可证；逾期未办理登记备案手续的，按照无规划许可证处理。

第二十四条　在海岸带范围内已有的或正在进行的开发利用项目，有下列情形之一者，经市海管委协调提出调整意见，报青岛市人民政府批准后实施：

（一）不符合海岸带规划及功能区划的；

（二）影响其他重大开发利用项目或环境、资源治理保护的；

（三）危害生态平衡和海岸稳定的；

（四）不合理占用海岸线的；

（五）阻断主要基础设施线路的；

（六）有碍海上交通安全的；

（七）其他不利于海岸带规划及功能区划实施的。

第二十五条 对划定的开发利用区、治理保护区、自然保护区、特殊功能区和保留区，有关部门、单位和沿海各区（市）人民政府，应当采取措施，加强管理与保护。

第二十六条 在海岸带范围内从事开发利用活动，必须符合所在区域的环境标准和有关法律、法规的规定，防止污染，保护生态环境。

对于围海造地、采沙挖泥和设置海上人工构造物、海上排污区、倾废区和垃圾场等严重影响生态环境的项目，必须严格控制。

第五章 法律责任

第二十七条 无规划许可证或超出规划许可证确定的范围、规模、使用期限使用海岸带的，由规划管理部门责令其停止违法行为、限期改正、没收违法所得，情节严重的，并处以五千元至一万元的罚款、吊销规划许可证。

第二十八条 领取规划许可证后，无正当理由超过两年未进行实际开发利用的，由规划管理部门吊销规划许可证，并处以五千元至一万元罚款。

第二十九条 拒绝或阻挠规划管理部门按照规定对已有的或正在进行的开发利用项目进行调整的，由规划管理部门责令改正，并处以五千元至一万元罚款。

第三十条 项目建成后，不报请进行规划管理验收或验收不合格而投入使用的，由规划管理部门责令限期改正，并处以三千元至一万元罚款。

第三十一条 买卖、转让、涂改规划许可证的，由规划管理部门没收非法所得、吊销规划许可证，并处以五千元至一万元罚款。

第三十二条 在海岸带从事开发利用等活动，违反海域使用、土地使用、港口、海上旅游、海上安全、交通航运、渔业生产、环境保护、海洋倾废、海洋工程建设、海底电缆管道铺设等管理规定的，由各有关行政管理部门依法处理；对同一违法行为不得重复处罚。

第三十三条 当事人对行政管理部门作出的行政处罚决定不服的，可以依照《中华人民共和国行政复议法》、《中华人民共和国行政诉讼法》的规定，申请行政复议或提起诉讼。

第三十四条 行政管理部门工作人员在执行公务中应当依法办事，对滥用职权、玩忽职守、徇私舞弊的，由有关部门给予行政处分；构成犯罪的，依法追究刑事责任。

第六章　附则

第三十五条　本规定下列用语的含义：

（一）海岸线，是指沿海岸黄海高程系二点二米等高线。

（二）海岸带资源，是指海岸带范围内的陆地、滩涂、岛屿、水域以及其中蕴藏的各种自然资源。

（三）开发利用项目，是指利用海岸带资源的基本建设项目、技术改造项目和海岸带利用项目。

（四）重大开发利用项目是指下列开发利用项目：

1. 被国家、省、市列为重大项目的；

2. 使用海域两千亩以上或建设使用海域二百亩以上的开发利用项目；

3. 使用海岸线一千米以上的开发利用项目；

4. 各种规模的港口、码头、船厂、岸边油库，滨海电厂、化工、造纸、钢铁企业，填海工程、跨海桥梁和隧道工程、海堤工程及其他改变海岸、滩涂自然属性的开发利用项目；

5. 海上人工构造物、海底电缆管道铺设和海洋倾废项目。